U0899427

中国文化创意师培训系列教材组织机构

顾问委员会

主　任　高占祥

副主任　赵长茂

委　员　明立志　刘润为　刘彦华　刘陈德　刘德海
陈高桐　赵湘江　张太平　张根记　周贤安

审核委员会

主　任　张国祚

副主任　张朝生　孙若风　李　季

委　员　张　磊　周天勇　郑　剑　李向军　徐贵香　张彦甫　赵　鹏

总策划　陈建才

监制委员会

主　任　詹小斌　张志刚

副主任　张　浩　张岱庆　姜学魁

编辑委员会

主　编　白庆祥

副主编　夏　聃　白　宇

编　委（以姓氏笔画为序）

刘吉晨　刘统傲　刘雅雯　刘　晖　孙传锋　阳金洲　李　斌　李世贤
李　娟　李　怡　李　群　李　鑫　陈牧聪　陈晓凤　张　涛　张雷雷
孟祥禹　周　悦　岳禹宁　胡　博　姜　薇　姚　林　赵海漪　常　亢

白庆祥◎主编

中国文化创意师培训系列教材

文化产业商业模式创新

董薇 刘吉晨◎著

中国传媒大学出版社

图书在版编目(CIP)数据

文化产业商业模式创新/白庆祥主编.—北京:中国传媒大学出版社,2015.1
(2016.1 重印)
ISBN 978-7-5657-1212-8

Ⅰ.①文…　Ⅱ.①白…　Ⅲ.①文化产业—商业模式—研究　Ⅳ.①G114

中国版本图书馆 CIP 数据核字（2014）第 243288 号

文化产业商业模式创新

著　　者　董　薇　刘吉晨
策划编辑　阳金洲
责任编辑　愚　言
责任印制　曹　辉
封面设计　拓美设计
出 版 人　蔡　翔

出版发行　中国传媒大学出版社
社　　址　北京市朝阳区定福庄东街 1 号　邮编:100024
电　　话　86-10-65450528　65450532　传真:65779405
网　　址　http://www.cucp.com.cn
经　　销　全国新华书店

印　　刷　北京易丰印捷科技股份有限公司
开　　本　787mm×1092mm　1/16
印　　张　13
字　　数　220 千字
版　　次　2015 年 1 月第 1 版　　2016 年 1 月第 2 次印刷

书　　号　ISBN 978-7-5657-1212-8/G・1212　　**定　　价**　39.00 元

版权所有　　翻印必究　　印装错误　　负责调换

目 录

第一章　文化产业商业模式与创新概论

本章提示

文化产业被称为21世纪的朝阳产业，在美、日等发达国家是国民经济的支柱性产业，中国也已经将发展文化产业作为一项重要国策。尤其是中国加入WTO后，培养新一代能适应媒介产业化、文化大众化、传播国际化的人才，便成了各传播机构、文化产业集团、政府文化管理机构、大专院校和科研机构的迫切需求。

同时，文化产业作为一种高度依赖个性化的精神创造性劳动，自始至终都与创意行为密切相关。创意因素不仅在产品和品牌设计阶段占有核心位置，而且在文化产业的整个生产流程，甚至沟通过程中，都非常重要。文化产业中生产者之间的关系，与一般产业中工作人员之间的合作关系有很大的区别，从而决定了文化产业的商业模式有着自己特殊的规律。

第一节　文化产业概述

要理解文化产业，首先要理解什么是文化。广义的“文化”指人类创造的精神和物质财富的总和；狭义的“文化”指精神文化，即人们的生活方式和精神教化，它包括人类的知识、智力、情感、艺术、教育、科技等内容。在西方，则是指对人的教化，具有修养、文雅、智力发展和文明等意义。

“文化产业”的英语名称为culture industry，可以译为“文化工业”，也可以译为“文化产业”。顾名思义，文化产业就是把文化的内容进行产业化的生产、交换和消费。

曼彻斯特大学大众文化研究所执行主任贾斯汀·奥康纳的一个观点对其描述得颇为贴切:“文化产业是指以经营符号性商品为主的那些活动,这些商品的基本经济价值源自于它们的文化价值。”

“文化产业”一词最早是由法兰克福学派提出的,最初出现在霍克海默(Max Horkheimer)和阿多诺(Theodor Adorno)于1947年出版的《启蒙辩证法》一书之中。他们认为,文化产业是指生产领域中广为人知的商品逻辑和工具理性,在消费领域同样引人注目。1980年初,欧洲议会所属的文化合作委员会首次组织专门会议,召集学者、企业家、政府官员共同探讨“文化产业”的含义、政治与经济背景及其对社会与公众的影响等问题,文化产业作为专用名词从此正式成为一种广泛意义上的“文化—经济”产业类型。此后,各国逐渐意识到文化产业的属性和发展文化产业的重要性,并根据国情开始大力发展本国的文化产业,以提高各自的文化经济水平和国际竞争力。

一、文化产业概念界定

对文化产业这一概念明确的界定,目前在国际上还没有达成完全的共识。

联合国教科文组织认为,“文化产业是指那些包含创作、生产、销售‘内容’的产业……一般通过著作权来保护,并且以商品或服务的形式出现”。

欧盟将“文化产业”称为“内容产业”,即“那些制造、开发、包装和销售信息产品及其服务的产业”。内容产业的主导是视听传媒业,包括印刷品传播内容(报纸、书籍、杂志等)、音像传播内容(电视、影院、广播、录像)等。

在美国,对文化产业的定义为“版权产业”,由四种产业组成:(1)核心版权产业(core copyright industries),包括出版与文学、音乐与戏曲制作、歌剧、电影与录像、广播电视、摄影、软件与数据库、视觉艺术与绘画艺术、广告服务、版权集体治理协会;(2)相互依靠的版权产业(interdependent copyright industries),包括电视机、收音机、录像机、CD机、DVD机、录音机、电子游戏设备以及其他相关设备的生产或使用企业;(3)部分版权产业(partial copyright industries),包括服装、纺织品与鞋类、珠宝与钱币、其他工艺品、家具、家用物品、瓷器与玻璃、墙纸和地毯、玩具和游戏、建筑、工程、丈量、室内设计、博物馆;(4)边沿版权产业(non-dedicated support industries),包括发行版权产品的一般批发与零售、大众运输服务、电讯与因特网服务。

英国政府将文化产业称为“创意产业”,这一概念也在产业实践中得到了广泛的认可和普及,指“那些出自个人的创造性、技能及其智慧对知识产权的开发、生产可创造潜在的财富和就业机会的活动”。它包括广告、建筑、艺术和古董市场、工艺、设计、流行设计与时尚、电影与录像、交互式互动软件、音乐、电视和广播、表演艺术、出版、软件与计算机服务这13种活动。

我国对文化产业的界定是文化娱乐活动的集合。2005年1月6日，中国开始实施《文化及相关产业指标体系框架》，从统计学意义上对文化产业的概念和范围进行了权威界定。“文化产业”这一概念被界定为“为社会公众提供文化、娱乐产品和服务的活动，以及与这些活动有关联的活动的集合”。

在学术界，对于文化产业的界定也存在着不同的观点。

澳大利亚经济学教授、国际文化经济学会前主席大卫·索斯比在《经济与文化》一书中，用同心圆来界定文化产业的行业范畴。他认为，音乐、舞蹈、戏剧、文学、视觉艺术、工艺等创造性艺术处于这个同心圆的核心，并向外辐射；环绕这一核心的是那些既具有上述文化产业特征、同时也生产其他非文化性商品与服务的行业，包括电影、电视、广播、报刊和书籍等；处于这一同心圆最外围的则是那些有时候具有文化内容的行业，包括建筑、广告、观光等。

日本学者饭田信男在《第三产业》一书中对文化产业的范围的界定是：“与闲暇相关的服务业，包括属于服务领域中的电影业、广播业、其他娱乐业、著述家业、艺术家业、私人演讲、宗教，此外还包括娱乐用品的出租业、剧场与演出场、赛车赛马场、体育场、公园、集会场所”。

北京大学哲学系教授、学者叶朗在《中国文化产业年度发展报告》一文中将文化产业定义为：“以生产和经营文化商品和文化服务为主要业务，以创造利润为核心，以文化企业为骨干，以文化价值转化为商业价值的协作关系为纽带，所组成的社会生产的基本组织结构。”

综上所述，尽管世界各国对文化产业从不同角度进行了不同的定义，但文化产品的核心即精神性、娱乐性等基本特征不变。再结合学术界关于“文化产业”定义的其他各种理论，文化产业定义总体可归纳为：文化产业是以文化为主要资源，以创意为核心，在完善的知识产权体系下，依托现代信息技术手段，将文化创意产业与传统产业相结合，通过生产经营和市场运作赢利，使人的才华充分发挥进而创造财富与就业的新兴产业。

从产业归类上看，文化产业属于第三产业，属于社会服务业范畴，文化产业是具有精神性、娱乐性的文化产品的生产、流通、消费活动。文化产业这一概念的内涵包括三个方面：文化产业是从事文化产品的生产、流通和提供文化服务的经营性活动的行业的总称；文化产业以产业作为手段来发展文化事业，以文化为资源进行生产，向社会提供文化产品和服务；文化产业的目的是为了满足人民群众日益增长的精神文化生活需要。

从文化产业的概念还可以看出，文化产业的基本运作过程包括了创意、生产、传播、消费、再生产等基本环节；而且文化产业运作过程的推进对应着文化资源、文化产品、文化意义和快感与文化品牌等表现形态的演变。

作为从事文化生产和提供文化服务的经营性行业，文化产业的核心产业主要包括以下方面：新闻业、书报刊业、广播、电视、电影、音像、文化艺术表演等。根据国家统计局2004年3月发布的《文化及相关产业分类》关于文化产业的划分，文化产业被分为9个大类、24个中类和80个小类。此外，我国文化产业又可以主要分为文化服务和相关文化服务两大部分，可划分为三个层级：文化产业核心层、文化产业外围层、文化产业相关层。具体的不同文化产业形态被分别划分在这三个层级之中（如图1）。

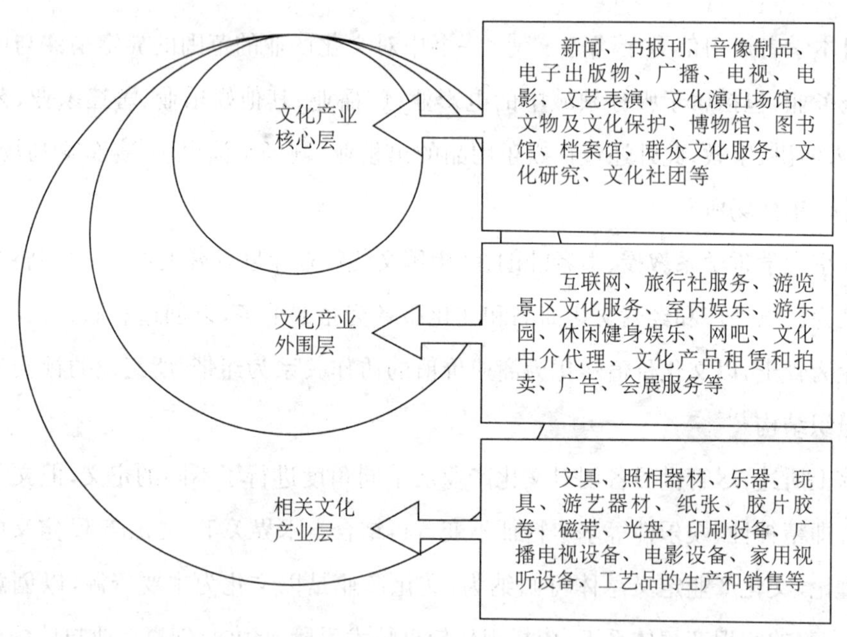

图1 文化产业的三个层级

二、文化产业特征

在我国，说到文化产业，人们脑中联想得最多的词恐怕就是“文化创意产业”。那么，这二者到底有何异同呢？文化产业与文化创意产业是人类社会步入新经济时代的两种相互关联的产业新形态，它们都以精神和知识的商品化为特征，但从产业起源分析，文化自身都是人类创意的结果。作为文化积极成果的物质文明和精神文明，无一不是人类创意的精华和结晶，所以说文化产业自身就包含着创意因素，文化产业不可能离开创意而求得生存，文化产品和文化服务的生产与供给过程就是创意的转化过程。从这个意义上讲，文化产业就是文化创意产业，只是把“创意”当作潜意识的行为，未着重突出。与文化产业相比较，文化创意产业重点突出“创意”，是“创意为王”的产业，它生产和销售的是“创意”，“创意”的地位已经凌驾于“文化”本身，从“无意而为之”到“刻意追求”，这是从文化产业到文化创意产业的发展历程。

从产业形态分析，文化产业概念的提出先于文化创意产业，两者在内容上虽有一定的继承性和重合性，但又不能作为等同的概念加以理解。文化创意产业源于传统文化产业，但又高于传统文化产业。文化创意产业是传统文化产业被注入新元素后升级换代的结果，是文化产业发展到一定阶段后裂变出来的新兴产业。当人们对文化产业的认识上升到一定高度后，发现文化产业其实可以分为两个层次：简单、物化的生产型产业和高端、抽象的创造型产业。前者基本上是成型文化产品的简单再生产，而后者以其创造性的生产理念、关注人类智慧的运用，被称为文化创意产业。

总体而言，文化产业作为按工业化标准进行的文化生产、流通和消费的现象，是文化与经济、高新技术紧密结合的产物，兼具意识形态属性和商品属性，属于知识密集型新兴产业，它具有以下主要特征：

（一）文化性

文化产业的出现是知识文化在经济发展中的地位日益增强的结果，是将抽象的文化直接转化为具有高度经济价值的“精致产业”。它将知识的原创性与变化性融入具有丰富内涵的文化之中，使其与经济结合，发挥出产业功能，其产品至少有可能是某种形式的“智能财产权”。文化产业正是以其文化性来满足人们的审美、求知、群体认同等“文化需求”，进而促进人类社会整体的维系和发展的。因此，“文化性”是文化产业的本质，是“文化性”将文化产业与其他产业区别开来。任何一种文化产业，都是在一定的文化背景下进行的，如果没有一定的文化底蕴，文化产业就会成为无源之水、无木之林。

但文化产业不是对传统文化的简单复制，而是依靠人的灵感和想象力，借助科技对传统文化资源的再提升，是一种利用知识与智能创造产值的过程。文化产业的发展不仅能带来较高的经济效益，文化产品还传播着人文价值观，它影响着文化消费者的思维和意识形态，关系到一个国家和民族价值观的输出和影响。

(二)融合性

文化产业结构具有高度融合性，表现为三种方式：一是高新技术与文化产业内容的融合，二是文化产业内部的融合重组，三是文化产业与其他产业间的融合。以文化产业链为例，其上游是文化资源的重新整合与海量文化内容的汇聚；下游是消费类信息技术产品的普及和信息文化娱乐产品的大规模市场推广，以及大众流行文化艺术符号在传统产业中的普遍运用，产业链内部的产品之间彼此紧密相连。

(三)集群性

现代文化产业已不再局限于个人和单个企业的行为，更是集体的互动和企业的地理集聚。文化产业本身具有多层次的产业链，从上游的文化创意，到中游的文化产品的生产、复制，再到下游的文化传播等，都属于文化产业。文化产业是“头脑和心灵的粮食”，能够满足文化消费者多样化、多层次、多方位的精神文化需求。

文化产业集群的特征是生活和工作结合、知识文化产品生产和消费结合，有多样性的宽松环境和独特的本地特征，而且与世界各地有密切的联系。

(四)创新性

当代社会各种产业利润主要靠领先的自主创新和技术进步来实现，而文化产业正是自主创造和技术含量高的一个门类。文化产业是一种智慧型产业，它以内容创意为核心，综合产品的制造、营销和推广，形成文化品牌优势，带动后续产品的开发，形成上下联动、左右衔接、一次投入、多次产出的链条。它是人类知识创新、技术创新、科技发展的结果。因此，文化产业十分强调创意和创新，文化产业的本质就是把文化思想、知识技能、创造力综合起来，形成新的产品、新的市场，提供新的服务，创造新的就业机会。比起其他传统生产型产业，文化产业不是单纯固定资产的积累和原材料的投入，而是更注重于人力资本的投入及人力资源的创新开发。

（五）科技性

文化产业与信息技术、传播技术和自动化技术等科技的广泛应用密切相关，它通过与应用科学技术的嫁接而与各行各业相融合，为产品和服务提供新的价值元素，实现从产品创新向价值创新的转变，呈现出高知识性、智能化的特征。如电影、电视等产品的创作就是通过与光电技术、计算机仿真技术、现代传媒技术等相结合而完成的。通过科技创新，文化产品价值中科技和文化的附加值比例明显高于普通的产品和服务。

（六）依附性

相对于其他产业而言，文化产业对物质生产力水平和政策、制度环境有更大的附属性和依赖性。

一方面，文化产业的发展强烈依赖于社会的物质生产力水平，因为文化的需求是一种基本物质生活需要得到满足之后才会出现的高级精神需求。文化产业的迅速发展，只有在一定的社会物质生产力发展水平的基础上才有可能实现。在物质生产力不发达、人民物质生活水平低下的条件下，文化消费只能是少数人的特权，不可能成为广大人民现实的社会需求。

另一方面，文化产业的发展高度依赖于政策制度环境。由于文化产业的精神性和意识形态功能，其发展不可避免地要与一个国家和社会的普遍意识形态状况和政治环境发生直接的联系。一台洗衣机可以在不同的意识形态国家和不同的政治制度条件下使用，并不影响其实用功能的发挥，但一部影片却可能在意识形态不同的国家和政治制度中遭遇完全不同的对待，甚至与国家政治发生正面冲突，与民族的信仰、道德、审美观念和价值观产生尖锐的矛盾。当文化产业的发展与国家的政策制度环境相契合时，就能得到快速发展；而当其与一定的政策制度环境不协调时，发展就会减缓，甚至停滞。这一规律提示我们，如果要发展文化产业，一定要多研究国家的政策制度环境，尊重文化市场所在国家的法律、法规和风俗习惯。另一方面，从国家管理者的角度来考虑，则应该尽可能地创造宽松的政治环境，为发展文化产业创造良好的政策和制度条件。

三、文化产业分类

2004年国家统计局制定的分类把文化及相关产业定义为“为社会公众提供文化、

娱乐产品和服务的活动，以及与这些活动有关联的活动的集合”。2012年进行了修订，把文化及相关产业的定义进一步完善为“指为社会公众提供文化产品和文化相关产品的生产活动的集合”，并在范围的表述上对文化产品的生产活动（从内涵）和文化相关产品的生产活动（从外延）做出了解释。根据这一定义，文化及相关产业包括了四个方面的内容，即文化产品的生产活动、文化产品生产的辅助生产活动、文化用品的生产活动和文化专用设备的生产活动。

台湾作为我国第一个提出文化创意产业概念的地区，它的成果较为突出，其传播内容分类也比较详细，包括“视觉艺术、音乐与表演艺术产业、文化展演设施产业、工艺产业、电影产业、广播电视产业、出版产业、广告产业、设计产业、数字休闲娱乐产业、设计品牌时尚产业、建筑设计产业、创意生活产业共13项产业”。

2012年7月，国家统计局设管司借鉴了联合国教科文组织的《文化统计框架——2009》的分类方法，并于31日在网上公布了我国“文化及相关产业分类（2012）”，如下：

文化及相关产业的类别名称和行业代码

类别名称	国民经济行业代码
第一部分　文化产品的生产	
一、新闻出版发行服务	
（一）新闻服务	
新闻业	8510
（二）出版服务	
图书出版	8521
报纸出版	8522
期刊出版	8523
音像制品出版	8524
电子出版物出版	8525
其他出版业	8529
（三）发行服务	
图书批发	5143
报刊批发	5144
音像制品及电子出版物批发	5145
图书、报刊零售	5243
音像制品及电子出版物零售	5244
二、广播电视电影服务	
（一）广播电视服务	

续表

类　别　名　称	国民经济行业代码
广播	8610
电视	8620
（二）电影和影视录音服务	
电影和影视节目制作	8630
电影和影视节目发行	8640
电影放映	8650
录音制作	8660
三、文化艺术服务	
（一）文艺创作与表演服务	
文艺创作与表演	8710
艺术表演场馆	8720
（二）图书馆与档案馆服务	
图书馆	8731
档案馆	8732
（三）文化遗产保护服务	
文物及非物质文化遗产保护	8740
博物馆	8750
烈士陵园、纪念馆	8760
（四）群众文化服务	
群众文化活动	8770
（五）文化研究和社团服务	
社会人文科学研究	7350
专业性团体（的服务）*	9421
—学术理论社会团体的服务	
—文化团体的服务	
（六）文化艺术培训服务	
文化艺术培训	8293
其他未列明教育 *	8299
—美术、舞蹈、音乐辅导服务	
（七）其他文化艺术服务	
其他文化艺术业	8790
四、文化信息传输服务	
（一）互联网信息服务	
互联网信息服务	6420
（二）增值电信服务（文化部分）	

续表

类 别 名 称	国民经济行业代码
其他电信服务 *	6319
一增值电信服务(文化部分)	
(三)广播电视传输服务	
有线广播电视传输服务	6321
无线广播电视传输服务	6322
卫星传输服务 *	6330
一传输、覆盖与接收服务	
一设计、安装、调试、测试、监测等服务	
五、文化创意和设计服务	
(一)广告服务	
广告业	7240
(二)文化软件服务	
软件开发 *	6510
一多媒体、动漫游戏软件开发	
数字内容服务 *	6591
一数字动漫、游戏设计制作	
(三)建筑设计服务	
工程勘察设计 *	7482
一房屋建筑工程设计服务	
一室内装饰设计服务	
一风景园林工程专项设计服务	
(四)专业设计服务	
专业化设计服务	7491
六、文化休闲娱乐服务	
(一)景区游览服务	
公园管理	7851
游览景区管理	7852
野生动物保护 *	7712
一动物园和海洋馆、水族馆管理服务	
野生植物保护 *	7713
一植物园管理服务	
(二)娱乐休闲服务	
歌舞厅娱乐活动	8911
电子游艺厅娱乐活动	8912
网吧活动	8913

续表

类　别　名　称	国民经济行业代码
其他室内娱乐活动	8919
游乐园	8920
其他娱乐业	8990
（三）摄影扩印服务	
摄影扩印服务	7492
七、工艺美术品的生产	
（一）工艺美术品的制造	
雕塑工艺品制造	2431
金属工艺品制造	2432
漆器工艺品制造	2433
花画工艺品制造	2434
天然植物纤维编织工艺品制造	2435
抽纱刺绣工艺品制造	2436
地毯、挂毯制造	2437
珠宝首饰及有关物品制造	2438
其他工艺美术品制造	2439
（二）园林、陈设艺术及其他陶瓷制品的制造	
园林、陈设艺术及其他陶瓷制品制造 *	3079
一陈设艺术陶瓷制品制造	
（三）工艺美术品的销售	
首饰、工艺品及收藏品批发	5146
珠宝首饰零售	5245
工艺美术品及收藏品零售	5246

第二部分　文化相关产品的生产	
八、文化产品生产的辅助生产	
（一）版权服务	
知识产权服务 *	7250
一版权和文化软件服务	
（二）印刷复制服务	
书、报刊印刷	2311
本册印制	2312
包装装潢及其他印刷	2319
装订及印刷相关服务	2320
记录媒介复制	2330

续表

类 别 名 称	国民经济行业代码
（三）文化经纪代理服务	
文化娱乐经纪人	8941
其他文化艺术经纪代理	8949
（四）文化贸易代理与拍卖服务	
贸易代理 *	5181
一文化贸易代理服务	
拍卖 *	5182
一艺（美）术品、文物、古董、字画拍卖服务	
（五）文化出租服务	
娱乐及体育设备出租 *	7121
一视频设备、照相器材和娱乐设备的出租服务	
图书出租	7122
音像制品出租	7123
（六）会展服务	
会议及展览服务	7292
（七）其他文化辅助生产	
其他未列明商务服务业 *	7299
一公司礼仪和模特服务	
一大型活动组织服务	
一票务服务	
九、文化用品的生产	
（一）办公用品的制造	
文具制造	2411
笔的制造	2412
墨水、墨汁制造	2414
（二）乐器的制造	
中国乐器制造	2421
西洋乐器制造	2422
电子乐器制造	2423
其他乐器及零件制造	2429
（三）玩具的制造	
玩具制造	2450
（四）游艺器材及娱乐用品的制造	
露天游乐场所游乐设备制造	2461
游艺用品及室内游艺器材制造	2462

续表

类　别　名　称	国民经济行业代码
其他娱乐用品制造	2469
（五）视听设备的制造	
电视机制造	3951
音响设备制造	3952
影视录放设备制造	3953
（六）焰火、鞭炮产品的制造	
焰火、鞭炮产品制造	2672
（七）文化用纸的制造	
机制纸及纸板制造 *	2221
一文化用机制纸及纸板制造	
手工纸制造	2222
（八）文化用油墨颜料的制造	
油墨及类似产品制造	2642
颜料制造 *	2643
一文化用颜料制造	
（九）文化用化学品的制造	
信息化学品制造 *	2664
一文化用信息化学品的制造	
（十）其他文化用品的制造	
照明灯具制造 *	3872
一装饰用灯和影视舞台灯制造	
其他电子设备制造 *	3990
一电子快译通、电子记事本、电子词典等制造	
（十一）文具乐器照相器材的销售	
文具用品批发	5141
文具用品零售	5241
乐器零售	5247
照相器材零售	5248
（十二）文化用家电的销售	
家用电器批发 *	5137
一文化用家用电器批发	
家用视听设备零售	5271
（十三）其他文化用品的销售	
其他文化用品批发	5149
其他文化用品零售	5249

续表

类 别 名 称	国民经济行业代码
十、文化专用设备的生产	
(一)印刷专用设备的制造	
印刷专用设备制造	3542
(二)广播电视电影专用设备的制造	
广播电视节目制作及发射设备制造	3931
广播电视接收设备及器材制造	3932
应用电视设备及其他广播电视设备制造	3939
电影机械制造	3471
(三)其他文化专用设备的制造	
幻灯及投影设备制造	3472
照相机及器材制造	3473
复印和胶印设备制造	3474
(四)广播电视电影专用设备的批发	
通讯及广播电视设备批发 *	5178
一广播电视电影专用设备批发	
(五)舞台照明设备的批发	
电气设备批发 *	5176
一舞台照明设备的批发	

第二节　文化产业商业模式与创新

具有商业属性的文化产品必然要按照一定的商业模式运作才能获得市场价值。在经济全球化背景下，在快速变化的商业环境中，依靠引入商业模式来保持文化产业生存和发展的活力是极其重要的。商业模式的变动与创新是文化产业目前面临的最大挑战。例如，在旅游方面，传统的旅游是观赏性的旅游，而当代受欢迎的旅游是活动经济形态的体验性旅游，并且这种旅游的商业模式也发生了变化，旅游经纪代理已经不能适应需要创意策划和广告赞助等形态的商业模式的变化。一些文化传媒企业结合传统产业和现代产业进行对接的尝试，如网上收藏和新闻资源的全媒体化应用等，以求实现二者的对接。

近年来，我国文化企业在商业模式创新上做了很多尝试，不再一味固守约定俗成的、死板的经营模式，部分优秀的企业借助商业模式的再造和创新实现了做大做强。

如华谊兄弟、华策影视、小马奔腾、光线传媒等影视公司都脱离了单纯的影视投资或电视节目制作等单一的商业模式，在艺人经纪、广告经营、影片发行、商业活动几个领域布局，从而实现了行业资源的控制和竞争能力的提升。再如盛大文学，利用互联网平台获得大量网民原创的文学作品，进而捧红作品，通过版权交易获得收入。

一、商业模式的一般概念

商业模式最早出现在20世纪70年代，用于描述公司内部为建立信息技术系统而涉及的业务流程、信息和通讯模式。

商业模式的基本含义是指企业价值创造的基本逻辑，即企业在一定的价值或价值网络中用于整合企业自身、客户、合作伙伴或利益相关以及资源、流程、渠道和能力，最大可能地获取利润的一种战略意图，同时也是实现价值的结构体系，以及制度安排的总体构造。

发展到现在，商业模式出现了多重定义。如商业模式是企业创新和企业为自己、供应商、合作伙伴及客户创造价值的决定性来源；又如商业模式是对企业至关重要的价值流、收益流和物流的唯一混合体；商业模式是企业为了创造卓越的价值，在对多元资源的整合、开发和运用的基础上执行各项策略的过程，基于不同的产品属性、不同的行业属性，不同企业的商业模式建构的形态也千差万别，并没有一个恒定的、统一的标准能够对所有的商业模式进行评定。

同时，商业模式的建构是一个相对多元的系统和相对复杂的过程，既离不开对外部市场及企业内部环境的综合分析评定，也离不开对产品服务的研发更新，如何融资、如何盈利更是商业模式建构的重要内容。商业模式的概念涵盖的范围比盈利模式更广泛，它还包括将企业自身的核心竞争力要素，即内在性优势（能力与品质的优势或者“绝对优势”）和外部性优势（比较优势或者相对优势）转化为盈利方法的内涵。

商业模式的特点与其在价值链或价值网络的定位密切相关，处于不同的价值链将决定商业模式的要素特点，对商业模式有不同的要求。商业模式的各组成部分，即其构成要素，大体有9个，可归为5类。每个要素还以更为具体的若干维度表现出来，如市场类的目标客户要素，从覆盖地理范围看，可以是当地、区域、全国或者国际；从主体类型看，可以是政府、企业组织或者一般个体消费者；或者是根据年龄、性别、收入甚至生活方式划分的一般大众市场或细分市场等等（见表1）。

表 1 商业模式构成要素及具体纬度表现示例

协作网络（价值提供过程中与其他公司形成的合作关系网络）	内部基础（提供价值的资源与活动安排）	产品（价值的形态）	收益（价值实现的途径）	市场（为谁创造价值）
• 合作网络 上/下游伙伴互补/竞争关系 联盟/非联盟	• 企业内部价值链 标准化/柔性生产系统 弱/强的研发部门 低效/高效供应链管理 • 核心能力 技术/专利 品牌/成本/质量优势 • 成本 固定/流动成本比例 经营杠杆高/低	• 产品或服务 产品/服务/解决方案 标准化/个性化 宽/窄的产品范围 • 渠道 直销/间接 单一/多渠道 • 客户关系 交易/关系型 直接/间接	• 收益方式 固定/灵活价格 低/中/高利润率 高/中/低销售量 单一/多/灵活渠道	• 目标客户 本地/地区/全国/国际 政府/企业/个体消费者 一般大众/多部门/细分市场

1. 商业模式的缘起

20 世纪 90 年代中期，互联网在商业领域中开始普及应用。互联网改写了基本经济规则，改变了人们的日常行为活动，使新的公司形态及战略成为可能，大量新型企业涌现。其中，一些如 Yahoo、Amazon 及 eBay 等这样的互联网企业诞生，短短几年时间，它们就获得了巨大发展，并成功地在纳斯达克上市，许多百万甚至亿万富翁也随即诞生，产生了强大的示范效应。它们的赚钱方式明显有别于传统企业，于是，商业模式（business model）一词开始流行，它被用于描述这些企业是如何获取收益的。

这些基于互联网的数字经济的出现及其影响，对许多传统企业也产生了巨大的冲击与深远的影响，引起了人们的广泛讨论和争议。如 Amazon 仅用短短几年就发展为世界上最大的图书零售商，给传统书店带来了严峻挑战，新型商业模式显示出强大的生命力与竞争力。1998 年后，美国政府因此甚至对一些商业模式创新授予专利，以给予积极的鼓励与保护。无论对准备创业的还是在已有企业的人，这些都激励他们在这个经济变革时期，从根本上重新思考企业赚钱的方式，思考自己企业的商业模式，商业模式创新开始受到重视。

在这个时期，“商业模式”就是人们常用的描述互联网条件下新商业现象的一个关键词，不仅企业家、技术人员、律师和风险投资家们等商业界人士经常使用它，学术界研究人员也在用它。除了商业模式外，人们还曾使用其他一些关键词，如商业计划（business plan）、商业战略（business strategy）、收益模式（revenue model）等。但这些传统关键词难以充分描述解释新的经济社会现象，到了 20 世纪 90 年代中期后，“商业模式”一词流行并占据了统治地位。

虽然最初对商业模式的含义有争议，但到 2000 年前后，人们逐步形成共识，认为商业模式概念的核心是价值创造。

2. 商业模式创新的缘起

商业模式创新是指企业价值创造提供基本逻辑的变化，即把新的商业模式引入社会的生产体系，并为客户和自身创造价值。通俗地说，商业模式创新就是指企业以新的有效方式赚钱。

到 2000 年前后，商业模式的应用已不仅仅局限于互联网产业领域，被扩展到了其他产业领域。不仅商业界人士经常关注和使用它，学术界研究人员也开始研究并运用它。随着 2001 年互联网泡沫的破裂，许多基于互联网的企业虽然有很好的技术，却因为缺乏良好的商业模式而破产倒闭。而另一些企业尽管技术最初可能不是最好的，但由于有好的商业模式，依然保持了很好的发展势头。于是，商业模式的重要性得到了更充分的认识。人们认识到，在全球化浪潮冲击、技术变革加快及商业环境更加不确定的时代，决定企业成败最重要的因素不是技术，而是它的商业模式。

2003 年前后，创新并设计出好的商业模式，成了商业界关注的新焦点，商业模式创新被认为能带来战略性的竞争优势，是新时期企业应该具备的关键能力。商业模式创新兴起，在全球商业界更引起了前所未有的重视。2006 年就创新问题对 IBM 在全球 765 个公司和部门经理的调查表明，他们中已有近三分之一把商业模式创新放在最优先的地位，而且相对于那些更看重传统的创新，相对于产品或工艺创新者来说，他们在过去 5 年中经营利润增长率的表现比竞争对手更为出色。

2007 年，苹果公司发布 iPhone，掀起了一场手机革命。除了产品设计本身的创新之外，苹果公司还沿用了 iTunes 在 iPod 上的应用，在 2008 年推出了 App Store，并和 iTunes 无缝对接。iPhone＋App Store 的组合为苹果赋予了主导地位，从而引领了手机的革命。迄今为止，苹果已经售出了超过 5000 万部 iPhone，而 App Store 的程序总量也已经超过 20 万款，总下载量约为 30 亿次。和 iPod 颠覆了音乐产业一样，iPhone 也成功地颠覆了手机产业。

2010 年初，苹果又推出 iPad。这款新产品采用了和 iPhone 同样的操作系统，外观也像一个放大版的 iPhone，在应用软件方面也沿用了 iPhone＋App Store 的模式。虽然这款产品存在很多争议，但无疑受到了“苹果粉”的狂热拥护，每周的销量超过 20 万部，并被公认为会颠覆未来的出版行业。在 2010 年 7 月 20 日发布的第三财季财务报告中，苹果表示，截至 6 月 26 日的季度内，该公司共计售出了 327 万台 iPad、840 万部 iPhone 以及 941 万部 iPod。

苹果每推出一款新的产品，都会引发一场革命，从最早的 iMac，到后来的 iPod 和 iPhone，都对产业的商业格局产生了巨大的影响：iPod 改变了唱片业的商业格局；iPhone 改变了手机业的商业格局；iPad 影响的远远不止是电子阅读器这个行业，而是整个出版业。苹果改变了商业生态系统，直到今天仍然在继续！

二、文化产业商业模式释义

作为一种新兴的经济结构形态，文化产业兼具文化和商业双重属性，就其所提供产品的性质而言，文化产业可以被理解为向消费者提供精神产品或服务的行业。具有商业属性的文化产品必然要按照一定的商业模式运作才能获得市场价值。文化产业商业模式是一种包含了一系列要素及其关系的概念性战略分析工具，用以阐明某个特定实体的商业逻辑，它包括一个企业所能为客户提供的价值、产品的目标消费群体、产品的生产、营销和管理的过程、企业的内部组织结构、合作伙伴网络以及借以实现这一价值并产生可持续盈利的一系列要素。

文化产业的商业模式大致分为资源驱动型、产品销售型、平台运营型、代理型、设计制作型和连锁经营型六大类型。在选择和确定商业模式时，文化企业的商业模式一方面可以借鉴一般的商业模式，另一方面也要根据自身的特点来体现具体产业的个性化。

（一）文化产业商业模式的构成

在经济全球化的背景下，在快速变化的商业环境中，依靠引入商业模式来保持文化产业生存和发展的活力是极其重要的。文化产业是一种以传输文化价值为主要宗旨的产业，其商业模式的构成与其他产业有异同之处。

1. 价值主张

即文化企业通过其产品和服务所能向消费者提供的价值。企业要将自己的核心认同和价值观有效地传达给消费者，需要首先确立一个价值主张，同时，企业的一切传播和营销活动必须围绕着价值主张来进行。

价值主张明确了企业为消费者所能带来的实用意义，成功的商业模式要能提供其他产品所没有的独特的价值主张，有时候这个独特的价值可能是新的思想，但更多的时候它往往是产品和服务独特性的组合。这种组合要么可以向客户提供某种独特的价值,要么可以使得客户用更低的价格获得同样的利益或者用同样的价格获得更多的利益。在产品同质化日趋严重的今天,关键在于寻找不同于甚至于优越于同类产品的利益点,构建合理、妥善传递巧妙的价值主张可以对企业战略和业绩作出重大贡献。价值主张的确立既能为企业的产品生产提供一盏指路明灯,又能为创造卓越业绩打下坚实的基础。

2. 目标消费群体

即文化产品所定位的消费者群体。首先,这些目标群体一定具有某些共性,从而使文化企业能够针对这些共性创造价值。定义消费者群体的过程也被称为市场划分,它是根据消费者的爱好、需求、动机、购买行为的多元性和差异性来划分的,是基于"分众营销"的核心理念而设计的。也就是说,它是面向一个特定的、有清晰特征的人群制定战略,而这部分人群恰恰是某些商品与品牌的主力或重度消费群。

只有通过对这种消费人群的"精确""细分",才能达到销售的"实效",企业只使用特定目标群体最容易接受的术语、最方便的信息接受渠道、最易接受的广告传播方式以及最恰当的产品开发推广模式,通过提炼产品的差异化诉求,制定分众化价格,力求以最少的投入,最精确地命中目标群体,并以此来达成销售的稳定增长。

3. 分销渠道与合作伙伴网络

分销渠道即文化企业用来接触消费者的各种有力途径,是产业实力的综合体现;合作伙伴网络即企业同其他企业之间为了有效地提供价值并完成其商业过程而形成的合作关系网络。在市场经济制度下,发达国家已经能够按照市场经济的规律进行文化产品的生产和销售,形成了一套与市场经济体制相适应的成熟的市场运作模式,并在一定程度上控制了众多的文化产品经营机构。

在全球经济一体化浪潮下,随之而来的是国际化的物流态势,分销渠道与合作伙伴网络是否广泛和有力,关系到一个文化企业的市场竞争能力。

4. 价值配置与核心能力

即文化公司执行其商业模式所进行的资源和活动配置以及所需的能力和资格,这是商业操作能力的表现,它包括企业所拥有的产品资源、资本资源以及人力资源等在生产、管理以及整个商业模式运行过程中的合理有效的配置水平。

在这个过程中,锁定价值管理与持续能力资源和活动的配置是文化产业不可忽视的。在创意为王的文化产业中，创意人才是最有价值的资源，因此最主要的是创意人才的管理。其次，资本的资源也非常重要。我国同发达国家的差距主要反映在文化产业组织化、集约化经营的水平和规模上。中国文化产业的组织化、集约化程度低，规模小，从企业的微观层面来看，中外文化企业之间资金实力的差距和获得能力上的差距也是巨大的，要缩小这一差距，就要逐步形成以政府资金为引导、以企业投入为基础、以银行信贷和民间资金为主体、以股市融资和境外资金为补充的多元化文化产业投融资体系。

另外，在商业模式的构成要素中，成本结构、盈利模式、管理构架等也都是非常重要的，它们通常体现在商业模式的具体设计与运行过程中。

（二）文化产业商业模式的设计及运行

文化企业的商业模式是对如何行使其功能的描述，是对其主要活动的提纲挈领的概括，它描述了企业的产品、服务、客户市场以及业务流程，提供了有关企业如何组织以及创收和盈利的信息。商业模式的设计必须以上述五大要素的某一至两个要素为核心，五大要素相互协同，成为一个完善的价值创造系统。

商业模式的设计通常分为以下几个步骤：

1.确定企业或产品的价值目标

成功的商业模式应该做到顾客价值最大化与企业价值最大化的结合，它要求一要针对目标顾客的需求偏好，二要为目标顾客创造价值，三要为企业创造价值。最后通过分销和传播活动把产品或服务的价值传递给目标客户。

2.明确目标客户群体

一个企业的成败与否最终取决于它的商业模式，一个企业的成败与否最终取决于它的商业设计是否符合消费者的优先需求。设计商业模式的时候，首先需要分析顾客的相关需求，目的就是要为产品寻找价值能够契合的顾客群。一般来说，企业盈利的难度并非在技术与产品端，主要还在顾客端。有时即使只把握好了企业顾客的一点点需求，就可能产生巨大的顾客价值。商业模式无法找到相对明确的顾客需求，是导致商业行为失败的主要原因，企业将会遭遇无法创造利润的潜在风险。

3.构筑内部运作体系

商业模式的成功在很大限度在于是否能合理地规划企业的内部运作体系，也就是将商业模式分解为业务单元和具体的流程，这是商业模式设计与完善的重要内容，主要包括以下几种要素的合理配置：组织与机制、技术与装备、生产运作、资本运作、供应与物流、信息、人力资源等。这些内部运作活动可以清楚地规定企业内部运作的成本及其结构以及计划实现的利润目标。

4.构筑外部运作体系

商业模式外部运作体系即企业向顾客供应产品和传递产品信息的渠道，是商业模式得以正常运作必不可少的部分。在这里，设计的重点是分销渠道和合作伙伴网络。

5.建立保护利润的有效屏障

这是指企业为防止竞争者掠夺本企业的目标客户、保护利润不流失而采取的战略控制手段。比较有效的制度屏障主要有行业标准的建立、产业价值链控制、行业领导地位、独特的企业文化、良好的客户关系、品牌、版权、专利等。

有了上述各种要素的保证之后，就可谓万事俱备，商业模式就可以具体实施了。在实践的过程中，某些环节也许会因为市场的变化而出现问题，这就需要对商业模式的运行环境重新进行分析，灵活应对，如改变组织结构、流程、思维和公司的信息系统等，这是一个不断纠偏并形成良性循环的过程。

商业模式的方案关系到项目的执行结果，因此应该在项目启动之初就精心做好，同时它也要随时间和环境的变化而不断调整和创新。商业模式有许多不同的原型，企业可以从中选择一种方式，也可以将多种模式组合在一起，企业的主导思维架构将是决定商业模式的主要因素。许多技术创新面对的是一种不确定性极高的未来环境，而市场信息也无法全盘取得。因此，没有哪个商业模式能确保未来利润一定会能实现，也没有所谓最佳的商业模式。在设计与执行商业模式的时候，一定要保持一种弹性心态，也就是说，商业模式的内涵需要适应环境的变动，在设计时就应该留有一定的可变余地，运行时更应该顺势而变。

三、文化产业商业模式创新

商业模式创新作为一种新的创新形态，人们关注它的历史很短，但是其重要性已经不亚于技术创新等。

对于文化产业来说，商业模式创新的核心基础是文化创意。可以说，正是在文化创意的作用下，商业模式的创新才面临着越来越多的机遇，但同时也面临着越来越多的挑战。

文化产业商业模式创新的基础是企业必须把文化创意作为首要事项。创意是具有某种独创性的东西，它可能是全新的，也可能是对业已存在的东西的再造。在商业模式创新的过程中，首先应当立足于对原有产品和服务进行改进和完善，或者说在原有成绩和客户群的基础上进行创新。例如，现实中的许多创意是通过微调或改变营销模式就可以获得的。像一个图书公司从热衷于“长销书”转变为经营“畅销书”，这就是一种在经营方式上的创意思考。一个玩具制造商从动漫产品授权生产玩具到自己设计玩具，然后给玩具编一个动漫故事，从而推动玩具的形象推广和最终规模化的生产，这也是一种重要的商业模式的创新。

彼得·德鲁克在《创新与企业家精神》中曾指出，创新有七个重要来源。

第一，出乎意料的情况。有些时候，许多企业在力推自己的主打产品的时候，却发现自己不重视的那款产品十分畅销。例如，一家图书公司力推自己新开发的财经类畅销书，结果是该书不畅销，反而是一款人文类简易读本十分流行。

第二，“不一致”，主要是现实与假设之间的不一致。例如，在中国药价高企的时期，许多互联网公司假定电子商务可以降低价格，人们更愿意在网上购买便宜的药品，结果却一无所获。又如，人们以为人文专题电视节目、旅游电视节目和环保电视节目等与社会热点一致的电视节目具有很稳定的收视率，结果却发现还是“娱乐为王”(当然，这里就出现了创新的机遇。再如，一些音乐公司主要重视消费市场，强调唱片市场的不断扩大，结果遭遇了盗版的重创而举步维艰，而一些以演出经纪为主的公司反而获得了较高的利润。)

第三，以需要为基础的创新。事物发展过程中的需求是基于内在的需要。例如，体育经纪之所以越来越兴旺，是因为体育明星是体育产业的重要环节，中国要发展体育产业，必须首先发展各类体育学校和体育经纪。又如，图书出版商借助于版权交易，可以通过把图书改编为影视作品和游戏作品而获得很高的收益，因为好的内容产品可以决定产业链的长度。

第四，产业结构和市场结构的改变，这是最重要的创新领域。近年来，内容产业最重要的领域以及商机所在，是网络和手机内容的提供。今后，随着3G视频化和4C合一的产业格局的逐渐形成，内容需求将持续增长。

第五，人口统计数据和人口结构的变化。全球年轻人数量的增长，对体育和体验性娱乐、时尚电子产品的需求将持续扩大。

第六，认知、情绪和意义的改变。比如人们对医疗保健或者体育活动的重视，以及人们对尊贵的需要——高尔夫俱乐部甚至 MBA 的流行，都隐藏着创新的机会。

第七，科学的及非科学的新知识。例如对“饮茶有助于健康”的认识与茶的流行，对“咖啡防癌”的认识与咖啡的热卖，美容、减肥和人工智能软件等等，诸如此类所引发的商业模式创新都与人们的某种新的看法或知识有关。

当然，我们说创新很重要，其实是就有效的创新而言的。有效的创新就是有意义或者有商业价值的创新，因而有效的创新的衡量标准是商业模式。简而言之，只有牢牢地把握商业模式，才能对创新的价值进行评价。

其实，在中国历史上不乏成功的商业模式，如晋商、浙商的发展不仅创造了辉煌的经济价值，更创造了经典的商业文化。以诚信为本谋发展的要求，以勤恳为器谋发展的态度，以信任机制为根谋发展的担当，对今天商业模式的建构依然有很多的借鉴意义。尽管随着时代的变化，商业模式的具体形态会发生变化，但商业模式中根本的文化内核却不应该发生改变也不能发生改变。这个文化内核便是诚实守信。特别是在国际贸易繁荣发展的当下，对诚信的商业文化的坚守不仅关乎着一个企业的发展前景，更关系到一个国家经济发展的形象。因此，商业文化的形成与商业模式息息相关，密不可分。

四、文化产业商业模式创新方法

要进行文化产业商业模式创新，首先要有一个标杆，知道什么是好的商业模式。北京大学文化产业研究所的陈少峰教授认为，好的商业模式有如下特点：

第一，好的商业模式应该是价值放大型的，也就是说它只有一种商业模式，但是这种商业模式不是把自己当做一种企业的整体价值来做。有两个财经杂志《财经》和《中国企业家》就是放大型的，例如，《中国企业家》不仅是经营杂志，它以杂志为纽带进行项目放大。

第二，好的商业模式一定是在现有商业模式上的改进，比如说办一本杂志就是广告，但是现在可以是广告和内容的一种集成。

第三，好的商业模式一定是非常清晰的，有清晰的投资目标、清晰的盈利模式以及清晰的可持续的未来规划。

第四，好的商业模式是可以跨越时空的，日本的动漫是超越时空的，而且是本土化的。

第五，好的商业模式一定要具有未来性，也就是具有可持续性。

第六，好的商业模式不怕模仿，好的商业模式会与企业文化融合为一体。

第七，好的商业模式是自我淘汰的，例如原始业务是卖商务通的公司，如果商务通没有快速用自己的手机来淘汰商务通，就会被别人淘汰。

第八，好的商业模式一定是在产业中具有高附加值的，所以它一定是在产业链当中占有高附加值的部分，相比较而言，低端制造业就不是最佳的商业模式了。

因此，文化企业在设计和选择自己的商业模式时，需要以好的商业模式为基础，考虑为客户提供什么样的价值，如何提供产品或服务，如何与客户建立紧密关系，如何管理核心业务，如何建立核心资源，需要什么样的合作伙伴以及成本构成和收入来源。

商业模式是动态的，打造商业模式的过程是一个持续创新、不断改善的过程。企业要时刻关注市场变化和消费者需求趋势，从而不断完善产品和服务。同时，文化企业的商业模式创新还要注重一些基本的策略与方法。

第一，要关注和熟悉新的产业和新的产业发展模式。例如，在互联网时代，"注意力"是眼球时代营销传播的重要切入点，也是一种商业模式创新的要素，这种商业模式要求创意、品牌、活动营销与明星代言一体化。音乐领域由专辑到单曲的变化，由销售音乐唱片和下载服务到把音乐作为形象代言的变化，就体现了"注意力"经济的新潮流。

第二，关注需求替代。在文化产业族群中，各门类的替代品的出现是对产业结构具有直接影响的重要因素。例如，博客写作代替传统文学，微博代替博客，游戏代替电影，手机代替电脑，虚拟空间代替物理空间等等，其中都蕴藏着许多商业模式的创新机遇。

第三，促进内在价值链的延展。产业链的打造必须从内在价值链的延展入手。在影视领域，内容、明星、广告代言、旅游等等是一体化的产业链。例如，韩国影视公司的一种普遍做法是开发影视明星塑像作为拍摄地点的旅游景观。因为影视双栖明星（包括媒体明星学者成为畅销书作者）更是具有内在价值链的产业形态。在这方面，对中国影视公司而言，后续产品开发是一个直接的延展方向。

第四，持续挖掘文化产业大潮带来的商机。一方面，结合文化产业与其他产业可以形成附加价值的提升，例如房地产的文化内涵和设计、产品的艺术包装与设计、明星营销的长盛不衰等等；另一方面，消费品需要以娱乐产品来拉动，这样就带来了娱乐的商业赞助以及消费品营销对娱乐产品的推广，例如魔兽世界的游戏和可口可乐饮料之间的捆绑营销，就创造了双赢的局面。

第五，围绕核心产业的跨行业的商业活动，寻找新的商业模式。一般来说，某一核心产业的迅速发展可以带动一片相关产业的繁荣。例如，手机的发达造就了手机的内容产业。又如，互联网产业的迅猛发展促成了不断扩展的内容产业的高度发达，包括新闻、图片、地图、游戏、漫画、视频、名人博客、新文学、短信、音乐、体育赛事等等。

第六，把握产品形态与交易方式的新变化。产品形态与交易方式的不断变化也是商业模式创新的重要节点。如网络虚拟物品交易、游戏代练和其他玄幻武侠书的畅销等等，都是新的商机，也出现了许多新的商业模式。

第七，跟踪并实现市场的扩展性变化。消费者需求的变化可以通过推而广之的产业扩展来满足。如成年人看漫画而引发的出版业的扩展，全球化和市场国际化而造就的各类留学产业、语言产业和培训产业、会展产业等等。另外，文化产业领域的服务外包等也蕴含着许多代工和定制的商机。

第八，在促进产品升级中提升商业模式。产品升级必然相应地要求商业模式的更新。例如，在玩具领域，机器人玩具将成为玩具领域的新潮流之一，把握机器人玩具的变化，提升玩具开发水平，企业便可以进入一个新的多媒体体验性玩具的商业模式领域。

第九，把握国家和区域的战略性规划带来的产业集聚和新的商业模式。政府出台的促进和支持文化产业发展的规划，会为商业模式的调整提供某种契机。如某些地区建设的文化中心、酒吧一条街、文化产业园区、将公园改造为演出娱乐中心等等，都是政府战略规划所带来的结果，这需要企业相应地对原有的模式进行调整。

第十，采取品牌先行的新做法。品牌作为一种重要的无形资产，具有巨大的整合能力和带动效应，因而成功地借助或者打造一个品牌可以快速地推动企业的发展。如先在某个电视节目中塑造一个餐饮品牌，然后再在现实中形成餐饮连锁，就是品牌先行的一个例子。

第十一，顺应技术变革并转化技术利用。技术变革（或提高技术）能形成技术领先性的商机。例如，谷歌和百度就是典型的技术变革的商业模式受益者。当然，技术领先性也带来了是否能长期立足的挑战；假如跟不上技术的变化，商业模式很快就会过时，在一段繁荣之后会迅速灰飞烟灭。

第十二，实现规模上的要求，促进新的商业模式的出现。产业规模由小到大的扩展，不仅仅带来量的变化，也可以为新的商业的模式出现提供舞台。如贝塔斯曼举办的图书俱乐部，就可以实现定制图书的商业模式，并能保障可靠的盈利空间。

第十三，根据产品结构上的特殊性形成营销捆绑的商业模式。某些产品由于自身的专业性和领先性，其运行可能需要特别的软件等与之相匹配。如索尼公司 2004 年年底投放市场的游戏机售价很低，但它从 UMD 特别格式的游戏和记忆棒内存生意上获利，而这种商业策略的技术保障就是 UMD 光盘，一种从硬件上无法拷贝提取数据的技术。

第十四，通过积累拓展新领域的商业模式。一个企业若想在某一行业长期经营，自然需要向相关行业拓展，以完善自身的业务。例如，网络和手机开辟专业性频道，可以使原有内容拥有更直接和更大的变现平台。再如，内容提供商（如电影公司）进入有线电视，可以通过内容的积累获得创作能力和内容服务能力。

第十五，把握细分市场所孕育的创新机遇。有时，商业模式的创新会带动技术的创新，并促进新的细分市场的形成。如网络广告的商业模式要求网络搜索引擎技术的提升，最终形成一系列新的广告代理企业，并带来广告商业模式的创新。

第十六，在产业或者业务的基本环节上创新。根据内容产业的规律，可以通过改进故事和活动内容来提高产品质量，特别是提升产品的体验效果，从而促进产品的持续化经营和品牌的价值提升。

从产业环境上来说，为了鼓励商业模式创新，并使创新具有稳定性，需要政策的跟进。由于文化产业处于受扶持发展的新兴产业的范围，政府将持续出台系列化的扶持政策，许多企业可以结合自身的特点来获得政策上的支持，从而改善商业模式。此外，具有创新精神和经验的人力资源也是企业的宝贵财富，企业必须通过保护和提升人力资源来持续扩大自己的内在优势和综合竞争优势，从而在商业模式的提升上取得创新性改善的实际效果。

近年来，我国文化企业在商业模式创新上做了很多尝试，不再一味固守约定俗成的、死板的经营模式，部分优秀的企业借助商业模式的再造和创新实现了做大做强。如华谊兄弟、华策影视、小马奔腾、光线传媒等影视公司，他们都脱离了单纯的影视投资或电视节目制作等单一的商业模式，在艺人经纪、广告经营、影片发行、商业活动几个领域布局，从而实现了行业资源的控制和竞争能力的提升。再如盛大文学，利用互联网平台获得了大量网民原创的文学作品，进而捧红作品，通过版权交易获得收入。

第三节　文化产业形态与创新

信息技术革命引领的、以产业融合和服务为主要特征的产业新发展，重构了以文化产业为重要组成部分的现代产业体系。一如产业的边界在模糊，内容在相互融合，文化和经济也在融合，以前所未有的速度和方式融合着。文化产业逐渐发展成了一种和经济建设同等重要的软实力。什么是软实力？软实力的提出者、美国哈佛大学肯尼迪政府学院院长约瑟夫·奈认为：软实力是一种影响别人选择的能力，如有吸引力的文化、意识形态和制度。

因此，我们可以说，文化产业是一种形而下的文化形态，它以经济的角度输出一个国家的文化、价值观乃至意识形态。我们要发展文化产业，把中华民族具有数千年文明史的价值观和审美观通过文化内容传播到全世界，使之成为中国富强的软力量的重要组成部分。韩国通过文化立国的政策，文化产业发展非常迅速，原因之一就是他们有《文化产业振兴法》，他们依据该法设立了电影振兴院、文化产业振兴院、网络游戏振兴院，明确提出网络游戏要承载传播韩国文化和价值观念的重任，他们要推销韩国的价值观。

推动文化产业发展，必然也是中国经济全球化的重要途径。从发达国家产业演化和升级的趋势看，文化产业中的创意产业（从“供给”的视角看）和体验产业（从“需求”的视角看），将是“后服务业化社会”的主导产业。文化产业作为新兴产业，其规模迅速扩大，在中国经济中逐步成为支柱性部门，将产生扩散和分工效应以及增长效应。

文化产业中除了创意部分，还有一个重要部分，就是以人文资源为基础的旅游和相关产业开发，这类产业的主要投入是历史形成的人文形象和符号，其边际成本为零，环境成本也为零，它的扩展和整合对经济增长的效应无疑也是很大的。为此，我们理应加快推动其发展，并推动其与其他产业的融合，同时为之创造有利的市场环境和体制政策。还需要指出的是，文化创意和科技研发一样，会产生难以预计的沉没成本，这里，市场主体和市场机制的作用往往是决定性的，因此使之产业化、市场化的要求自不待言。

一、文化产业的市场结构转型与调整

文化产业是在知识经济、信息技术革命以及文化经济的背景下出现的新兴产业门类，文化产业本身对产业结构转型有关联作用。

首先，文化产业发展不仅能够较快地引起整个产业结构转型，而且能够促进其他产业转型和发展。文化产业化可以使具有文化价值的文化资源成为具有经济价值的生产要素，参与生产、交换、分配、消费等社会再生产活动，因而可以成为整个产业结构、经济结构的组成部分，直接创造财富，改变国内生产总值的构成。

其次，文化产业自身就具有结构调整功能，具有文化生产者之间、文化消费者之间以及文化生产与文化消费互动的特征，文化生产者之间的互动会产生融合，出现渗透，会形成一个新的产业链节点或链接点，产生新的产业；文化消费者之间的互动会产生新的消费热点，拉动新的产业发展；文化生产主动创造新的文化产品和服务，满足和对接不断增加、不断更新的市场消费需求，使新兴业态不断产生、发展，并迅速占领新兴消费市场。

(一)文化产业的市场结构转型

文化产业的市场结构转型有一定的复杂性，因为文化产业结构复杂，既包括传统的文化经济部门，也包括大量不断涌现的新业态；既包括市场经济的部门，也包括大量非营利性的公共部门；既有以内容创意为主的行业部门，也有以科技应用为特色的行业部门；既有实现经济效益的要求，也有实现社会效益的要求。因此，文化产业的结构转型，一方面要以高级化为目标，另一方面也要使各行业保持协调均衡发展。

1.推动产业结构高级化

积极发展与现代科技密切结合的文化新业态，不断解放和推进文化生产力，实现产业结构的高级化，是文化创意产业发展的重要目标。

文化产业是现代科技推动下整体经济结构高级化的产物，不断创新的现代科技是文化产业进一步提升生产力、实现更大效益的根本要素。事实上，科技手段的不断应用，使文化部门生产率的增长总体上与整体经济的发展保持了同步，在虚拟经济日益发达的今天，文化产业的科技含量和附加价值已经超越了大多数经济部门。

2.促进产业结构的合理化

文化产业的经济形态比较复杂，传统行业与新兴行业并存，市场部门与公共部门共生，内容生产与技术工具结合，彼此交融互渗。在信息技术推动下的产业整合大潮中，文化创意产业中各行业、各部门的边界日益模糊，彼此的关联度越来越强，任何一个部门的发展都需要其他相关部门的支持和配合。例如城市中的一些大型公共文化设施，如博物馆、图书馆、展览馆，它们需要政府部门来提供，但是它们的建造是完全可以市场化的，可以委托相关企业配合完成。

文化产业的结构调整要以合理化为基础。文化产业的发展需要通过现代科技提升文化生产力水平，同时还需要各行业各部门协调健康发展，包括传统产业的产业融合，通过科技创新与文化创意来辐射、带动传统产业的发展，从而增强文化产业发展的整体实力，为产业结构的高级化夯实基础。

（二）文化产业的市场结构调整

文化产业领域中的各个行业需要根据国家文化产业发展的全局及市场需求，进行适应产业变动的产业结构调整。例如，传统工艺美术、印刷和玩具等产业在多数制造业发达的省份都占据了文化产业产值的绝对数值。这些文化艺术内涵偏低的领域，其附加值也很低，资源消耗很大，属于国家产业结构调整的范围。特别是在中国建设节约型经济社会的进程中，企业必须通过获取较高的附加价值来解决资源过度消耗的问题。就此而言，企业的发展方向是提升品牌、设计能力，充分开发高端的人力资源，并提升知识产权的创造力。

经营创新是文化产业市场结构调整的主要途径，涵盖着战略方法、商业模式、新技术利用等各方面。根据顾客导向和学习标杆企业这两个主要方向来提升产品和服务的价值，是文化企业的基本任务。完成该任务，其中也包含着借鉴先进的商业模式的要素。例如，淘宝网就利用国外的成熟经验和对国内消费者市场变动趋势的准确把握，通过推出支付宝等方式搭建了较为完善的网购交易平台并取得了很大的成功。而盛大文学创新产业链经营的做法，则是形成内在、协同和整合等多种形式的产业链条，值得其他文化传媒企业借鉴。

事实上，进行产业结构调整，政府应当发挥积极的导向作用。例如，深圳市政府实施产业结构优化的扶持政策，就取得了良好的效果，值得其他城市借鉴。各地政府不仅要扶持文化产业的发展，还要在发展中转变增长方式，减少对资源消耗型企业的保护，包括减少对土地消耗型文化地产企业的支持力度。与此相对应，对于创新商业模式，特别是符合未来知识产权增值或者内容增值的企业，各级政府都应当予以更大的支持。

二、文化产业的新业态形成

所谓“业态”，在这里是指产业形态或状态。作为文化经济的文化产业，是以知识为基础的现代服务经济，它体现为非物质化的文化消费新型业态及新技术与文化资源组合形成的新兴产业集群。

文化产业的新业态是指通过现代科技的创新性使用而带来生产方式、传播手段以及消费体验方面新突破的新兴文化部门或行业，包括信息经济的数字产业、生态经济的环境产业、符号经济的符号产业、形象经济的艺术文化产业、宗教经济的神话产业、休闲经济的休闲娱乐业、健康经济的保健业、媒体经济的传播业、体育经济的竞技业、会展经济的都市制造业、教育经济的人文产业等业态类型。

新业态体现了文化产业发展的趋势，也是文化产业未来竞争的重要领域，是带动文化产业结构升级的先锋，是文化产业结构合理化的发展目标。

1.新业态之数字内容产业

数字内容产业是文化产业新业态中对人们影响最广泛、发展最盛的。由于文化产业的发展与数字技术日益密切，"数字内容产业"这个概念在国际上被广泛使用，强调信息产业与文化创新产业的融合，被认为是最有发展潜力的产业之一，国际上许多发达国家或地区不约而同地提出并制定了各自发展新兴数字内容产业的政策措施。

美国《时代周刊》认为，2015 年前后，世界将进入数字娱乐信息时代，数字娱乐在美国国内生产总值中将占一半的份额，新技术、新产品将使数字娱乐全面超越传统娱乐方式。2003 年 3 月，日本政府根据《信息技术基本法》成立了知识财富战略本部，日本前首相小泉亲自担任部长，明确将音乐、电影等文化产业与技术、IT 产业、名牌产品等并列为国民经济的基础产业，并采取了一系列扶持措施，积极鼓励文化产业同 IT 产业投资的结合。

欧盟在推进欧洲数字内容产业的发展方面起步早、力度大。1996 年 5 月，欧盟颁布了《关于促进欧洲多媒体内容产业发展和鼓励在信息社会中使用多媒体内容的决定》(简称 Info 2000)；2000 年 12 月又颁布了《关于在全球网络发展欧盟电子内容与信息社会发展多样化语言的决定》。欧盟成员国随之也相继出台了相关政策措施，如英国 2000 年 2 月颁布了《英国数字内容产业发展行动计划》，爱尔兰 2002 年 11 月出台了《爱尔兰数字内容产业发展战略》。欧洲的数字内容产业取得了显著的成长，增长速度明显高于其他传统产业部门，在欧洲经济发展中的地位越来越重要。到 2001 年，欧洲数字内容产业的就业人数达到了 400 万，产值比重达到 5%。根据闫世刚在《数字内容产业国际发展模式比较及借鉴》中引用的数据，数字内容产业在 2010 年前后占欧盟国内生产总值的 8%，接近 1 万亿欧元，行业从业人员相当于欧盟劳动力的 6%，对生产力增长的贡献值超过 1/4。

2009 年是我国数字内容产业整体产业结构构建的关键阶段。《文化蓝皮书》指出，首先，从产业地位的角度来看，“数字内容”作为“重点文化产业”的发展定位正式确立。其次，就技术平台搭建而言，数字新媒体产业发展迅速，3G、卫星、高清等数字技术的正式商用，拉开了各种数字内容业务全面繁荣的序幕。最后，在业务体系发展层面，经过数年探索，数字内容的整体业务体系已经逐渐成形，数字影视、数字游戏、移动内容等数字内容业务链发育趋于健全，管理逐渐规范，实践不断深入。整体看来，数字内容产业与新媒体技术、产业的发展息息相关，未来几年，新媒体产业的发展将推动各个内容业态更加蓬勃地发展。

2.我国文化创意产业新业态的发展状况

由于新业态的培育与成长对整个文化产业的发展具有极为重要的价值，因此政府部门在制定文化创意产业的发展政策时非常重视这个问题。

中国的市场经济发展时间虽然并不是很长，但经济规模和发展速度近年来都处于世界前列。在新技术的应用方面，我国的发展尤其令世人瞩目。随着网络技术的不断发展和普及，各种类型的网站、虚拟社区、电子邮件、聊天室、博客、播客等以互联网为平台的新媒体层出不穷。网络技术与数字技术、通信技术相结合，也使新的文化创意产业业态层出不穷，如网络游戏、网络电视、移动电视、数字电影、数字出版、手机内容等。这些新业态不断创造新的文化创意市场需求，也不断革新文化创意产业的生产模式，同时给文化创意产业的国际贸易提出了许多新问题，比如网络环境下的文化创意内容传播、知识产权的保护、内容管制、网络交易结算等。

据统计，中国数字内容产业市场规模已由 2001 年的 39 亿元人民币发展到 2005 年的 849.3 亿元人民币，2009 年我国文化产业国内外市场规模大约为 8000 亿元人民币。

三、文化产业的新业态创新

文化产业的新业态系统是一个创新性的服务体系，它们是一种基于非物质化的资本形态对于原有产业类型的重新划分及其标准实践，它要通过不同文化产业部门所拥有的知识、媒介、信息、符号公共要素与数字资本、智力资本、符号资本、媒介资本运营的特殊规律，把文化产业各个部门从分散、孤立甚至是隔膜的状态中联系起来，并通过其资本形态的相似性和核心竞争力的同类性将之统贯起来，形成信息经济时代一个庞大的与文化产品生产相关的新型服务体系。

文化产业包括众多的次产业类别，这些产业可以分为三个层次或部类：第一部类是传统意义上的文化产业，如传统旅游业、文艺演出业、民族传统节庆和传统工艺品等；第二部类是以电子与纸质印刷为基础的广播、电视、电影、新闻出版等常态文化产业；第三部类是数字化、互联网等高新技术支撑下，以“创意”、“创新”为核心的创意产业新业态。创意产业是传统文化产业发展的更高阶段。

在我国文化产业仍处在传统文化产业为主的现状下，如何转换发展方式，从以传统文化产业为主到高端新业态，改变非经济、非市场、非产业的管理方式，提升文化产业的发展层次，从“前产业”形态进入产业经济发展阶段，并进而达到现代产业管理与高端产业的发展层次，提高文化产业规模化、集约化、专业化水平，实现文化产业自身的升级换代，是我国文化产业目前必须关注的问题。

以文化产业最为发达和集中的北京为例，利用互联网数字化高新技术，以创意创新为核心，培育新兴业态，是北京乃至全国实现文化产业升级换代的重要途径。

1.培育新业态，北京文化产业高速发展的根本动力

经有关部门初步核算，2013年北京市文化创意产业实现增加值2406.7亿元人民币，增速为9.1%，高于GDP近1.5个百分点；全市文化创意企业实现收入10022亿元人民币，同比增长7.6%。文化创意产业作为北京市的支柱产业，产业排名已升至第二位，文化创意产业收入增速高于第三产业收入增速3.3个百分点。其中，与数字化高科技相关的软件、网络及计算机服务领域是最具优势的领域，仅此一项就占全市文化创意产业收入比重的近四成。从九大领域的构成来看，除其他辅助性服务领域以外，收入位居前三位的领域分别为软件网络及计算机服务、广告会展和新闻出版。

北京文化创意产业自2006年以来连续几年高速发展，其根本动力之一就是数字化三网支撑的新兴产业形态的引领和推动，三大领域领军总体发展，得益于高新科技的支撑，得益于“创意”的“引爆”作用，也得益于良好的金融服务业的助力。

同时，在北京文化创意产业九大领域中，新兴产业形态——艺术品交易、旅游休闲娱乐、设计服务等新兴领域发展速度明显加快，所占比重不断提高。它反映了新的经济基础条件下新的市场需求的增加、新业态的迅速成长和产业运营环境的不断优化。

北京文化创意产业的发展告诉我们，北京文化创意产业也必须根据当下市场的需求进行产业结构的调整，与高科技支撑的新兴产业融合发展，运用现代金融手段，推动创意创新的新业态、新企业、新模式的成长发展；不断提升产业运营的国际化、高端化水平；同时不断改造提升传统文化产业形态，使之数字化、高科技化，以实现企业的现代企业制度改造。

2. 全球和全国文化产业发展的态势

北京的发展也印证了全球和全国文化产业发展的态势。

最近我们看到，在创造了无数数字神话和网络奇观之后，互联网又产生了 Facebook（脸书网）这一创意大鳄，目前它的市值已超过时代华纳和雅虎。从人口规模看，Facebook 王国有 5 亿多用户，流量方面，它也已经超过谷歌，跃居世界最前列。无独有偶，最近中国文化企业优酷网在纽交所上市，也赢得了全球业界足够的关注。优酷网作为中国领先的视频分享网站，成了中国网络视频行业的第一品牌。截至上市前，优酷网已通过 6 轮融资，获得 1.61 亿美元。美国东部时间 2010 年 12 月 8 日，优酷网成功在纽约证券交易所正式挂牌上市，以 12.8 美元的价格出售 1537 万份 ADS（美国存托股份），首日开盘价为 27 美元，较发行价 12.8 美元上涨 111%。当日该股最高价达到 37.99 美元。截至收盘，报收于 34.38 美元。2010 年，我国共有 16 家文化企业在境内外成功上市。根据《国有文化企业发展报告（2012）》，自 1993 年第一家文化企业长印股份（后改名 ST 万鸿）登陆 A 股市场以来，经过近 20 年的发展，至 2012 年 6 月底，全国已有 33 家文化类公司在 A 股上市，总市值已经超过 2000 亿元人民币，约占全部 A 股总市值的 1%，其中国有控股文化上市公司 22 家，占全部文化上市公司数量的三分之二。最近在西方一片做空中国、唱衰中资概念股的声音中，我们既能看到中国企业特别是创意企业在现代企业制度与企业运营上的不足，也能看到西方金融界对中资新兴业态的复杂矛盾心态。

Facebook、优酷等网站的成功经验告诉我们，市场需求在新潮流，需求在新生代，需求在新方式、新形态。根据新发掘、新涵养出来的需求，当代世界正在不断开发创造一系列过去时代从未有过的新“资源”，像数字网络技术等高新科技，给世界创造了财富增长的新机会和巨大的资源，它所创造的创意新业态正越来越成为当代社会财富增值的源泉。它启示我们：过去时代发展传统文化产业的方式必须再度审视。

创意产业是文化产业发展的高端形态，其根本理念是通过创新和创意创造出新的产业形态和内容产品。它在不断创造一种新的需求，也将文化产业发展从传统的模式中解放出来。从北京的经验来看，北京文化创意产业之所以成为名副其实的支柱产业，盖因选择了高科技支撑、大规模资本运营、以创意产业新业态为主形态的产业发展路径。

创意与创新是文化产业发展的核心与灵魂，它已日益成为现代财富的源泉。我们看到，正是现代高新科技直接催生了当前在社会生活中产生越来越重要影响的新兴文化创意产业，除了 Facebook、威客、博客、微博等新样式外，还有大量的创意设计（工业设计、工艺美术品设计、网络软件设计、服装设计、产品设计、包装设计、电脑动画设计、广告设计、建筑设计、工程勘查设计、建筑装饰、室内设计、城市绿化设计、时尚设计、服饰与奢侈品设计）、动漫、网游、互联网经济、现代会展业、现代广告业、电子（数字）商务、网络电视台，以及移动新媒体产业、手机增值业务（手机电影、手机动漫、手机网游、手机音乐、手机报刊、手机阅读、手机休闲娱乐）等，以数字化高新科技为代表的创意产业新业态正推动着传统的常态的文化产业向创意高端变革。数字电影、数字电视、数字出版等升级形态和不断创新的高新科技支撑的新业态，是文化创意产业增加值的主要贡献者，也是未来产业发展的主力阵容。与传统文化产业相比，新业态创造了巨大的产业规模、经济效应和发展潜力，代表着产业发展的方向。国际上，美国抓住版权和高科技不放，欧洲大力推动原创，日本成为动漫大国，韩国抢先发展网游产业，都是在抢占文化创意的制高点，都是在推动产业走向高端形态。

创意产业是当代服务经济中的高端形式。当前，我国产业结构要调整，要从低端制造业走向高端制造业，从以制造业为主逐渐调整走向高端服务业，特别是向生产型服务业和生活型高端服务业转型，实现从“中国制造”到“中国创造”的提升改造。

作为先进的生产力，文化创意产业是产业发展的高端形态，具有高附加值和高文化价值、经济价值，具有低碳环保、生态发展的基本特征，具有创造就业岗位的优势。它将推动我国整体产业结构的升级、跨界、调整和重组。Facebook 的成功告诉我们，与其花最大精力去打扫老牛圈，不如花大力气去建新奶站，二者效益差距很大，未来前景不同。新形态更具双向互动性、参与性和服务性。据《中国威客白皮书》的数据显示，2010 年威客任务接受者的主要构成是 21～30 岁的青年，这些青年具有高素质、高文化水平、高专业技能的特点。

所以，在文化产业的发展中，要以数字技术等高新科技手段改造、提升传统旅游、演出、节庆、会议、展览乃至体育、休闲、娱乐等行业；要大力推动广播、电影、电视、出版、设计、广告等目前影响最大的常态行业的数字化、产业化升级；要大力发现、扶持和培育新业态，推动新业态不断创新，实现高端融合。国际上，Facebook、Twitter 和 Youtube 等成为世界上成长最快的新业态企业，而新浪、搜狐、盛大、水晶石、阿里巴巴、优酷和当当等高科技企业也都以极高的成长性、产业规模和高速的增量发展，成为文化创意产业的领头羊。增量为先，激活存量，大力发展增量，以增量带动存量发展，这是创意产业升级换代的新战略。

四、文化产业的新业态创新方法

事实证明，新兴文化产业的崛起是我国近几年文化产业发展的一个突出特色。我国企业自主创新能力的提升，文化与科技的结合，为文化产业注入了新的活力，带来了新的机遇。在自主创新理念的引领下，这些文化新业态不仅为文化产业自身的发展带来了新机遇，也为我国扩大内需创造了新的消费增长点，更为我国转变经济发展方式、实现产业转型升级提供了重要的着力点。

1.广泛应用高新技术

当前，三网融合正在我国扎实地推进，我国自主研发的 IPTV 和手机电视集成播控平台建设、下一代广电网建设等方面已取得积极进展；3G 时代到来，手机技术日新月异，人们对手机娱乐内容的要求随之提高。这些都呼唤着全新的内容与表现形式，也为文化新业态的发展提供了技术支持与市场空间。依靠科技与文化的结合，手机动漫、电子书、网络游戏、文化旅游等新兴的文化业态不断创造出新的消费群体、新的消费热点。

以动漫产业为例，其最大的困扰一直是盈利模式不清晰，而高新技术的广泛应用为动漫产业带来了更为有利的发展条件，以手机动漫为代表的新媒体动漫发展突飞猛进，已经成为我国动漫产业发展新的增长点。2014 年 1 月，中国手机用户新增数量达 12.35 亿，手机上网用户数达 3 亿户。随着手机用户规模的扩大和手机移动互联网的发展，以手机为载体的各项增值业务蓬勃发展，无线增值服务有望迎来更大的发展。以手机动漫为代表的动漫游戏产业已经成为一些企业和地方转型发展的突破口。

2011 年 5 月 16 日，第三届“文化企业 30 强”榜上有名的奥飞动漫，同样得益于动漫这一文化新业态。奥飞原本是一家玩具生产商，在激烈的市场竞争中，他们逐渐确立了以动漫影视带动动漫衍生品销售的商业模式。2010 年，公司推出动漫影视作品《火力少年王 3》及其他多部新动画片，带动“悠悠球”等动漫玩具产品热销，进而推动奥飞动漫在 2010 年业绩取得了大幅增长，全年实现营业收入 9 亿元人民币，较上年增长 53%，利润总额 1.56 亿元人民币，较上年增长 32%。目前，动漫玩具业务已占该公司总收入的 60%以上。

在新闻出版行业，随着数字技术、信息技术、网络技术的全面普及，也出现了以数字出版、数字印刷、数字发行为代表的新业态，新闻出版业发展空间也随之逐步拓展。2013 年，我国数字出版全年收入规模达 2540.35 亿元人民币，比 2012 年增长

31.25%，增长势头强劲。目前，我国数字出版产品的形态日渐丰富，主要包括电子图书、数据库出版物、手机出版物等，不仅覆盖了传统出版物的所有种类，还衍生出许多新产品。用户的数字化阅读习惯正逐步养成，包括在线阅读、手机阅读、手持阅读器阅读等方式，已经进入人们的日常生活。

我们有理由相信，随着文化产业的不断发展，文化与科技的结合将催生出更多的新兴文化产品，从而推动我国文化产业发展不断迈上新台阶。

2.由传统产业向文化产业转型升级

经受金融危机的冲击后，我国诸多传统产业走上了产品结构调整、产业转型升级之路，以提高竞争力。“深圳华强北”是我国最著名的电子产品集散地之一，2006年，华强文化科技集团成立，华强集团正式进入文化产业领域。第四代主题公园、特种电影、环幕立体影院……依托主题公园这一文化新业态，华强集团实现了由制造业向文化产业的转型，华强集团形成了全新的科技文化产业模式，探索出了一条产业升级的新路。

事实证明，产业升级为华强集团带来了强大的转折，2014年中期，华强文化科技集团总营业收入是11.34亿元人民币，2013年年度总营业收入为21.82亿元人民币，营业利润6.53亿元人民币。以“文化＋科技＋旅游”为核心的主题公园业务不仅为集团创造了高额利润，而且对区域经济转型升级也起到了推动作用。

3.政府：对重大科技项目研发给予财政补贴

推动文化新业态发展的核心竞争力就在于不断的科技创新，乔布斯和他的苹果就是如此创造了科技与文化深度融合的神话。但在技术研发逐步走入“快车道”的同时，如何保持科技创新的持续性，是一个不得不重视的问题。

人才、环境、产业化是核心技术产生到应用的三个重要因素。其中，人才是这个链条中的核心环节。针对目前专业人才队伍缺乏的状况，《文化新业态调研报告》建议加快组建文化产业职业学院，结合文化新业态发展的需要设立相关专业，推动国有和民营文化企业与高校和科研机构联合培养文化新业态人才。

其次，《文化新业态调研报告》提出，要实施科技带动战略，重点扶持下一代广播电视网、数字互动电视、“三网融合”相关技术、语义智能搜索引擎、OED电子纸电泳、多媒体复合关联编码MPR、3D网络游戏引擎、数字动漫制作等重大科技项目的研发和产业化，对相关企业研发费用予以一定比例的财政补贴，同时推动部分城市依托高校和科研机构，尽快建设一批产学研相结合的文化创意研发中心。

最后，调研报告还在知识产权保护和金融政策上提出了一些建议，包括探索、建立互联网环境下版权保护的有效手段和方法，以及推动金融机构专门针对包括文化新业态在内的文化产业创新提供金融产品，如探索建立版权等文化产权抵(质)押贷款方式等。如网易首席执行官丁磊所说，如果没有知识产权保护，“谁创新谁倒霉”；良性互动的市场环境是文化新业态产业得以健康发展的保证。

与传统文化产业相比，发展文化新业态前期投入大、市场前景不确定、经营存在较大风险，这些不确定因素成为文化新业态企业发展的制约因素。虽然我国也拥有一批在全国知名度较高的新业态企业，但调研报告同时也指出，文化新业态存在产业发展不均衡的状况，“小、散、弱”情况突出，上、中、下游产业尚未有效地融合。

针对这些情况，调研报告建议加大对文化产业新业态企业的政策扶持。这种扶持除了传统的资金扶持，包括对战略性重大项目、核心技术研发和重点产业园区予以一定的税费返还，并在省文化产业发展专项资金中划拨一部分，加大对文化产业新业态重点项目的资助和贴息力度外，还首次提出与科技部门合作，共同研究出台相关标准，定期认定一批文化产业新业态企业为高新技术企业，使之在土地使用、税费减免、资金投入、人才引进等方面享受高新技术企业优惠政策。

思考题

1. 文化产业与文化创意产业有何区别?
2. 文化产业商业模式有哪些创新方法?
3. 如何推动文化创意产业的结构优化?
4. 为什么要大力发展文化创意产业新业态?

第二章 内容创意类文化产业的商业模式与创新

本章提示

文化产业又被称为“内容产业”，强调内容创意产品在整个产业链中的核心地位，也意味着要探索内容创意的商业规律，从而提高实现内容商业模式的能力。凡在经济上取得巨大腾飞的国家，无一不是以本国的文化为重要依托的。美国的“好莱坞”，日本的“动漫”就是实例。它们除在经济上引领风潮，在文化上也制造“时尚”，用“内容产业”影响和侵入各个领域，变“内容”为实实在在的新兴生产力。中国的经济与文化的发展虽然不尽同步，但是我们已提出大力发展文化的战略要求，推动文化产业成为国民经济支柱性产业，提升国家的文化软实力。本章我们要探求的是：怎么样才能把中国文化的“内容”转变成为生产力，使之成为真正意义上的知识经济的核心产业。

第一节 内容创意的传播

文化产品的主要要素是文本，充满丰富的表征意涵，主要是为了引起人们的心智反应，达成沟通的目标；而若要达到有效的沟通，则传播媒介所扮演的角色更为重要。像广告及营销、广播与电视产业、电影产业、因特网产业、音乐产业、印刷及电子出版业、影视与计算机游戏产业等，都是媒介的一环，这些产业更是“文化产业”的一部分。因此，内容创意的传播要借助文化产业本身，在资源整合的基础上，以旧创新，延伸旧媒介的价值，借助科技平台来完成创意传播。

一、借助科技平台

科技无疑是艺术表现和品牌推广的重要工具，因而成为引领影视青云直上的内核驱动助燃器。当文化与科技相结合，再形成创意，科技便将摆脱冰冷的面孔，未来的商业世界将迸发出文化的味道。理查德·佛罗里达归纳了创意经济发展的“3T”理论，即：科技（Technology）、天才（Talent）和宽容（Tolerance）。佛罗里达将科技放在了创意产业发展三要素的首位，表明科技是推动创意经济成长的内核要素之一。

在内容为王的文化产业，其发展的特点之一突出体现为高科技。科学技术上的一个重大突破，往往能提升一种文化产品的竞争力，有时甚至能带动或形成一个新的产业，为一个国家的经济、政治、文化发展提供基础和动力。因此，科学技术的竞争成了国家之间竞争的制高点。大凡有一定经济实力的国家，都非常重视科学技术的发展，许多国家都瞄准科学技术的前沿问题，制订了不同类型的科技发展规划或项目计划，投入较大的物力财力，组织科技人员攻关，并加速向现实的生产力转化。

1.科技引领当代影视内容创意

在文化创意产业的科技领航产业——影视产业中，技术对整个文化创意产业产生了积极的影响和推动作用。电影堪称科学和艺术的完美结晶，它作为与科技发展关系最为密切的一种艺术表现形式，自诞生之日起就与技术保持着十分紧密的联系。科技的发展一次又一次地使影视屏幕上呈现出更多唯美的视听效果，刺激着人们的想象力和创造力；电影观众和电影创作者的不懈追求反过来又促进了技术的不断发展。随着数字技术的不断发展和人们对电影奇观的追求，数字特效越来越多地被广泛应用于各种题材的电影中。

从电影诞生之初的电影特技，到本世纪初发达国家纷纷实现的影视数字化传播，其内容的制作已经完全实现了数字化，成功的电影大片已经很难将技术与艺术分离。数字特效带来了如好莱坞的《星球大战》《侏罗纪公园》《泰坦尼克号》《冰河世纪》和《阿凡达》；国产电影《紧急迫降》《集结号》《建国大业》和《唐山大地震》等电影的强烈视觉震撼，也丰富了观众对胶片、数字、3D 和 IMAX 等各种技术的观影体验。数字特效不仅成了电影大片重要的制作手段，而且是电视剧和各种栏目的主要呈现方式，在高清大尺寸的电视屏幕上，不断呈现出一系列令人惊奇的视觉奇观。同时，视觉效果的提升也带来了成本的高速回收。由于高清技术的完美呈现，许多电视剧和商业广告片也采用电影拍摄手法和电影后期特效技术，运用大量特技镜头，让众多挑剔的观众眼前一亮，许多类似《黑客帝国》中突然静止的动作、画面旋转的效果、空中飞牌、由静止到快速运动的效果，这些以前只能在好莱坞大片中出现的特技效果，现在都可以在电视高清屏幕中得到极佳的呈现。

数字特效与影视创意的结合即形式与内容的统一。形式是内容，内容也是形式。数字视觉特效的发展，使影视从理性的叙事模式向快感图像模式演变，用具有视觉冲击力的画面直接触及观众的视觉，打动观众的心灵。数字特效对影视表现形式的系统性全面介入，使创造者融入了更多的主观成分，使用技术手段达到多样化视觉效果，甚至特立独行的派别风格，从而加深电视画面给人的印象，吸引人们的注意，传递更多的内涵信息。

除了数字特效和高速拍摄技术，高清和立体显示技术也不甘落后，飞速提升。立体技术是利用人的双眼视差产生三维立体感，通过色差、偏振、分时等技术产生供人左右眼单独同步观看的图像，3D 电影结合数字高清，给人们带来了前所未有的视觉感受和真实体验，成为吸引人们进电影院的新亮点。

2. 云计算与人机互动

日臻成熟的云计算为我们使用三网融合的视听享受制造了诸多可能。回顾人与计算机的关系，正由人与物的关系逐步升级到更人性化的发展方向。由键盘的敲打到超文本的链接，由手写的输入到触屏的感应，再到近年来语音识别系统的升级，“云时代”的出现为信息技术提供了更自由广阔、更人性化的平台发展方向。

人工智能就是人机关系的新探索方向。“视控”技术作为人工智能控制系统中的新概念，自产生以来一直受到各界的关注。它是指通过人们的眼睛对各种电子设备或者机械装置进行控制，指挥设备和装置按人们的意愿操作，完成设定的任务。眼睛作为人们读解世界的窗口，在互动与传播过程中长期扮演着重要“接收者”的角色，而视控技术则有可能让原本单一的“看”，转换为对计算机或其他媒体的“表达”与“控制”。用具有互动意义的移动双眼的方式来操纵电脑、电视等，不但新奇有趣，更有不可替代的实用价值。例如，在数字屏幕的操控中，用户可以利用眼球的移动来控制节目列表的滚动，视线的左右摆动来翻页；利用眨眼来表达确认与取消的讯息，例如眨左眼表示确认所选操作，眨右眼则取消上一个操作，闭上双眼关闭菜单，睁大双眼等于双击打开等。这样一些控制功能，能够使一些行动不便的残疾人和老人，甚至劳累了一天不愿动弹的上班族，仅仅用眼睛就能操控电脑和播放设备。

关于人机互动的经济价值，在 2008 年 6 月 12 日“科技内容与商业模式的创意融合会议”上，微软电视中国区高级销售经理张文生就提出：“我个人认为，先进的交互式电视平台不仅仅是把传统电视当作娱乐传送平台，电视至少应该能够融合一部分所谓的互联网上一些视频或者虚拟社区的概念，这样可以吸引更多的广告商来做东西，为广告商创造价值。其他的几个关键因素，如精准的广告投放，这在目前的交互电视上来讲已经不是技术上的难点，只是如何去做的问题。”

未来是信息和内容的融合，在这个文化创意产业依靠科技成果推进发展的最辉煌的时代，华夏文明普世价值的传播发扬、中国文化品牌内在魅力的彰显、先进理念和文化内涵的植根，都要求将科技融入艺术，通过市场环境和产业途径加以实现。

二、依托传媒渠道

内容创意的传播，离不开“注意力经济”。21世纪以后的文化创意产业，必须依靠信息连续且不间断的传递来吸引公众，因此，它要依托网络这一有力工具来促进对“注意力经济”的探索与发展。

1.借助文化创意类图书的出版传播

对书籍的传播价值，现代人已有了充分的认识，不仅如此，国内很多企业正在利用这种方式。出版业是文化创意产业中最成熟、最有实力的门类。虽然网络媒体独领风骚，但书籍作为传播途径仍是重点。特别是十八大以后，国内关于文化创意产业方面的书籍日益增多，渴望获得更多相关信息和知识的读者群也日益庞大，有关文化创意和文化创意产业的图书在各大书店成了畅销书籍。这一方面体现了对文化创意产业的研究越来越受到专家和学者的关注，另一方面也体现了目前社会上对文化创意产业相关知识的迫切需求。市场上比较受欢迎的文化创意类图书有：《文化创意产业概论》《文化创意经典案例教程》《创意经济》和《创意风暴》等。

2.通过刊物传播

目前国内此类期刊还处于刚刚兴起的阶段，只有少数期刊专门研究和传播文化创意产业，如由中国传媒大学文化创意产业发展研究中心创办的《文化创意产业参考》。

3.运用传媒组织传播

最受关注的就是相关网站的建立，这是传播速度最快、传播面最广也最有效的方式。借助网络平台促进相互间的交流，更加有利于文化创意产业的发展，例如：北京文化创意网站(http://www.bjci.gov.cn/)、中国文化创意产业(http://www.chinawhcycy.com/)等知名网站。

4.通过文化创意产品传播

在现实生活中，我们接触到有关文化创意产业最直接的表现就是文化创意产品，并且文化创意产品也是最鲜明地体现创意价值的形式，消费者购买文化创意产品的数量也是间接体现文化创意传播效果的指数之一。

5.通过视觉媒体传播

视觉媒体以其强大的视觉冲击力吸引受众的眼球，文化创意搭乘视觉媒体这样的载体，可以实现更加广泛的传播效果。2008 年 4 月，上海艺术人文频道每周六晚黄金时间推出新档节目《创意天下》。这个节目一经推出，便得到了社会的广泛关注。这个大赛的目的是聚集民间原创的创意点子，从中挖掘具有前景的创意项目，从而达到提高全民创意意识、培养创意人才的目的。

在中国，文化产业一方面要依托媒体，另一方面其发展又受到媒体的限制。主要的原因，一方面在于缺乏有效的知识产权保护，另一方面则在于媒体的垄断性经营特点，这些决定了内容受制于传媒运营商。虽然媒体的改革一直在推进，但是，这种改革远未达到市场化程度。原因在于，一方面，传媒被视为执政党和政府传播政策和引导舆论的工具；另一方面，利益集团利用各种政策限制来不断获取或者强化自身的垄断地位。

解开受制于传媒垄断的枷锁，目前的出路就应当重视互联网内容提供商与平台经营商之间的依存关系，因为互联网领域一直以来都具有比较充分的竞争，没有垄断力量的主导。随着互联网的发展，在搜索、电子商务、微博等新的形态出现后，越来越难用传统的媒体概念来理解互联网。

此外，应当重视 IT 终端产品，因为数量庞大的终端产品可以构筑新的传播平台。如美国地质调查局就通过 Twitter 成功地监测了地震信息。最初，美国地质调查局只是通过 Twitter 寻找和监听网民在地震后第一时间发出的信息，以弥补当地监测设备数据传输的滞后性。同时，在一些监测设备稀疏的地区，Twitter 上的信息也可以成为地震的指示器。随后，美国地质调查局研发了一个软件系统，根据不同语言的“地震”关键词采集用户帖子，包括图片和视频。系统将处于地震发生地的用户发送的帖子发送给研究人员。研究人员可以根据这些地震信息进行总结和制图，以形成一个对人们在地震中的体验的即时信息监测和汇总，并以此为辅助估计地震强度、波及范围以及可能的损失等。总而言之，传播渠道是个平台，终端集成产品也可以是个平台。拥有平台资源或者平台合作伙伴的内容提供商，才能让内容产品或者服务价值最大化。

对于充满创意的文化产业而言，在数字生活空间中，危机和机会随时可能出现，而传播可能随时要跟进。因此，传播成了一项日常性的工作，而不是阶段性的零散的活动。同时，挖掘互联网的海量信息，通过分析找到有利于企业发展的有价值的内容，也必须随时进行，而更重要的是，这些内容不仅同单纯的营销传播有关，还有可能涉及企业的各个部门或是项目的各个环节。

不过，各种已有的渠道和传播平台之间也存在利益冲突，它们各自也需要内容方面的合作伙伴。但是，由于内容方面的收入较低，而平台和传播渠道对内容的需求很大，因此，有时表面上看起来内容提供商的地位在上升，但是，应当警惕表面重要、事实上收益很低的现象，这样容易造成企业风险过大。换言之，与渠道和平台运营之间的合作，应当主要考虑商业模式是否可行，以及政策变动可能带来的风险预测，而不能停留在表面上看起来的“平等”合作上。对于渠道和平台企业而言，制作属于自有知识产权的独立内容，将带来巨大的收益。因此，许多电视台出资制作或者参与制作大型系列化节目，就是因为平台和内容相互需求的结果。

因此，面对互联网的挑战，笔者认为，必须把传播提升到战略和管理层面，改变现有的管理框架，单独建立传播管理部门，以整合各种传播渠道和平台，通过对传播管理的重新定位，调整现有的组织架构，提高传播管理在组织中的地位，充分利用其带来的价值。

三、内容创意市场瓶颈

内容创新是所有文化创新形式中的核心内容，只有不断创新内容，才能提升文化产业价值，进而赢得市场。就我国目前的文化内容创意市场来看，如中国传媒大学文化产业研究院学术委员会主任齐勇峰所说：“文化企业的问题多种多样，其中包括不符合政策要求、项目可行性不高、企业管理、人才方面不具备条件、财务制度混乱等。”总体而言，存在三大瓶颈。

1. 资金瓶颈

文化企业大都属于轻资产的中小型企业，多以智力投资为主，拥有的主要是版权、知识产权等无形资产。因此，不论银行还是风投，对正处于发展初期的文化企业一直持有谨慎的态度。于是也就有了文化产业出现了很多内容创意“养在深闺无人识”的现象，很多人称“手上有很好的本子，却无启动资金”。

文化内容创意市场一方面需要资金支持，另一方面更需要金融机构专业化产品和更多品种的金融服务和支持。

“文化企业普遍面临融资难的问题，它们规模小，抵押担保品不足。传统工商企业一般拥有持续现金流，而文化企业业务一般是项目性的，资金回报周期长，不确定性大，例如影视剧的拍摄、文艺活动的举行都不能产生稳定和持续的现金回报，这给根据财务报表判断资金回报的银行借贷带来了考验。”一位工商银行的信贷人员如此解释贷款难的问题。一方面，银行向来属于稳健型的融资，是以资产抵押担保为融资先决条件的。而由于缺少土地、房产等能有效抵押的不动资产，许多文化企业难以从银行获得融资。另一方面，有些文化企业融资困难，也有企业自身不足的原因。

中央财经大学中国银行业研究中心主任郭田勇指出，文化产业由于需求的特殊性，存在高风险性，产品的附加值比较高，但是行业固定资产可以用来作为银行抵押的非常少。整体来讲，文化产业代表着未来经济转型、结构调整的方向。

因此，在银行贷款之外，很多从业者期盼还能有其他方式获得资金支持。

2.政策瓶颈

我国文化领域目前有两个特点，一个是内外有别，一个是有限度开放。

从投资准入政策上来说，是厚内薄外，对内资有一些优惠政策，对外资有严格的界定。以节目制作为例，要求必须内资控股，港澳资本会有特殊的界定，在院线建设上可以占到75%，而内资民营企业在节目制作、出版发行都没有界定，相比较传统行业，有些行业对外资有很多优惠政策，有的优惠内资都拿不到。

一方面，有限度的开放，与我国当前文化产业发展水平不高有关，根据文化产业例外的原则，对市场还有一定的保护。另一方面，政府的监管水平还有逐步适应的过程，市场也要有个适应的过程。当然，文化产业有限度开放有它的合理性。总体来看，文化市场对内对外开放的趋势不会变，会逐步放开。

在有限度开放的文化产业，垄断问题仍然很突出，一部分实现了市场化，一部分没有实现市场化，体制上的落差，带来政策上的落差，市场资源无法配置。如动漫虽然是政府大力扶持的行业，但是拍摄动画片现在还是不赚钱。整个动漫行业的产业链前端实现了市场化，也就是创作市场化，但中间的播出平台没有市场化，仍然属于国有垄断性质。国家给电视台的资金有限，电视台收购动画片的收购价格就很低，而这个价格是动漫企业无力议价的。因为播出平台是垄断性的,收购价格电视台说了算。

3.人才瓶颈

技术、资金、资源等都是目前文化产业令人担忧的部分,但人才是其中最突出的。一是人才的缺乏,二是如何把现有的人才资源转化为产业资源,这是文化创意产业能否真正得到快速发展的关键。

创意是文化企业之本,但是我国的内容创意人才奇缺。就我国目前的创意人才状况来看,网络出版、编剧、动漫制作和广告创意等人才尤为紧缺。以北京为例,创意产业从业人员在总的就业人口中所占的比例不过千分之一,不仅人才的储备不够,而且结构也不尽合理,尤其是缺少一批顶尖的领军人物式的创意人才。相比之下,在纽约,文化创意产业的从业人员占该城市全部工作人口总数的12%;在伦敦占14%;而在东京,这一比例更高达15%。在文化产业领域的许多新兴行业,如会展业、网络游戏业、动画制作业、版权业等,专业人才十分缺乏。以版权业为例,截至2011年,我国有500多家出版社、200多家电子音像出版社、9000多家杂志社、2000多家报社、数百万网站和其他版权相关产业,但是版权代理机构仅区区30多家,根本无法构成文化产业链中的一环,主要原因是新兴行业的专业人员缺乏。

以动漫产业为例,如中国动画协会秘书长李中秋所说:“全球将近90%的动画是在亚洲地区加工生产的,很多的迪士尼、华纳出产的动画片等等都在亚洲做的。到现在为止,国产动画片达到4万分钟,海外动画片和国产动画片,我们占了世界的1/3,实际上世界的1/3的动画是在中国做的。”但是,另一方面的残酷现实是,中国的动漫市场上充斥的却不是中国人制作的产品。调查显示,中国青少年消费的动漫及其衍生产品有80%都是日韩、欧美等国外产品,中国包括港台地区原创的动漫作品只占国内市场的11%。其实,这也是其他有制作实力的文化创意产业领域所面临的困境,包括网络游戏、3G开发等都是如此。

因此,在“内容为王”的文化产业,中国虽然市场很大,前景广阔,但还需要更大的内在动力与灵活的市场推广手段。没有内容,一切免谈。如果没有人,机器、设备、网络等都只是一堆冰冷的躯壳,只有把这些资源合理利用起来,把文化与科技有机而完美地结合起来,创造出适合市场需求的内容,才是文化创意产业发展的根本。

据调研,文化创意产业目前最缺两类人才——内容创意人才、将内容产业化和市场化的人才。有关部门应该建立一个创新人才的培养机制,以推动这一产业的快速发展。

第二节 内容创意的商业模式与创新

21世纪,文化内容产业以投入少、产品附加值高的产业特点引起了各个国家的重视,各国都设法将文化内容产业作为国家发展的战略性产业来扶持。例如日本从2001年开始,全力打造知识产权立国的战略,明确提出“10年内把日本建成世界第一知识产权国”的口号。在振兴地区和地方文化方面,日本政府明确规定:政府应支持地区文化活动,包括重新挖掘、振兴具有地方特色的文化遗产、民间艺术、传统工艺和祭祀活动等;制定长期规划,对具有地方特色的文化艺术提供综合援助;中央政府与地方政府联手举办全国规模的文化节等。

文化产业具有一般工业产品的商业属性,同时,文化产品的输出与输入对人的精神作用是不应被忽视的。以美国为例,其电影在世界各地赚取最大利润的同时,也向世界输出着美国的生活模式与价值观。日本则透过动漫和游戏的内容,与日本的电器、汽车行业并列成为影响世界的三大制造业,同时,也在向全球传播着日本的文化观念。

这些事实证明,“内容”是文化产业的核心基础。文化产业是建立在一系列的文化产品之上的、优质的文化产品和形象。“内容”产业不仅能够衍生出产品的链条,获得丰厚的经济效益,还能拉动整个产业的腾飞,带动就业和启动相关行业的发展。所以说,文化的产业也就是“内容”的产业。比如一部经典的电影,同时会有较好的经济效益。利用品牌,打造和凝聚内容的价值,是提升“内容”产业的有力手段。

一、内容创意的特征

内容创意即文化产品的具体结构、剧情、人物设计、音乐、场景等的独特构思,使文化产品更吸引人,更有市场价值。

文化产品的优劣取决于其中的内容是否有创意,是否蕴涵让观众接受的思想和新鲜的东西,而内容创意的优劣决定产业的发展程度:

首先,剧情内容直接决定是否能开发产业链,以及如何开发。

其次,形象设计直接影响其玩具的开发和版权价值。以动漫产业为例,一部不被接受的动画或一个没有给人留下深刻印象的卡通形象是不会在观众的心里有任何位置的。

文化产业是讲究影响力的产业，设计的形象不被大众接受，就不可以固执地去开发玩具，形象版权更是无人问津！相反，如果形象别具一格，剧情洞察人心、感人肺腑，作品自然炙手可热，产业道路自然顺理成章，价值无限！

因此，作为文化产业的底层建筑——内容，在信息变化莫测的今天，需要出其不意的创意，才能紧紧抓住消费者的心。好的创意不妨从如下三方面入手：

1.使人们熟悉的要素陌生化

创意的本质是通过思维模式、思维习惯的改变或颠覆，构想出仅有的、一般人没意识到但又合乎常理的事物，因此，要创造出与众不同、出人意料的东西，就需要有与众不同、出人意料的思维方法。但是内容创意作为一种创造性活动，不是凭空捏造、无中生有，要根据生活经验的积累，通过创造性的构思，对已掌握的知识进行重构，使人们熟悉的要素陌生化，从而达到出人意料的效果。

2.为传统文化注入时代精神

内容创意作为一种文化活动，要体现出一种文化创新精神。一方面，创意作为一种文化创新活动，既是一个取其精华、去其糟粕的改造传统文化的过程，又是一个推陈出新、革故鼎新的创造新文化、发展先进文化的过程；既是一个民族文化相互交流、融合的过程，又是一个借鉴、汲取人类一切优秀文化成果、发展民族文化的过程。文化创新，表现在为传统文化注入时代精神的努力之中，主要体现为优秀传统与时代精神的结合，在此基础上，创造出一种更高层次的文化。

3.体现出独一无二的原创性品格

原创性要求创意不因循守旧、墨守成规，要突破常规、与众不同，善于标新立异、独辟蹊径。这种原创性的知识，既可以是某种点子、想法，也可以是某种策划、思路或解决方案；既可以是某种新发明或新技术的内心感知，也可以是对某种新的要素组合方式、新的商业模式或某种新的市场需求的前瞻性判断与敏锐洞察。创意的目的是满足人们自我实现的需求，而自我实现的需求更多的是一种内心感受。正是为了满足人们自我实现的需求，才会有源源不断的创意与创新。

二、内容创意与商业模式

相信看过007系列《明日帝国》影片的人都对一个情节有深刻的印象：传媒巨头为了实现全球传媒垄断，企图引发两国军事争端，从而制造新闻卖点。这个情节并非编剧突发奇想凭空虚构而来，而是现实中一些同时掌控内容生产和传播渠道的传媒巨头的夸张写照。在如今的国际文化产业发展潮流中，同时掌控内容与渠道，成为越来越多的文化企业所热衷的商业模式。

纵观国内，对于那些相对已经做大的文化企业来说，其业务仍然只是侧重于某一方面，或是内容生产，或是提供平台渠道。即使是内容生产方面，也是仅仅局限于影视、动漫、图书或游戏等文化产业的某一特定业态。因此，当这些企业在实施跨界融合，甚至试图联姻内容与渠道之时，选择何种商业模式便成为首要命题。因为内容创意需要按照一定的、适宜于商业模式的规律来进行，才能达到事半功倍的效果。

第一，创意是一组点子的集成过程。也就是说，在作品创意中，内容的各个方面、形式表现、包装、宣传与营销等是一体的。在开始将作品创意转变为产品创意的时候，需要全面把握各个方面的相互联系和如何集成的方法。

第二，内容创意一定要有文化艺术的内涵或者形式的魅力。内容创意不是所有行业的创意，而是文化艺术和娱乐、品牌等的创意，因此，内容创意实际上是文化创意，是文化艺术与传媒娱乐界的活动，而不是所有有创意的产业的活动(如科技发明)。

第三，要把创意转变为可行的创意产品。从产业的角度来说，仅仅有好的创意只是个开端，需要将各个不同的创意整合为创意的产品，才能达到初步的要求。从创意到内容再到创意产品，是创意实现自身丰满和完善的过程。因此，创意产品的管理者必须指导创意发明者的工作，使他们注重如何思考创意产品中的创意表达。

第四，创意要与消费者互动，进行必要的调查研究和市场检验工作。前期要从消费者接受的角度来审视创意及其产品生产，否则容易陷入自我中心主义、孤芳自赏或者产品导向不符合市场竞争的规律。例如日本动漫产品的创作者和消费者之间有良好的互动，一部新的动漫作品多数会经过漫画试刊的检验过程，如果市场反应不好，就会进行修改甚至最终放弃。因此，创作者很清楚产品推出和市场认可二者间的风险关系，形象可爱、贴近人性、成为偶像、深入人心是多数动漫创作者追求的目标。为了使作品顺利地被市场接受，需要在创意和创意作品生产的某些阶段进行市场调研，包括听取文化艺术批评和消费者的意见等。在某些时候，可以将故事作为开放性结构，让消费者参与构思。

第五，在国际化时代，创意和创意产品要从人性的视野和深度来展示创意产品的魅力，才能引起共鸣。这就需要理解和洞察人性，了解不同国家的人们共同的喜好和文化感受。试想，为什么中国的功夫片在国外比其他类型的电影成功？恐怕不是因为像有的人所说的“击打或者抗击打能力”，主要是因为动作表达戏剧冲突、娱乐和情感的方式比较容易理解，也比较容易超越具体文化的限制。

第六，创意以及创意产品要有一定的持续性。评价好的创意和创意产品，一个重要的标准是看它是否具有可持续开发的潜力。例如，一个短期热播的电视连续剧不如常年播出的续集系列连续剧。尤其是连续制作同一创意的能力越强，商业规模就越大，其中的品牌和知识产权就越具有高附加价值。

第七，遵循每个类别的文化产品自身特有的规律。好的创意需要遵循文化产品自身特有的规律，通过合乎商业逻辑的运作，转变为一种可行的商业模式。以电影为例，电影大片的主题需要贴近人性或者贴近现实生活，故事情节曲折，包含爱情、友情、亲情因素，面向家庭消费者，需要大制作和大牌明星、针对国际化市场、内容创新等。

第八，创意要兼顾每个环节。创意是个人的，但创意产品却经常是集体智慧的结晶。例如，一部电影往往是编剧、导演和演员等共同创作、相互交融的结果。因此，创意产品必须是高水平的创意点的同步化和集成化。也就是说，要能够把各个部分都做到位，特别是同等水平的到位。

第九，创意人才的专业培训和持续培养十分重要。由于创意需要经验积淀，因而需要对人才以及人才团队进行不断的培养和提升，包括总结经验和接受新知识等方面的培训、能力提高的培训和实践中相互促进的提升等。

第十，大的创意项目需要有产业经验的人作为创意总监。没有产品制作经验的人也可以很有创意，但是，只有有产业经验的人才能把握创意产品的整体价值，并且通过协调各个部分来实现目标。例如，有时候，一些杰出的创意点可能与作品创意的整体风格不协调，就需要果断予以舍去。

第十一，借鉴或改造其他好创意。有时候，有些经过市场检验特别好的创意是值得借鉴的，不一定非得用于同类产品，当然，借鉴和模仿要以不侵犯知识产权为底线。什么东西都靠自己从头来的做法，是不可能的，也是不可取的。

第十二，创意时要兼顾打造产业链或者生产衍生产品的一些要素。一般说来，在创作作品时，就需要考虑怎么销售、怎么延伸开发。为了开发衍生产品，就需要前置今后在作品之外加以开发经营的创意产品设计。几乎所有的美国动画电影都很注重衍生产品的前置设计。

第十三，打造品牌高度。检验内容制作水平的标准是内容整体还是内容中的一部分，只有形象达到品牌影响力的高度，才能体现知识产权的价值，也才能帮助和促进产品的营销。因此,对于内容产品的持续宣传推广是很重要的。

第十四,创意和创意产品开发的最终决策人必须是企业家。具有商业直觉的企业家是检验创意有效性的基本环节,这些直觉对于判断产品的市场未来前景是很重要的。如果放任艺术家的工作,有时就会因为创意脱离实际太远而造成重大损失。

三、内容创意商业模式的创新种类

我们所说的内容,是基于创意加以丰满和完善,形成各种内容形式:一类是讲故事;一类是活动;一类是形象性的知识产权;一类是附载在明星身上的品牌魅力。

无论是从产品本身还是从市场的反应来看,在文化产业领域,文字形式的故事以及故事性强的文学作品,特别是文学畅销书,都是创意活动延伸和文化产业商业模式得以形成的基础条件。故事是文化产业的基础,故事内容最好是老少皆宜。当然,也有特定的情况,如在中国市场的环境下,某些年龄层次的消费者形成了独特的故事内容体验的群体,他们和以往的文学故事选择有着很大的差别,如在武侠领域,玄幻小说已经逐渐取代了传统式的武侠小说。

一个好的故事,可以串起巨大的产业增值的价值链。如故事可以出版图书,可以改编成影视、游戏作品,可以进行艺术授权开发成主题公园和玩具,等等。比如,《哈利·波特》是十几年来最成功的文学故事,也是最大的产业增值的价值源泉。

故事来源于文学创作。写作本身就是一种创造,创意故事要有想象力,它既来自良好的教育和培养,也是一种自主性的行为。由此,我们的教育体制改革和教育内容创新是必要的。不过,许多故事仅仅是为了某个影视作品所需,可以是导演或者编剧作者的一个故事梗概。此外,在影视创作中,故事内容可以借助于广泛收集的故事题材,或者其中的某些元素,如历史故事、各国故事、历史上的动漫创作故事、对今天讲述故事有启发的元素和启迪等。就内容产品的制作者而言,能够讲述和编写故事,或者具备对于故事的商业判断力,是故事转变为商业价值的重要条件。

许多故事与作者的知名度密切相关,或者说,明星作家是故事获得关注的一个重要方面。畅销书作者的经纪是经纪业务中最重要的事项之一,而这种经纪在国内刚刚开始,缺乏金牌经纪人。总之,畅销书作者和畅销书(故事)之间存在对应关系,应当作为故事内容的组成部分来考虑。

1.成立故事创意工场

讲故事要有想象力,故事题材要广泛,情节要吸引人。而中国文化产业的故事创作现状用一位网友的话来说就是,“为什么有的动漫作品一看就是‘中国制造’,看两眼就不想继续看,故事情节平铺直叙,简直是折磨脑细胞,难道中国的动漫企业就不会讲故事?”日中动漫游戏交流促进机构总代表吴立群认为,这跟企业在各方面的投入有关系,在日本,动漫企业前期创作投入占整个投入的20%,在前期创作中,包括主人公卡通形象的设计,重要场景的构想、背景音乐、主题歌曲,乃至衍生品都会考虑在内,这样后期的制作就有了保证。而中国动漫企业在前期投入的比例仅仅为5%。投入不足的结果是什么呢?企划和制作力度不够,导致卡通人物的形象设计比较粗糙,细节的表现力不够,故事很难吸引人。这也就是我们的动画片只能给小孩子看的原因,反正幼儿动画片简单,随便凑点情节,不合理也无所谓,只要是好人战胜坏人就足够了。

好产品要配好故事,消费者才会动心,才会有想买的冲动。少了这样的故事和文化内涵,其价值也就无从说起。文化产品与其他纯物质产品最大的区别在于它的价值点是其所拥有的精神文化内涵、历史、文化和故事等给人的体验与感受。我们现有的科技很发达,很多加工制作技术明显可以超过古人,然而,为什么现代的高仿品的价值却不高呢?关键在于那些古人留下来的或者说所承载的是其独特的历史、文化、传奇与故事,这些都是现代技术所无法复制的。一个现代的器皿可以做得很精致、精美,但是如果没有创意,也无历史和文化,那么它的价值一定是大相径庭的。历史、文化及各种传奇与故事是该器物的核心价值。

文化产品的附加价值是其核心所在。在欧美国家,文化产业之所以被称为内容产业或版权产业,就是因为这类产品真正卖的是其所搭载的内容,而不仅仅是物品本身。

好的故事就像魔法石,对中国而言,以电影和故事的关系为例,到现在为止,显然没有多少电影是可以重复看上三遍依然不让人厌烦的。出现电影故事内容和剧本缺口的原因在于,用于提供制作内容的基础材料本来就比较少,电影、电视的内容题材基本上包括言情、家庭伦理、古装、武侠等几类。而很多好莱坞的好电影,题材却相当广泛,包括科幻的、行业的、历史的(也包括别国的历史)、侦探的、政治的等;素材来源也非常多,从卡通、流行小说、人物传记中都可以得到优秀素材。

因此,中国的电影电视产业要想真正做大的话,内容制造商就必须成立自己的故事创作中心,分门别类地来寻找和改编好的素材。

2.以内容带动信息技术产业

在我们所看到的经验中,往往都是信息技术引领内容,事实上,内容也可以反过来带动信息技术产业。风靡全球的影片《泰坦尼克号》是个很典型的例子。全球观众付出18亿美元(1998年底为止)是为欣赏其精彩故事,他们却没有意识到同时也为几十台Alpha服务器和上百位电脑工程师的数千小时工作付了款。而这还属于传统内容产业范畴,互联网上的新兴内容产业已经越来越成为当代信息产业的核心部分之一。

信息产业著名评论家坦普斯克特在《数字化经济》诠释了这一新现象,“新经济的主导产业就是新型媒体业,它融合了计算机、通讯和传统内容产业。在美国,与电脑通讯相结合的新型媒体业占了国内生产总值的15%。新产业部门的利润移向内容,因为这里正是价值产生之所在”。美国全国研究理事会1995年发表的一篇报告更是把科技与媒体娱乐业的融合提到可以保持美国计算机和通讯产业竞争力的高度。

发展内容产业对中国的北京、上海等特大城市的信息化建设更是具有特殊意义。因为有证据表明,特大城市有深厚的文化底蕴,比硅谷一类地方更具优势来孕育和实现这种信息技术和文化媒体的“大牵手”。

总之,创意内容本身具有广阔的需求,因而内容产业拥有非常巨大的发展空间。

四、内容创意商业模式的创新方法

内容如何通过创意变成产业?运营模式值得研究。现在有一个很热门的“注意力经济”,也有人称之谓“眼球经济”。如浙江工业大学广告系的主任——张雷教授在一次讲座中所说:“随着信息汇聚的速度不断加快,‘后信息爆炸’时代也将随之到来,注意力短缺的现象将成为信息能否成功传播所面对的主要问题。”现阶段的情况是,名人成了注意力的大富翁,社会形成了虚荣的二级市场。注意力为这些名人换取了大量的经济效益,这样的双向流动就逐渐形成了自发的“注意力经济”和“注意力经济市场”。

1.微博的“名人眼球之争”

2010年,微博作为互联网的新生儿刚一落地,便以传播快、黏性高、互动性强等特点得到了广大网民尤其是年轻一族的热烈追捧。未来的微博,不仅仅是一个新的媒体平台,更是信息交互、应用分发、营销、电子商务的平台。因此,微博这个“全平台”成了兵家必争之地。初始,新浪微博处于领跑位,有不小的先行者优势。不过,搜狐CEO张朝阳在当年11月12日更新的一条微博“It is a good day.微博之战开打”,意味着微博圈地战拉开了序幕。对于各具优势却仍需寻找差异化的各家网站而言,这是一场比耐力、比信念的长跑。除了搜狐之外,网易也寄希望于特色产品——邮箱、魔兽世界以及位置服务黏住微博用户;凤凰网也凭借自己的名嘴和节目吸引高端用户。眼下,微博市场的“拼杀”快速进入白热化阶段。

“名人”成了此次微博大战的首要武器。张朝阳认为,“博客大战比拼的是名人资源,微博大战比拼的则是营销加名人。”不仅是搜狐,新浪同样也谋划着名人战略。早前,通常是当名人们在新浪开通微博之后,其他微博平台才会开始拉这些名人去自己的地盘开辟“第二战场”。如今,这个局面开始松动。腾讯这边,刘翔在亚运会期间通过腾讯独家微博辟谣,新浪、网易上的所谓刘翔的微博都是“山寨”的。而搜狐这边,张朝阳邀请赵本山、刘烨等明星在搜狐开通独家微博,这些明星此前并未在新浪开通微博。因出演《山楂树之恋》而声名大噪的周冬雨 11 月 16 日刚在搜狐开通微博,第二天,新浪也随即拉周冬雨开通新浪微博,竞争态势颇为激烈。

除了广邀名人外,张朝阳还启用了多年未用的公交车身广告,同时也寻求其他的“着陆”方式。2010 年 11 月 18 日,北京交通广播王牌栏目《一路畅通》首次通过搜狐开通官方微博,王佳一、顾峰、李莉等 6 位著名主持人悉数开通了搜狐微博,许多粉丝已经开始习惯在这里和主持人交流每天上下班时段的交通状况,分享路上的心情和故事,更获得了实用的出行信息。对于 1039 频道而言,与微博的结合将用户从无线波段拓展到互联网平台。电台的一个栏目最多只有两个主持人可以同时出现,但在微博平台上,所有主持人可以在同一时间与听众互动。广播与互联网商业模式结合的创新也成为可能。

新浪、搜狐、腾讯、网易等门户网站在微博战线上的竞争,不仅可以让用户享受到更高品质的服务,也会加速微博产业的发展和成熟。

2.通过信息技术改变运营模式

问世于 1768 年 12 月的《大英百科全书》是当今世界上内容最丰富的一种信息文化产品,每套的市场价曾高达 1250 美元。它的经营模式经历了从纸质版到光盘版,而后到网络版的过程。如今,网络版面貌一新,不但增添了新内容,还可随时更新,使网民可以免费享用(http://www.britannica.com)。网上免费共享对《大英百科全书》来说肯定是大损失,那么它怎么赢利维持运行?出版商为什么这样做?这应该引起我们的思考。

要理解这个现象,必须首先关注内容经营者的运营模式问题。有一种运用得比较普遍的运营模式是:将内容直接加工成有价值的信息产品,像其他商品一样销售。传统媒体产业属于这种运营模式,数据库、光盘等也是如此。例如著名律师在解决一些难解的大案、要案时,将过程中产生的有用信息用录像、光盘记载下来或上网卖给需要的律师和法律机构、院校,实现它们的价值。然而信息技术的发展正在改变旧有运营模式,创造新的运营模式。互联网上的新兴内容产业正是摆脱了商品买卖式的模式,在新的运营机制下大展宏图。

对于电影业来说,在同一时间、同一地点(传统电影技术要求如此)、一个不大的范围(一般不会坐火车、飞机来看电影)内有足够多的观众,才能满足其基本的生存要求。这对有些电影的运营来说就有了限制。如旧影片难得在传统电影院出现,就因为不符合这种运营模式。而网络上曾有一条消息,说有些国外厂商很精明,趁价格很低的时候购进大量老影片,买下这些影片的播放权。因为以现在的科技来说,将一部电影的胶片转换成数字化并不难,而且花费很低。这样就能使观众在网上观看那些老片子了。一个城市在某一时间要看这部老片子的可能只有三五个人,但如不限于同一时间和地点,全国就会有很多人要看,全世界就会有更多人看。假如收费的话,只要极低的价格,甚至不收费播放少量广告也可以维持成本,因此,一旦通讯条件得到改善,放映老影片一定可以成为一项产业。

这个例子也表明,由于信息技术使运营模式发生变化,一些前所未有的服务将会诞生,甚至可能成为产业。

第三节　内容创意与知识产权

内容创意与所在文化产业的知识产权价值息息相关,首先我们需要了解其知识产权的相关特征:知识产权的分类以著作权为主,知识产权具有新颖独特性、高风险性、强衍生性、高科技性、高增值性以及知识产权价值在企业价值中的高比重等特征。这些基本特征直接或间接影响到文化产业的知识产权的价值实现路径和价值影响因素。

从内容创意上来说,受到知识产权法律保护的原创作品有绘画、雕塑、音乐、诗歌、小说、戏剧、建筑、舞蹈、说明书、技术手册、软件等。世界知识产权组织对于文化产业认定的标准是依据产业中知识产权尤其是著作权和创意行为之间的关系。依据著作权资源的使用程度,文化创意产业可以被分为四类:核心著作权产业、交叉著作权产业、部分著作权产业和边缘支撑产业。其中,核心著作权产业是最重要的部分,主要指文化艺术类服务业;交叉著作权产业主要实施创意和生产制造的设备产业如摄录机、电子游戏设备等;部分著作权主要与设计类行业相关;边缘支撑产业主要指服务于受著作权保护的物品宣传、传播、销售的行业。

在某种程度上,文化企业是创意和文化的聚集地,也是研发知识产权的重要平台。

按照知识产权获得途径划分，文化创意产业的知识产权主要是通过自主开发、联合开发和转移受让等方式获得。其中，以内容创意为代表的自主开发是文化创意企业获得知识产权的重要渠道。如果文化创意企业自行开发某项知识产权存在困难或有其他考虑，也可以委托他人或与他人合作开发。另外，转移受让知识产权也是获得某项知识产权的重要途径，包括受让知识产权、取得知识产权使用许可以及通过收购其他企业以获得其知识产权等。

一、内容创意知识产权评估

内容创意具有高附加值性，处于产业链中的高端位置，文化因素的加入使产品更具特色，更具竞争力。现在很多的中国元素已经成了世界创意产业关注的重点，比如在20世纪90年代，日本曾经出现过以8000美元的价格购买《三国演义》的播映权；花木兰从军的故事被迪士尼公司搬上银幕拍成了动画片；可口可乐公司采用中国生肖图案包装的产品受到了国际市场的普遍欢迎。由此可见，越是有着深厚文化底蕴的创意产品，其传播的价值越大，其知识产权的价值也会越大。

文化产业的知识产权价值，是由具备特定资格的机构和人员接受委托评估的。评估人员在对知识产权进行评估时，要充分考虑文化创意产业的特点，找出影响文化创意产业知识产权价值评估的相关因素，对其进行全面、系统的评定，以确定其价值。在对文化产业的某项知识产权（包括著作权、商标、专利、商业秘密等）进行评估时，要抓住以下几点：

1.必须考虑特定的时间点

不同的时间点，知识产权的价值是不一样的。因此评估知识产权的价值需要有评估基准日的界定，因为没有具体的时间点，无法评估知识产权的价值，也无法为知识产权使用人提供有价值的决策意见。

2.必须和知识产权的具体属性相联系

知识产权是一项特殊的无形资产，在评估其价值时，需要从不同的角度、用不同的方法去把握和评价。知识产权除了具有无形资产的相关属性如物理属性、功能属性、经济属性外，还具有其特有的法律属性、技术属性、文化属性等特征。资产评估一般强调的是资产的经济属性。但是，由于知识产权的法律属性和技术属性是影响其经济价值的重要因素，也是区别于其他无形资产评估的重要特征，因此，在评估过程中，需要将知识产权的经济属性、法律属性、技术属性和文化属性相结合，根据实际情况，结合专业判断来确定其价值。

3. 必须和文化产业的具体属性相联系

由于评估对象是文化产业的知识产权价值，文化产业作为新兴产业的特殊背景赋予了知识产权一些不同于工业产业和科技产业的知识产权的特点，如高增值性、高风险性、强衍生性、新颖独特性等，这些可能对知识产权的价值评估方法的选择和参数的确定产生很大影响。因此，知识产权的价值评估必须基于文化创意产业的背景，把握和测度相关行业、市场以及知识产权本身的特殊因素对知识产权价值的影响。

4. 必须和特定的价值类型和评估目的相联系

知识产权的价值类型是指知识产权评估结果的价值属性及其表现形式，包括市场价值和市场价值以外的延伸价值，不同的价值类型在评估结果上往往存在较大差异。评估目的是界定评估对象和选择价值类型的基础，知识产权在许可转让交易、企业并购、企业收购价格分配以及质押融资中，评估的对象涵盖范围不同，考虑的问题也有所差异，如知识产权并购中的价值评估的对象通常不仅是知识产权，还包括企业整体价值和各种其他资产的价值。知识产权质押融资中的知识产权价值评估对象通常包括知识产权的全部权利，在目前的质押相关规定中也有一些自身的特点。企业收购价格分配中的知识产权价值评估是属于以财务报告为目的的评估范围，其价值类型的选择、方法的运用以及相关需要注意的问题也有其特殊之处。

因此，在对知识产权进行价值评估前，必须首先明确评估对象的价值类型和评估目的，才能得出合理、有价值的评估结论。

5. 必须和其获利能力相联系

文化企业的知识产权账面价值远小于其市场价值。这是因为知识产权作为一项无形资产，本质上能为其持有主体带来经济效益，但是作为一项隐性资产，传统的会计方法对企业的知识产权通常不能很好地确认和计量，导致知识产权的账面价值和市场价值存在差异。另外考虑到知识产权通常需要和企业其他资产配合才能在生产经营中发挥作用，知识产权可能会受到企业其他经营性资产问题的影响而发生价值侵蚀。因此，在知识产权价值评估中，我们不能只是根据知识产权的历史和当前的赢利情况进行判断，而应该结合知识产权未来的获利能力，合理评估其价值。

二、内容创意知识产权并购

知识产权是文化企业的核心资产，文化企业的并购目的通常也是获得目标企业的核心知识产权，包括著作权、专利、商标和商业秘密等。通过企业并购，并购方企业可以获得其所需要的知识产权，达到拓展市场优势、降低生产成本或者控制知识产权获取垄断收益等目的。

文化企业基于知识产权的成功并购案例中，最典型的例子是微软公司，其企业发展的过程也是不断发生企业并购和扩张的过程，而且多数并购活动都和知识产权有关，如微软收购美国网络电视公司、飞火网络公司等。通常这些企业被收购时企业总体经营状况欠佳，但是拥有微软所需要的核心知识产权，如专利、软件著作权等。当然也不乏失败的案例。2004 年，TCL 收购处于严重亏损的法国汤姆逊公司，TCL 十分看重汤姆逊的技术专利优势，认为收购后通过这些技术专利的整合产生的收益可以弥补亏损，收购的资产中包括 34000 余项彩电专利，然而并购后的结果却显示 TCL 的并购决策是错误的，原因在于高估了汤姆逊的知识产权资产价值。

由以上并购案例可见，知识产权价值评估在企业并购中有着举足轻重的作用，尤其是对于知识产权和无形资产占总资产比例较高的文化企业，企业不惜成本收购目标企业（通常经营状况欠佳），预期能够通过知识产权资源的收购、整合和利用，给企业带来超额收益，从而弥补并购中发生的并购成本，但是如果收购的知识产权并非具有企业预期的收购价值或在企业的整合利用中协同作用不明显，就可能导致企业并购失败。因此，客观分析和预测知识产权的并购价值，是帮助企业认识知识产权的收购价值、正确选择收购知识产权目标、能够在并购整合后对收购知识产权资产进行有效整合和管理、规避并购风险、促使知识产权发挥预期价值、保证并购成功的重要前提。

在对知识产权的企业并购价值分析中，我们需要关注知识产权能给并购企业带来的价值，将知识产权价值和企业价值结合起来分析。

1. 确定哪些知识产权具有收购价值

企业在并购前，需要派出专业团队对被并购方企业的相关知识产权进行了解和分析，确定哪些知识产权可能会给并购方企业创造价值，识别可能产生协同价值的并购目标，这些知识产权是否和并购方企业其他资产相互兼容，是否会与其他知识产权资产发生互补或冲突，等等。

因此，企业在并购前，需要通过组建由律师和相关专业人员组建的团队对被并购方的知识产权进行尽职调查。从企业、法律、商业、技术、财务、税务等多角度对被并购方的知识产权进行调查,调查被并购方的知识产权信息,分析是否存在问题和潜在风险,分析和评价知识产权在企业中的价值。

尽职调查中需要确认知识产权的注意事项有:权属关系和权利内容有无瑕疵和法律问题;在行业内的竞争力;对企业利润的贡献度;对业务发展可能带来的不确定因素;为收购价格提供参考;为实施收购的条件及与收购相关的合同提供参考等。

尽职调查报告中除了阐明被收购方的知识产权现状、存在的问题、潜在的风险等情况以外,也可以提供一些专业意见和解决方案,以便收购方对是否继续收购及收购后如何调整经营战略进行一个比较全面的评估和判断。

2. 收购的知识产权的整合利用

企业并购中,知识产权实现并购价值的前提是在并购中能够得到正确的价值识别和有效的整合利用。文化产业的企业并购中,知识产权的整合涉及技术、文化等因素的整合,不只是知识产权本身的整合管理,是一个涉及并购双方企业之间的复杂而相互作用的配合调整过程。

企业对被并购方的知识产权进行调查并确定哪些知识产权具有收购价值后,需要决定如何利用这些知识产权资产尽可能地为企业创造最大的价值,包括如何利用并购企业现有的设备、技术、人力资源等配合知识产权的使用,如何通过使用这些知识产权缩短进入市场的时间,如何使用并购的知识产权投入到企业未来开发新技术环节,企业在知识产权战略管理上该如何定位,等等。这些问题关系到知识产权给企业带来价值的短期和长期效应。

基于并购的不同目的和方式,文化产业的知识产权资源整合分为三种类型:吸收型整合、控制型整合和共生型整合(杨赟,2009)。

知识产权的吸收型整合。通常情况下,该整合方式下知识产权的价值得以较大程度发挥,多为以核心知识产权的获取为并购意图。该整合方式下,知识产权随着被并购企业的组织转移而转移,并购后完全融入到并购企业中,与并购企业的知识产权资源形成互补优势,从而创造可持续的竞争优势。

知识产权的控制型整合。该整合方式下,并购企业与被并购企业在战略上关联度不大,并购企业是基于减少并购企业知识产权对本企业的威胁而发生的并购行为,如扫除技术研发、专利障碍或者商标障碍等。

知识产权的共生型整合。该整合方式下,并购者与被并购者之间的战略依赖度较强，同时，两者的组织独立性也要求较强。这就使得各自所拥有的知识产权资源在并购后仍然在不同的组织中进行运作，只是通过不断的组织协调，发生知识产权资源的优化配置和融合，从而慢慢实现知识产权资源的转移和价值创造。

3.确定收购的知识产权能为企业创造的价值

基于知识产权的企业并购中，并购方为了取得被并购方的某（几）项知识产权，从而与其本身拥有的互补性商业资产发生作用，创造较高的收益和回报。收购企业需要对收购的知识产权及其计划利用方式进行列单，对知识产权需要的互补商业资产进行界定，对从知识产权中提取价值的活动进行规划和管理，以及对于每项知识产权及互补商业资产的活动成本进行预测。在考虑以上诸多因素的基础上，收购企业要确定收购知识产权资产能为其创造的价值以及被收购企业的收购价值。

对于一个持续经营的企业，其价值主要是由其拥有的有形资产价值和未来的收入现金流折现值组成（Sullivan，2000）：

$$V=TA+DCF$$

而当企业发生并购行为后，其价值构成将发生明显改变，假设并购方企业为A，被并购方企业为B，并购后企业为AB，并购后AB企业的有形资产包括A企业原有的有形资产和被并购方B企业的有形资产，即：

$$TA_{AB}=TA_A+TA_B$$

企业现金流折现部分，将在原先基础上，B企业的收购资产中的知识产权为A企业创造的价值，即B企业的知识产权资产 IP_B 和A企业的互补资产 CA_A 结合产生的增加值。其中，由于A企业收购B企业是为了获得其知识产权，A企业的知识产权和B企业的互补资产结合产生的价值不在考虑范围内。

$$\begin{aligned}DCF_{AB}&=f(IP_A,CA_A)+f(IP_A,CA_B)+f(IP_B,CA_B)+f(IP_B,CA_A)\\&=DCF_A+DCF_B+f(IP_B,CA_A)\end{aligned}$$

此时，并购后的企业价值为：

$$V_{AB}=TA_{AB}+DCF_{AB}=TA_A+TA_B+DCF_A+DCF_B+f(IP_B,CA_A)$$

A、B企业的有形资产价值可以通过各自的财务报表获得，A、B企业原来在持续经营状态下的收入现金流的折现值也容易计算得到。现在问题的关键在于是计算 $f(IP_B,CA_A)$，即被并购企业的知识产权资产 IP_B 和并购企业的互补资产 CA_A 发生互补作用产生的价值，也就是目标知识产权能给并购企业带来的增值。

4.确定收购价格

并购双方都需要确定一个可以接受的收购价格，并购方确定其所能接受的根据上述方法计算得到的最高支付价格，被并购方确定其所能接受的补偿收入流的最低价格，二者通过谈判定价，最终达成一致价格。

并购失败一般源于溢价。汤姆科普兰(2002)认为，出现并购溢价的原因有四点：过高估计了市场潜力；过高估计了协同作用；不力的尽职调查；竞价中出价过高。基于知识产权的企业并购中，产生并购溢价的一个重要原因是对于知识产权协同价值的过高预期。

三、内容创意知识产权转让

文化创意产品只有在不断的市场流转中才能实现价值和扩张价值。知识产权的利用是文化创意产业发展的动力，可以通过转让、许可生产等方法获得利益。知识产权可以通过交易、许可、融资开发、合作等方式获得收益。著作权的利用是文化创意价值实现的基础；外观设计专利可以用于转让、许可，也可以折抵投资与他人合作开发；商标一旦成为驰名商标或著名商标，就会产生独立于相关商品和服务的价值。

文化产业的营利活动与知识产权利用紧密相关。文化企业之间交易的主体往往是无形的知识产权，知识产权通过产权交易所的交易平台，出让方/许可方和受让方/被许可方都可从中获取收益，使得知识产权的价值得以更大限度的发挥和运用。文化创意产业的知识产权转让与许可交易主要是发生在知识产权贸易活动中，其交易的对象是文化创意产业的知识产权本身，交易主要形式是该知识产权的转让或许可。

相比其他产业的知识产权，文化产业的知识产权从关注著作权的可实施性、技术性转身，更多地关注文化因素和创意因素的考量。消费者对于文化创意因素的认可和需求可以推动产品的需求。文化使产品具有更大的传播优势，从而推动和加快知识产权的转让与许可交易。

文化创意产业中，知识产权转让与许可交易从交易主体、交易方式、交易带来的收益、交易所面临的风险等方面都呈现出多元而复杂的特征。知识产权转让与许可交易涉及的交易活动更为频繁，交易主体更多，交易方式也更加新颖，因此在收益上体现为更强的衍生性、长期性和多重性。以电视剧著作权转让为例，目前，其收益渠道主要包括电视台的购买和网络播放。一部电视剧的播出权，可以转让给国内多家电视台，也可以在海外发行著作权，同时还可以将网络著作权转让给视频网站，这些交易主体通过购买著作权，通过各自不同的营销渠道，包括发布会、首映礼、专题节目等进行广告招商，吸引各种冠名广告、植入广告等，从中取得衍生收益。以电视剧新版《红楼梦》为例，2010 年 9 月，该剧首播权以合计 60 万元/集的价格转让给北京卫视和安徽卫视，网络著作权以 20 万元/集的价格转让给盛世骄阳文化传播有限公司，如此一来，仅凭首轮卫视上星、地面台和网络播出权，该剧著作权收入就已经达到 6500 万元。北京卫视、安徽卫视以及盛世骄阳购得该剧播出权以后，凭借电视剧宣传、广告营销等活动从中获取了巨额收益，其中安徽卫视在电视剧尚未播出就已经收回了成本，仅冠名费一项收入就达 2000 万元，整体创收过亿元。

另外，文化创意产业作为新兴产业，相关行业和市场的发展行情具有不稳定性，加上文化创意产业的文化风险，消费者的文化需求呈现多元化且多变的特征，知识产权交易也相对具有短时性和变化性，加上知识产权本身所具有的一些法律特征，使得知识产权转让与许可交易所面临的风险较大，收益具有不稳定性、不连续性和短期性。

由于文化市场的特殊性，文化创意产业的知识产权的权利之间的关系更为复杂，权利之间的价值关联度被进一步放大。以电视剧著作权为例，由于著作权可以同时或先后转让其不同部分的权利，这些权利之间可能会互相影响。如电视剧《马大帅 2》首播权曾在 2005 年被央视买断，但是由于该剧的音像著作权先于首播权卖出，导致央视刚播两集，该电视剧的 DVD 产品就已上市，并且很多地方台开始盗播该剧，给央视造成了很大损失，首播权的价值大打折扣。

可见，文化创意产业的知识产权贸易呈现出复杂而新颖的一些特点，影响到知识产权的收益和风险因素，从而影响到知识产权的价值。

四、内容创意知识产权商业化运作

世界知识产权组织总干事高锐曾说过："投资与知识创造不是一个经济增长的充分条件，仅仅有知识是不足够的，还需要知识能够商业化。"对于文化产业来说，把内容创意的知识产权商业化是文化企业把创新转换成资产必不可少的途径。

通过对知识产权的商业化，文化企业可以明确相关技术的价值，实现对其的运用，而合理的知识产权商业化方案是企业实现知识产权商业化的有力保证。因而企业应当注重对自身知识产权商业化方案的制订，实现量体裁衣，最大限度地利用自己的知识产权，实现其经济价值，为企业创造最大的收益。

一个企业如果仅仅是拥有专利而没有转换成实际的产品进入市场，专利的价值也是“镜花水月”。维持一项专利需要相当的成本，企业在考虑专利战略的时候，要想办法让专利转化成可以营利的领域。创新是无止境的，一个企业有了专利，其他企业可能会通过回避设计，形成自己更好的专利，这是专利法所鼓励的。

有没有一种途径能将知识产权转化为更强大的生产力、品牌力和市场力，像并非以高科技为竞争优势的肯德基、麦当劳、星巴克那样风靡全球，使产品本身成为企业的利润源泉，而不是靠打专利官司去获利？

1. 开放式知识产权运作

微软早期靠版权，仅以小小的DOS操作系统就赚得盆满钵满；可口可乐靠商业秘密，不断讲述一个故事并使之成了传奇，如今即便没有商业秘密，仅凭可口可乐的品牌商誉也能所向无敌；英特尔靠专利，专利让它远远地走在市场前面，使后来者“无路可走”。这些企业都是巨无霸，但当我们做不到独一无二的最强者时，该怎么办呢？不妨放开试试。在知识、信息全球一体化的时代，“开放模式”或许能使企业的知识产权运营更为长久。在开放式的知识产权运作模式中，淘金互联网的 eBay、Facebook 和 Amazon 等诸多企业的成长经历表明：要获得成功，并非一定需要含金量很高的高科技或确认对知识产权拥有量的多寡，更重要的是借力产业链进行整合。

专利、商标和版权等体现的都是创造力，如果把这些内容创意知识产权放在一个封闭式的体系中，创意总会在某种程度上遭到扼杀，创造力极易枯竭。苹果在电脑产品上的失败，就从反面印证了开放模式的重要意义。在这一点上，微软就比苹果高明。

在开放的模式中寻求未来的合作，这是知识产权的竞争之道。当然，要实施知识产权开放合作模式，需要企业有高远的战略眼光和不怕被追赶的勇气。

2. 知识产权利益最大化

(1)战略性地设置知识产权组合

一个文化企业要把自己现有的知识产权资源形成专利、商标和著作权的组合保护，合理布局，积极督导，实现知识产权资源的合理配置，形成合法市场独占，从而获取企业利润的最大化；通过知识产权评估转让、使用特许等方式，推动企业的品牌市场战略发展，提升品牌价值，实现知识产权价值最大化目的。

(2)尝试知识产权价值转化

在战略性设置知识产权组合的同时,还可以在知识产权转化上下功夫。如与其他企业进行知识产权合作、转让、许可或者质押贷款等。对于可能出现的侵权行动,要未雨绸缪,做好用法律手段、经济手段等不同手段应对的准备。

思考题

1. 如何进行内容创意?

2. 内容创意如何与商业模式有效衔接?

3. 信息技术与内容创意商业模式之间有无必然的关系?

4. 如何让内容创意知识产权价值最大化?

第三章 产品开发类文化产业的商业模式与创新

本章提示

文化产品是构成商业模式的基本要素。文化企业应当从自身的文化产品和顾客定位的特点来思考企业战略调整和商业模式选择。其中,涉及产品的具体特性时,还需要思考两个方面的要点:一方面,应当思考产品的所谓双重属性,以及该双重属性引起的政策上的要求;另一方面,应当关注产品的结构形态,特别是产品自身的市场竞争力。只有在两方面都符合某些要求时,才能较好地达到完善商业模式的要求。同时,文化作为一种意识形态,引导着社会的风气、环境,影响着人们的行为方式,所以文化产品的商业模式不能完全市场化、商品化,而应受到政府的管辖和引导,通过各方面舆论和全社会的力量来营造一个积极、健康、繁荣的文化氛围。

第一节 文化产品的价值标准

文化产品是一种经济属性和文化属性并存的特殊商品。就产品而言,需要双重的产品质量标准,即作为商品形态的一般质量标准和作为精神文化属性的最低标准。

不管是哪一类的文化产品,其精神文化属性方面的最低标准是一个基本的要求,主要是不能与社会核心价值对立,即它可以与社会核心价值不一致,但是不能对立或者对抗。举例而言,在娱乐时可以谈马路上的飙车特技如何精彩,但是不能认为违背交通规则是正确的做法。

从总体上说，文化产品需要符合文化发展的内在要求，这种内在要求既包括经济的属性，也包括文化的属性。从经济属性来说，消费者必须愿意为某种文化属性支付费用，才能使产品具有经济价值。从文化属性来说，它必须符合大众的文化消费取向和文化理解能力，即通常所谓的大众文化。

一、文化产品的价值标准

对于文化产品的价值，很多学者进行了阐述与分析。如李庭新、李书认为，文化产品的价值构成包括：主体价值、载体价值和转化价值。主体价值又包括知识价值和文化价值。甄学宁将文化产品分为物质文化产品和精神文化产品，其价值由创作过程的活化劳动、制作文化载体的物化劳动和文化自身的价值三方面构成。岳红记、何炼成将文化产品区分为文化产品和文化服务，将文化产品的价值划分为使用价值、社会价值和价值三部分。其中使用价值又分为认知价值、审美价值和伦理价值，并据此提出了定价原则：基础价格由价值决定，延伸价格由增值性决定，受偏好、垄断性和主观性影响。王志标指出文化产品价格由供求、生产所花费的时间、历史沉积时间、奇巧性、成本与消费水平、偏好、时尚、政府、垄断、知名度与品牌等因素决定，尤其受后几种因素影响较大。

纵观以上学者们对于文化产品的价值构成分析，只以某一类文化产品或服务为依托，未免考虑不周。笔者认为，要研究文化产品的价值构成，首先就要对文化产品的分类进行界定，因为不同的文化产品有着价值构成的异同之处。

总体而言，文化产品的价值指凝结在其中的一般人类劳动和创造性劳动，由生产文化产品的社会必要劳动时间及创造性劳动所形成的知识产权决定。文化产品的使用价值指其能满足人们某方面文化需要的属性，由文化产品的社会价值、审美价值、时间沉淀价值、主观偏好等因素决定。

依据文化产品的有形性和无形性、国家对于文化产品流通的相关法律法规，可以将文化产品划分为以下四类：第一，文化服务产品，附带文化价值的服务类产品，如民族歌舞、茶艺表演等。此类文化产品为抽象的服务，享受服务的过程就是文化产品消费的过程，过程不重复，通常不以物质产品形式留存于消费者手中。第二，文化精神产品，如音乐、书籍等。此类文化产品的价值，主要体现在其所包含的文化创意、知识产权上，以光盘、纸张、磁记录、二进制电子数据等为物质载体和传播媒介，进行规模工业生产。消费者购买实物，进而进行精神享受。该消费过程可重复，消费者购买的是物质载体的产权和知识产权内涵所包括的使用权。第三，稀缺性文化产品，收藏品如玉石、邮票、古玩等。此类文化产品的价值，主要体现在其稀缺性、独特性、不可复制性等方面。消费者购买的是实物的产权，包括所有权、使用权等。第四，文化遗产，列入各级保护范围的历史文化遗产。其使用权归属于所在国家，国家法定不可交易所有权，只能转让、租赁使用权，或以国家财政支撑保护和利用，为全社会提供文化共享平台，或以租赁使用权的形式将文化遗产开发为旅游产品推向市场，国家施行监督调控和保护。

依据以上分类，对文化产品的不同价值构成形成如下分析：

文化服务产品主要由社会必要劳动时间和创造性劳动时间所决定，其价值构成是文化服务产品价值＝社会必要劳动时间＋创造性劳动（知识产权）＋载体价值＋审美价值＋主观偏好。服务产品产权的核心——服务的所有权不会转移，而服务享受过程中只是消费了服务的使用权，服务结束即宣告使用权终止。

文化精神产品价值＝知识产权＋载体价值＋审美价值，其物质载体的产权随交易转让，但其文化内涵、创意、知识产权不会随交易的完成而实现产权的完全转让，文化创意、知识产权的拥有者仍然拥有该产品的所有权，而转让的是该产品的使用权、发行权、获利权等。文化精神产品价值具有扩张性和增值性，随着认可的人数增加而增值。其中，法定的知识产权包括版权和工业产权，一般都有期限限制，期满后则权利自动终止，该知识产权开放给全社会，成为公共知识。

稀缺性文化产品价格主要由其稀缺性决定，稀缺性文化产品价值＝稀缺性程度＋审美价值＋时间沉淀价值。其价值不是一成不变的，而是随着稀缺性程度的增加和时间的积淀而逐渐上升的。该产品的稀缺性决定了该产品的需求价格弹性。

文化遗产的价格与稀缺性文化产品的价格构成基本一致，但其价格构成又体现出明显的社会价值，具有一定的社会公益性。由于其受各级法律保护，法定不可交易所有权，所以通常情况下只能转移、租赁其使用权。价格构成用于指导黑市交易。其所有权需求价格无弹性，但使用权需求价格有弱弹性。

二、文化产品的质量标准

文化产品的质量代表着一个国家文化发展的水平，影响着一个国家文化发展的成效。党的十七届六中全会《中共中央关于深化文化体制改革、推动社会主义文化大发展大繁荣若干重大问题的决定》强调，提高文化产品质量，发挥文化引领风尚、教育人民、服务社会、推动发展的作用,为我国文化产品创作生产活动的发展指明了方向。

文化创作生产直接作用于精神领域,关乎人的心灵世界、民族精神面貌、社会文明进步。繁荣文化创作生产,必须树立精品意识,全面提高文化产品质量。文化精品是思想性、知识性、艺术性、观赏性俱佳的优秀作品,能够集中体现文化引领风尚、教育人民、服务社会、推动发展的作用。

目前,我国的文化产品从数量上看已经相当丰富,但产品质量与消费者的精神需求之间还存在差距。站在文化管理者的角度看,目前还难以确定具体的文化产品的限定标准。一方面,可能存在一种悖论性的监管难题:如果标准过低,可能不符合国家意识形态的要求,也与监管者自身利益不一致;假如标准过高,就可能扼杀创新和创造力。另一方面,不同监管者和评价者的文化意识和监管、评价标准也不一样,容易产生冲突。不过,就政府层面和宣传部门层面的选择而言,宁高毋低似乎比较符合他们的利益,但是这样却违背文化产品生产者的利益。就此而言,如何界定文化产品的文化属性,同样寓含对于大众文化产品是否低俗的不同视角和判断。要解决这个最具有争议性的问题,我们需要思考和界定以下几个不同层次的问题:

第一,文化产品中的文化属性必须有一个限定性的“质量标准”,而不是主观性强的评价性标准。制定限定性标准的文化产品质量监管的要求,就是看产品是不是与社会核心价值相对立。所谓社会核心价值是指引导社会民众建设良好价值观的具有基础性、重要性和引导性的价值。社会核心价值应当包括三个层次:一个是人的基本价值,如道德意义上的人权;一个是人在社会中实现和追求的价值,即以人为本所必要的制度保障和价值观支持,如政治上的人权,社会合作中的法治、道德、民主、自由、爱国、仁慈等;一个是独特社会制度中的社会价值,如社会主义制度、科学发展观、和谐、社群主义等。

第二,文化产品的文化内涵也包括几个层次:一是普世的价值;二是合理的、非极端的娱乐和健康生活的要求;三是政府的意识形态和政府所提供的公共服务能够保障文以载道、寓教于乐。文化产品生产的标准是第一、第二两个层次的标准,政府文化宣传的标准是第三个层次的标准。

第三,由于消费者层次的不同,有些符合限定性标准的内容对于儿童等未成年人而言是不适宜的,或者不利于他们的成长要求,因而需要采取产品的分类分级管理措施,这是对限定性标准的细化措施。

第四,对于传统文化或者中国当代文化的弘扬,不能简单地认定“只要民族的就是好的”。特别是有许多鼓吹皇权和暴力的内容,需要加以甄别。此外,对外弘扬中国文化时应当包含“一定数量”的当代文化要素和相对应的文化内涵,否则就会造成境外人士对于中国当代文化的误判,或者说误以为当代中国文化是古代文化的直接延伸而毫无成就可言。

第五,对于争鸣的文化产品,也需要尽早制定限定性政策。所谓的百家争鸣和百花齐放,主要是指符合限定性标准之上的自主和自由的创作、创造与创新,而不是条条框框的限制。当然,对于创新文化中的一些探索,需要组成有关专家来审核,而不是任由某些特权人士的判断和批评就予以取缔。否则,将没有创新可言。

第六,作为与大众文化相异的精英人士需要有文化担当、追求理想价值,但是不应当以理想价值作为标准来衡量大众文化。精英文化和大众文化应并存并重,彼此互补和互动。拥有文化话语权和传播权的精英人士也有责任参与推动大众文化的繁荣,或者至少不去打击和排斥大众文化。在经济发达国家,精英文化与大众文化是并行不悖的。将精英文化意识形态化并强制作为审视大众文化产品文化属性的标准,是目前我国文化产业发展的基本障碍之一,需要予以改变。

第七,大众文化产品的创作者需要针对市场需求来把握文化产品的文化属性。从功能性的角度来说,或者从顾客导向的角度来说,不同行业的文化产品的文化内涵要求是不一样的。例如,从动漫产品的角度来看,按照打造产业链的要求,好的产品必须同时符合家长和儿童的兴趣,否则,就难以激发家长带领儿童消费动漫衍生产品的意愿。当然,由于面向低幼儿的产品具有“双重顾客”的特点,假如动漫企业要开展动漫衍生产品的专卖连锁经营,其产品的文化内涵更需要获得家长们的认可,否则专卖店就会没有顾客。

第八,提升文化产品从业人员的文化素质和经营管理水平及产品的研发能力,是保障文化属性健康的基本要求。同时,文化企业的从业者必须具有良好的社会责任意识,才能保障官、产、学在创作、研究、引导和市场开发过程中的一体化进程,才能解决顾此失彼的难题。

符合以上文化属性要求的文化产品,在走向国际市场时既在一定程度上能够反映出健康内涵的要求,又符合任何价值观中所有群体的消费标准,因而也是今后中国文化出口企业的基本文化内涵要求。

在前文对文化产品标准的细化分析中,我们除了强调限定性标准以外,还表达了一个基本的观点,即应当以宽容的心态来看待满足百姓文化需求的问题。文化产品的真正功能就是各种文化内容的尊重、理解和交融，只有理解了这一宗旨，才能创造出真正有价值的文化产品。

三、文化产品的政治标准

中共十七届六中全会审议通过的《中共中央关于深化文化体制改革、推动社会主义文化大发展大繁荣若干重大问题的决定》(下文简称《决定》)，提出了“建设社会主义文化强国”的战略目标。“文化强国”战略和国家整体战略是相互依存的。“文化强国”战略包含在国家整体战略之中，没有“文化强国”战略，就不可能有完整的、使国家真正强大起来的整体战略。

何为“文化强国”？应该从五个标准来衡量：一是文化、艺术、哲学、社会科学高度繁荣，形成一批有世界影响力、广泛传播的文化艺术精品、作品和节目，而且这些作品不断涌现。二是文化产业的规模大幅提升，文化企业的竞争力大幅提高，文化企业的经济规模应该占到GDP比重的8％～10％左右，形成一批有国际竞争力的文化企业和文化产业集团，在世界文化产业发展中发挥引领作用。三是文化人才辈出、济济一堂，涌现出一批有国际影响力的文化艺术大师，形成有中国风格、国际表达能力的文化艺术流派、学派，形成百家争鸣、百花齐放的发展局面。四是文化版权贸易由净进口变为净出口，具有较强的竞争力，在世界文化贸易当中发挥主导作用。五是国家文化软实力大幅提高，能够提出引领国际经济社会发展潮流的议题，在构建国际新秩序当中发挥作用。目前的国际议题主要由西方发达国家提出，中国文化软实力大幅提升后，中国应该在议题的提出方面占据重要地位，发挥更多积极的作用。

从“文化强国”的角度来说，提高文化产品的质量是一个全局性的基本要求。文化产品是人们精神生产活动的成果，是融知识、思想、文化、技术、娱乐等为一体的产品，具有知识教育、思想启迪、文化传承、道德培育等功能和鲜明的意识形态属性，能够促进人的全面发展、增强民族凝聚力。只有不断提高文化产品的思想内涵，不断增加文化产品的知识含量，才能充分发挥文化产品的各种功能，充分发挥文化引领风尚、教育人民、服务社会、推动发展的作用。

1.继承和创新相统一

继承和创新，是文化产业发展繁荣的两个基本方向。文化产品的不断丰富，文化产品质量的提高，基础在继承，关键在创新。古今中外，不朽的文化经典作品无一不是善于继承、勇于创新的结果。能够穿越时代和国界引起人们共鸣的文化作品往往既蕴涵着丰富的历史积淀，又体现出鲜明的时代精神；既延续着传统文化的特点和优势，又创造出新颖鲜活的内容和形式。党的十七届六中全会《决定》强调，坚持继承和创新相统一，弘扬主旋律、提倡多样化。当前，面对人民群众对文化产品的新期待、新要求，广大文化工作者应坚持解放思想、实事求是、与时俱进，坚持百花齐放、百家争鸣，大力推进文化产品创作和传播观念、内容、风格等的创新，既保持和发展民族文化的优良传统，又积极汲取世界其他优秀文化成果，努力创作更多具有中国特色、中国风格、中国气派的优秀文化产品，不断增强文化产品的吸引力和感染力。

2. 把社会效益放在首位

在市场开发的相关制度还未完全完善的条件下，既产生了可以大有作为的难得机遇，又有更加复杂多样的考验。有的文化工作者耐不住寂寞、经不住诱惑，心浮气躁、急功近利，出现了道德失范、诚信缺失、见利忘义甚至以不正当或违法手段生产和传播文化产品获取利益的现象，严重影响了文化产品的质量。要解决这些问题，要求文化工作者在文化产品的创作生产传播中必须坚持把社会效益放在首位，坚持社会效益和经济效益的有机统一。

首先，要加强道德修养。潜心钻研、淡泊名利，努力追求德艺双馨，坚决抵制学术不端、情趣低俗等不良风气。因为只有淡泊名利的人才能真正创作出极具价值的文化作品。

其次，增强社会责任感。文化工作者首先应该对自己从事的工作感到敬畏，努力使创作、生产和传播的文化产品能够促进社会进步，能够反映社会现实和提升人民的精神素养，能够给人以教育启发和美感享受，能够鼓舞人们积极向上、奋发进取。

最后，进一步深入挖掘人性，反映群众心声。文化产品唯有反映人民心声，为人民群众所喜闻乐见，才能具有生命力和先进性，也才能实现社会效益。

总而言之，文化工作者应按照党的十七届六中全会《决定》的要求，深入实际、深入生活、深入群众，拜人民为师，增强对国情的了解，增加在基层的体验，增进同群众的感情。

四、文化产品的社会标准

文化产品是人类精神智力创造的物化形态，作为一种社会产品，具有深刻的社会属性，它规定：文化产品不仅仅对于个人、群体具有经济的意义和作用，更多的是对于整个社会存在的文化意义和作用；文化产品的生产不是单一的个体行为或群体行为，也不是纯粹的经济行为，它有着广泛的外部性、社会性。文化生产的目的是“在全社会形成共同理想和精神支柱”，提高全民素质。

文化产品需要符合文化产业发展的内在要求，这种内在要求既包括经济属性，也包括文化属性。一般来说，文化产品的生产必须遵循市场价值规律，但它是市场价值规律普遍性与特殊性的统一，是经济价值规律与属于其自身特有规定性的文化规律的统一。这个客观存在决定了我们必须深入研究、深刻认识和把握其特殊性、复杂性。

1.需要新的等价交换原则和运作方式

在市场经济条件下，作为文化价值的存在形式和载体——文化产品的生产是一种探索性、开拓性、创造性的劳动而不是机械的重复性劳动，这种劳动的投入量很难进行标准化。因此在文化产品的市场化过程中，容易与一般的市场经济价值规律发生冲突，供求机制、价格机制、竞争机制、等价交换原则、赢利最大化原则，这些规律不以人的意志为转移，否则会影响文化产品品质、效益和文化生产者的行为选择。价值规律作用的自发性及其所带来的盲目性和局限性、文化产品供求矛盾的特殊性，都决定了市场调节手段的有限性。传统经济学中的价值交换理论主要是用来解决物质的经济价值的市场交换问题，文化产品价值不同于物质价值的生产，在市场交换中应该具有自身的特点和规律。如何根据这种特点建立有利于文化发展而又体现等价交换原则的理论和运作方式，是我们面临的新课题。

文化产品具有巨大的经济价值，但更重要的是它具有独特的文化和社会价值。文化产品的文化价值就是其文化内容和精神因素对人与社会的生存发展所具有的作用、影响、意义。文化产品的文化社会价值包括认识价值、审美价值、教育价值、伦理价值等，包括积累和创造民族文化、凝聚民族精神、传承历史文化等独特功能。这种价值很难在文化产品市场交换中进行等价计量，由此带来市场机制调节文化生产的局限性。文化社会价值是一种超经济的价值诉求，它是对文化产品使用价值的根本提升和相对约束，并为使用价值的创造和实现设置社会空间。显然，现有通行的价格机制对于这些文化产品的文化社会价值调节是失灵的。因此，一方面要加快完善特殊的文化市场调节机制，另一方面，要寻求市场之外的调节手段。

2.文化产品的价值实现与增值

文化产品的价值实现与增值不但取决于生产方的创造，更与消费者的认知与再创造息息相关。与物质产品消费过程损耗或消灭产品实体不同，文化产品是消费主体在感受、体验中获得情理结合的审美把握和精神陶冶的过程。这个过程也就是消费者对审美对象文化价值再创造的过程。在这个消费过程中,文化产品的审美价值不但没有减少,反而通过消费实现了价值增值。

从而,我们可以认为,文化产品的价值能否通过消费增值,一部分取决于消费主体的审美态度、审美能力、审美心境。正如马克思所说,享受精神产品、欣赏艺术,你必须是有相应艺术修养的人,“对于一个没有音乐感的耳朵来说,最美的音乐也毫无意义”。因此,文化产品的价值实现与增值,有赖于消费者的文化素养,因为提高消费者的文化艺术修养是产生和拉动需求的前提。于是产生了一个问题的两个方面:实现文化产品的文化价值要以培养大众审美情趣与能力为基础和前提;对文化产品的价值评估亦不能简单地以其消费量作为质量标准。

3. 文化产品的价值取向

文化产品的特殊性使其在引导社会价值观上具有使命感和责任感,因此应当具有文化价值和经济价值双赢、经济效益与社会效益双效的价值取向。一方面,不能只追求文化产品的经济价值,忽视文化产品本质性的审美价值和影响深远的社会价值;另一方面,也不能走向另一个极端,认为文化价值与经济价值不相容,认为今天精神生活的健康发展可以而且必须远离市场。

文化产品与市场像是莲花与淤泥的关系,后者是前者产生的土壤,同时前者又保持自我的风格。文化产品的文化社会价值承载于其可以进行市场交换的物化载体,这个物化的载体有其经济价值,可以通过产业化进行市场交易。

中国文化产业起步较晚,对文化的经济手段开发还很不充分,文化产品与文化产业发展与满足人们的实际需求不相适应。对于文化产品和文化产业,除了以其经济价值指标进行衡量外,还要设立与它们的文化社会价值相匹配的评估体系,这个评估体系也要“三个有利于”:要有利于保持和促进社会精神生产能力的不断增强、创造力得以充分发挥,有利于优质的文化产品质量不断提高、结构不断优化,有利于优质的文化产品的社会影响占主导地位。

第二节 文化产品与消费者的定位

在当代,文化产品已经成为经济世界的一部分,消费社会也已经从以往的被动消费转变为今天的主动消费，人们对文化产品供给提出新的要求。文化的消费取决于消费主体即消费者的认可与选择，文化消费是主动性消费，因此它呈现个性化的特点。消费主体在消费过程中确认自身的主体性，客体的属性反映在主体的属性之中，主客之间共同赋予事物以存在的意义，这典型地反映出文化消费的主动性。消费主体既是文化商品与服务的消费者，又是其意义和感受的创造者，所以一定意义上文化的消费行为同时又是生产行为。

一、文化产品定位

文化产品在文化产业中形成，是使精神领域、意识形态领域的文化得以进入商品交易市场，体现文化价值的载体。文化产品可以是有形的产品，如民俗工艺品、书籍等，也可以是无形的服务，如歌舞表演、电影、音乐、教育等。文化服务边生产、边消费，没有留下实物形式的东西，但是它也是一种客观存在，影响着人们思想与行动，是无形产品。

一旦成为产品，文化产品同工农业产品一样具有了物化特征。第一，都有效用，都有使用价值，都是社会财富的组成部分。第二，文化产品的生产同工农业生产一样需要生产资料和生活资料，同样需要脑力劳动和体力劳动的支出。这些物化劳动和活劳动构成文化产品的价值和载体价值。

从广义上说，文化产品分两类。一类是公共文化产品。文化产业所生产和提供的文化产品，由于直接影响人们的思想和行为，对社会的稳定和发展具有强大的原动力，国家和社会必须把其中一部分纳入公共产品的生产范围，由国家财政和社会基金支付和补偿其劳动耗费，这一部分文化产品，具有提升社会文化水平和公民素质的作用，或是全体公民有权共享其文化成果，国家应对此类文化产品加以引导、约束和扶持，如博物馆的文物展览、脱盲义务教育等。在商品经济条件下，作为公共产品的文化服务产品不进入市场。另一类就是非公共产品部分，为满足居民个人文化消费的需要而生产，作为商品进入市场。文化产业部门同时进行着商品与非商品两种生产。目前我国把公共产品部分称为文化事业，把商品部分称为文化产业。广义的文化产业概念包含了文化事业和狭义的文化产业。

总体而言，文化产品具有如下特征：

第一，文化消费是劳动力再生产的必要条件，是文化生产力的表现形式。在一定意义上，只有消费文化产品才能满足精神需求。文化消费除了保证劳动力再生产的延续，还能提升人的价值观、荣誉感，培养人们的情感与意志力。

第二，文化产品的估值与定价不同于一般物质产品。除了市场供求关系，它往往更多地取决于心理定价，取决于文化含量和品牌对于产品的定价权。

第三，文化产品的消费具有原创性与共享性并存的基本特征。越是原创、独创的文化产品，特别是有创新内容和独具特色的产品，其价值就高。保持创新和原创动力的保障，是知识产权制度；文化产品越是容易共享，就越能产生好的赢利模式。

二、文化产品的消费者定位

现代社会文化消费的重要特征是个性与主体间性的双向突出。在研究文化产品的消费者定位时，顾客可以细分为发起者、影响者、决策者、购买者和消费者等。一般情况下，顾客是这些角色的统一体，但在某些情况下，这些角色可能是分离的，不同的角色起到不同的作用。在研究产品定位时，顾客作为一个整体概念，是企业思考的对象，而不仅仅局限于对消费者的思考。

1.特定消费群体

要确定文化产品的商业模式，首先要知道顾客是谁、顾客的商业价值。以财经类的报刊为例，从内容与消费群体关系的角度看，面向专业顾客和普通投资人如股民等不同的人群，其要求往往有很大的差距。一般而言，其内容要么针对专业性的行业人士，要么针对大众投资者。假如缺乏准确的定位，试图脚踏两只船，同时兼顾这两类特定人群，则容易产生内容不对应的缺失，进而没有可行的商业模式来支撑自身的赢利。如果比较《21世纪经济报道》和《第一财经日报》，就可以看到前者比较合理，而后者则存在顾客细分定位不准确的问题。从经营的结果来看，特别是从《21世纪经济报道》的赢利情况和《第一财经日报》长期的亏损结果来看，也可以印证顾客细分带来的具体影响。

再看电视媒体，什么样的文化类电视节目有商业价值？以人文类访谈对话类节目来说，这种节目或产品适合谁当它的顾客？年纪比较大的人，或者比较喜欢怀旧的人，或者想了解历史的人，或者是有历史情怀的人比较多。但是在中国，凡是有历史情怀的人都比较穷，凡是没有历史情怀的人都比较富。这样，这些电视节目就没有多少商业价值。商业价值就是看你的节目有没有人给打广告，打广告要分析你的节目是给谁看的，要测定顾客是谁，有没有商业价值。给哪些顾客看的节目有较高的商业价值？一般来说，一类是女性，一类是商人，一类是青少年，给这些顾客看的东西比较有商业价值。有历史情怀的人是没有什么商业价值的，所以广告一定很少。

2. 个性化消费群体

个性化消费就意味着单个的个体吗？这是一种误解。所谓个性化需求是指有相近的爱好和趣味的一群人所喜欢的某类特性产品。由此，有个性化需求的顾客是一大批人，而不仅仅是一个人。个性化需求的满足可以采用定制的方法。一般来说，定制的规模比较小，因而商业价值比较低。长期以来，很多企业一直无法解决满足顾客个性化需求与大规模低成本生产之间的矛盾。但是，现在企业在互联网和 IT 技术的帮助下，可以同时化解以上矛盾，即用低成本、大规模生产的产品来满足顾客的个性化需求。例如戴尔公司，通过对顾客信息采集、供应链管理和成本控制等，致力于拓展以满足个性化需求为目的的大规模定制模式。

个性化，就产品的特性来说，顾客体验、产品设计本身的特点、符合产业的趋势非常重要，比如文艺演出，什么题材和艺术表现形式符合这个产业的发展趋势，决定了节目的市场前景。双重顾客或多重顾客也是顾客思考中的一个重要方面。举例来说，迪士尼专卖店之所以吸引人，是因为它同时吸引家长和儿童。国内的动漫艺术授权的专卖店多数都办不下去，因为它不吸引家长，只吸引低幼儿童。从某种意义上说，吸引双重顾客或多重顾客是儿童产品连锁经营商业模式的关键。

3. 体验消费群体

由于消费者的个性化特点，当代文化消费有向体验消费发展的趋势，这也是文化产品或服务增加其附加值的新增长点。体验消费的基础和载体仍是传统的商品和服务，但这些商品和服务中已加入娱乐、审美、文化因素，使得其附加值得到提升。当今有一部分人热衷于以体验消费的方式参与各种各样体验式的体育赛事、演唱会、选美大赛，观看时装展示会、好莱坞大片；在节假日时奔赴各种主题公园、博览会、交易会、狂欢节，或在购物中心闲逛；在朋友聚会闲聊时，大谈名牌汽车、高尔夫球赛、家庭装修和艺术品收藏。

在这样的消费文化中，文化产品的创意和商业模式都要考虑这一部分消费人群追求新奇、刺激的心理特点，从而在保持文化产品的文化内涵之时添加一些多元化的现代元素。

4. 时尚消费群体

文化消费向时尚化方向发展是现代社会文化消费的重要特点，消费与时尚已密不可分。城市文化消费日趋呈现时尚消费的特征,物质产品的丰富及商品生产的多样化和个性化发展,使得选择"时尚"成为人们生活的"必需品"。时尚消费已不再是对使用价值、实物用途的消费,而主要是对"符号"的消费,如"追风""追星"和对"名牌"的消费等。目前,在我国城市中流行的是以吃、喝、玩、乐、购物为基本内涵的消费文化。特别是对少数阶层人士来说,奢侈品的拥有和消费似乎是身份的象征。在文化产品的市场化过程中,就要在提高内涵的基础上,巧妙地包装和宣传,提高文化产品的品牌感和娱乐性。

总而言之,对消费者的深入理解可以帮助我们进一步思考文化产品相关商业模式的可行性。比如说,中国的消费市场和顾客特点有一些独特性,如年纪越大文化消费越少。主要的原因是中国缺乏老年人消费的文化产品,如体育联赛、储蓄的习惯和为儿童支付的习惯等。再比如,对于年轻人而言,虚拟产品的比重越来越大。虚拟产品不仅是一种商业模式,也是满足顾客需求的一个新的产业增长点。

第三节　文化产品创新

在这个信息飞速传播的时代,全国人民同读一本书、同唱一首歌、同看一台戏的文化产品匮乏时代已经一去不复返了。文化产品逐渐在与国际潮流、各种文化的碰撞中焕发出新的生机,并借着科技、专业人才的力量融入到更多的生活层面,不仅给我们的精神生活,同时也给我们的日常生活和休闲娱乐都带来了美好的感受和体验。

一、创新特色

打造一个有特色的文化产品,就等于开创了一个商机。开发出来的产品有震撼力了,就有更多人愿意合作,发展速度就会很快。相应地,这种商业模式就比较好。如何才能开发出一个有特色的文化产品呢？可以从以几点入手:

第一,体现行业领先性。产品在行业当中要有竞争力,每一个产品在行业当中一定要占据领先位置,这样很多人就愿意跟你合作。比如中国电影,赢利的模式就几个,华谊兄弟把握了其中的一种,证明行业性领先性的产品很重要。

虽然说几乎每一个行业都有很多限制,但是同时也积累了很多优秀的元素。就拿互联网来说,综合娱乐网站,一直很难找到赢利的模式,因为它缺乏行业性,但并不代表此类网站没有人气;而做篮球、拳击的门户网站却可以挣大钱。但现状是,现在没有特别好的体育门户网，都是乱糟糟的。看拳击的人很多，中央电视台的拳击节目在收视率当中排第六位。现在好多地方体育的网页里面，连拳击的栏目都没有。综上所述，我们认为跟娱乐比起来，体育的娱乐网站是一个比较好的模式，但是最终要更进一步专业化。也就是说，既有体育的门户网站，又有专业的网站联合起来，这是比较好的，因为这样能够把行业的特性表现得比较充分。表现行业的特性比较充分，人们对它的依赖度就会增强，商业价值就比较高。如果人们觉得你可有可无，那是不可能成功的。总之，商业模式创新，行业的特性值得去考虑和挖掘。

第二，对产业链型的产品进行相关要素的创新。也就是说，可以在产业链类型产品上进行一个环节或多个环节的创新，比如可以做一个原创的动漫，漫画和动画本身是一个产品，也可以把动画所有的元素看成产品，可以做成卡通形象，这是由一系列的元素构成的一个产品，它虽然是一个链条，但是实际上是一个产品。所以产品的概念不见得是一个孤立的东西，有时需要把产品理解为一个产品线。这时就可以对产品相关要素进行创新。例如影视中的植入式广告（内置广告），其实植入式广告在国外早就有非常多的应用，像电影《007》《变形金刚》中植入式广告都做得比较自然到位。

第三，面向未来的创新。如果有人问，哪一类产品比较好？肯定有很多人认为文化产品比一般的工业产品更好，因为文化产品重在创意，它不是机械地复制历史，好的产品都是面向未来、充满想象力的。有些产品历史上可能存在，但是文化产品要再创造，比如像《哈利波特》要完全靠创造，跟历史没有很大的关联。就算是历史事件，也要借助于重大的再创造才能有价值，大多数题材都是面对未来设计的。

二、创新技术

互联网正在改变人类的思维方式，同时也在提高人类作出果断判断的能力，且人脑在使用网络搜索时的活跃度要显著胜于从书本中获取。伴随着数码科技一道成长起来的年轻人，其大脑要比年长者更加具有可塑性和和延展性。其下一代将更能适应环境，也将在真正意义上掌握科学技术并成为其生存的一项本能，他们将有着较高的经济成功率，且其后代的境况也将胜于现在。美国加利福尼亚大学记忆与年龄研究中心（Memory And Ageing Research Center）负责人加力·斯茂（Gary Small）声称，数码科技的普及将在一定程度上左右着人类漫长的进化进程。

文化产业是具有永久生命力和创造力的产业，其创新势必要与最新的科技紧密结合。陈凯歌所拍的《无极》，本来想用新的动漫方式表现，结果表现的技术不到位，表现力不够,里面的人物和动漫形象设计不到位,最后有一点不伦不类,导致其遭遇滑铁卢之痛。失败了以后,韩寒在网上写了一个博客,叫“我们都错怪了张艺谋”,文章称过去我们认为张艺谋拍电影很臭,现在我们看了陈凯歌的电影之后,感觉陈凯歌比他还臭。他说我们许多导演都喜欢用新的、时尚的技术,喜欢赶时髦,越老越喜欢时髦,就好比听说香港 CK 的内裤很前卫、很时尚,很快就有人跑到香港去买,眼看着是“CK”,但是买回家的却是“OK”。

由此可见,在创意与技术的结合过程中,我们需要一些技巧和方法。

1.逻辑思维法创新技术

拥有逻辑思维的人,就拥有符合思维规则和思维形式并适合他自己思维习惯的思维方式。人脑的思维是要经历不同的阶段的,一般是要经历感性阶段和理性阶段两个阶段。感性思维阶段是人脑思维的初级阶段,主要是感知周围环境和事物,是人脑的一种感性活动。而当思维主体将感性认识阶段获得的对于事物认识的信息材料抽象成概念,运用概念进行判断,并按一定逻辑关系进行推理,从而产生新的认识,这个阶段就是人脑思维的理性活动阶段,是具有规范、严密、确定等特点的逻辑思维过程。文化创意中逻辑思维法与通常所说的逻辑思维方法有着很多的相似之处,也有着自己独特的特点。文化创意中逻辑思维法是在文化和创意两个方面的基础上进行的复杂创造过程,所以对文化创意主体提出了更高的要求,也要求文化创意主体掌握更多的相关知识,并结合时代特征和融合各种知识和技术的信息,创造出具有影响力和实用性的文化创意产品的思维方法。文化创意主体需要在不断的实践中,调整自己的逻辑思维方式,并结合新知识、新技术的协同影响,在该领域有所作为。

据报道,1997 年的亚洲金融危机时,同其他受影响的亚洲国家一样,韩国经济出现了衰退,失业人口增多,有人买一张《星际争霸》的光盘就可以得到娱乐消遣。因此,韩国政府就发现了一个机会,就是在经济危机的大环境下人们更需要快乐,而优秀的作品加上廉价的产品价格就可以给危机中的民众带来快乐。所以,韩国政府就抓住这个机会,大力发展动漫产业,这就是后来人们看到的韩国电子游戏产业在危机中的另类崛起。

好莱坞电影的出现和发展也是如此,早在上个世纪三四十年代大萧条中,人们饱受危机带来的影响,希望得到精神上的刺激和安慰,所以一些带有无厘头的搞笑片、歌剧片以及充满幻想的作品成就了好莱坞的发展,好莱坞影片因此也成了人们释放压力的精神武器。

文化创意中逻辑思维主体可以发挥思维的作用，在这样一个不寻常的时代提升文化创意产业的价值。

2. 形象思维法创新技术

在文化创意中，形象思维与逻辑思维是两种基本的思维形态，过去人们曾把它们分别划归为不同的类别，认为“……科学家用概念来思考，而艺术家则用形象来思考”。这是一种误解。形象思维不像抽象（逻辑）思维那样，对信息进行一步一步、首尾相接的、线性的信息加工，而是可以将许多形象性材料，一下子合在一起形成新的形象，或由一个形象跳跃到另一个形象。它对信息的加工过程不是系列加工，而是平行加工，是平面性的或立体性的。而在全球创意产业不断发展的今天，打破固有观念、模式的束缚，将高科技技术融入到已有的形象思维中去，是开创新产业的便捷之路。在创意产业中，形象思维与高新技术的融合，经过实践的检验是完全符合创意产业的发展的。

北京印刷学院设计艺术系的作品《中国皮影戏》，在第 9 届国际莫必斯多媒体光盘大奖赛中获得最高奖。这是师生创作团队共同完成的新媒体艺术作品。它运用多媒体计算机技术，把多种知识链接起来，以图文声像交互式的视听艺术形式，将中国古老的民间艺术皮影戏介绍给全世界。温家宝总理看望钱学森，钱学森说，科学家要懂音乐、懂艺术。杨振宁教授曾经举办过一个艺术与科学的展览，说人既要有逻辑思维又要有艺术思维，这是哲学的最高表现。人应有逻辑思维和形象思维两种思维才完备，才能创新。

3. 联想思维法创新技术

有位伟人说过：“联想是创造的根源，不会联系的人是永远造不出新的东西的。”文化创意中的联想思维，就要靠丰富的知识底蕴。创新没有捷径，只有“厚积”，才能“薄发”。联想作为探索未知的一种创造性思维活动，它是关于事物之间存在普遍联系观点的具体体现和实际运用。没有存在于事物之间的客观联系，联想就很难发生，离开了事物之间客观联系的联想只是幻想。所以，在文化创意过程中，创意主体要想提高联想能力，获取丰富的联想，就要广泛地参加实践，接触和了解事物，然后把许多实际经验、知识信息储存在大脑里，使大脑建立起许多暂时的联系，一旦需要联想时，大脑就会把各种信息调动起来，建立各种各样的联系，由此而产生丰富的联想，进行创造性的思维活动。

澳大利亚种植甘蔗的人们在收获时发现，有一批甘蔗的产量意外地提高了 50%，原因就是种甘蔗前的一个月里有一些水泥洒落在甘蔗地里。经过反复研究，发现正是水泥中的硅酸钙使这片酸性土地得到了改良，提高了甘蔗产量，于是创造出了水泥化肥。

目前世界上的爆破技术，能将一栋高层建筑炸成粉末，同时又不影响旁边的其他建筑物。医学家们由此联想到了医治病人的肾结石。他们经过精确的计算，把炸药的分量小到恰好能炸碎病人肾脏里的结石，而又不影响人的肾脏本身。这种医学上被称为爆破技术的治疗手段，为众多肾结石患者解除了病痛。

在科学技术不断创新、研发的今天，创意产业的主体，通过把看起来似乎没有联系的事物联系起来，寻找新的发展机会，产生重大发现，经过实践的验证，从而得到创新结果来实现创意产业的价值。

三、创新主题

创新主题可大可小，小到改变生活，大到改变世界。如比尔·盖茨 2008 年 8 月 12 日在“微软亚洲研究院十周年庆典”所说：“创新如果管理得当的话，就可以改变世界。”互联网的出现可以让我们对未来世界有很多新的畅想，“比如说电脑，或者像手机这样小到可以放在你的口袋里的设备。未来的汽车可能也是由软件推动，你的电视机可能就只是一个屏幕连接到互联网，我们也不再需要有互联网与广播电视的分别，因为在互联网你可以找到不同的视频，那我们可以把两个当中最好的东西混合起来。在未来，我们在任何地方，任何平面都可以成为一个屏幕；互联网也可以做到语音或者是文字的识别等等，这听起来让人非常兴奋。”

1. 内容形式创新

文化产品的创新，首先是内容、形式要创新。就拿我国的文化旅游业来说，我们国家至今保留有许多原生态的、原汁原味的民族习俗、民族节日、民族歌舞、民间杂技、民间绝技、历史古迹等文化资源。正是这些丰富的文化资源，使我国成为越来越多海内外旅游者的目的地之一。从打造优势旅游文化品牌的角度看，没有文化特色的产业是没有希望的产业，没有创新内容和形式的文化不能满足旅游者体验丰富文化的需求。因此，我们的文化活动形式、活动载体只有体现文化建设的内在规律和新思路、新方法，才能被广大消费者接受并参与其中。近年来举办的各种文化节、旅游形象大使选拔赛等大型主题活动就是成功的范例。如果再举行旅游文化博览会及民歌、舞蹈、摄影、戏曲创作、民间绝技、诗画创作大赛等大型系列主题活动，不仅可以丰富旅游文化产品的内容和形式，还会有很好的市场卖点。

2. 体现人性的主题创新

人性，是一个全球命题，是文化产品的灵魂。体现人性的主题，其内容和形式都要不断创新。假如拍电影和电视剧，就需要区别二者的不同消费群体和不同要求。电视剧最受人欢迎的就是爱情故事，还有家庭伦理，一定要跟家庭生活相关，因为电视剧的主流观众是家庭妇女，由此电视剧可以造就一些中老年妇女的偶像。而电影跟电视剧还是不一样，电影需要集中在有限的时间内通过非常紧凑、曲折的情节和独特的场景迅速抓住观众，对于节奏的把握要求比较高，因为电影的主流观众是青年和中年人。《泰坦尼克号》成功的秘诀就在于以史诗般的场面，挖掘了人性深处对勇敢、真情的向往，演绎了“一艘冰海沉船上罗密欧和朱丽叶”的动人爱情故事，吸引人们走入影院。

3. 价值网络重构

价值网络重构的创新模式可分为基于关系的变革和基于位置的重新定位两种。此处我们主要探讨前一种——基于关系的变革，其宗旨就是产品主题的变革围绕客户的需求和满意度进行，包括个性化定制、解决方案、快捷可靠的超级服务，关系方式有顾客参与、非传统契约（合作设计、研发制造、营销、标准联盟）；基于位置的重新定位，则可以分为价值网络的拆分、延展、整合。

例如，“网娃”就是国内玩具产业的一次革命性创新，采用的就是基于价值网络重构的商业模式创新——企业将传统的玩具制造与网络游戏进行巧妙结合，通过网络技术，为每个玩具精心设计一个可以延伸产品生命的虚拟世界。消费者购买到可爱的毛绒玩具后，可通过其所拥有的密码进入一个儿童益智网站，孩子们可以在那里领养一个与所购玩具一模一样且与自己同岁的宠物，在虚拟的社区里一起学习、游戏、生活，扩展知识面，培养独立生活的能力。“网娃”的成功是文化产品主题创新成功的典型案例，在取得第一步的成功后，将继续保持这种创新的势头，并实现“打造中国自己的迪士尼”的目标。

第四节　文化产品的商业模式创新

文化产品的商业模式创新有几个明显的特点：一方面，更注重从客户的角度、从根本上思考设计产品的行为，视角更为外向和开放。商业模式创新的出发点，是如何从根本上为客户创造附加价值。因此,它逻辑思考的起点是客户的深层次需求,根据客户需求考虑如何有效满足它,这点明显不同于技术创新。技术创新的视角,常是从技术特性与功能出发,看它能用来干什么,去找它潜在的市场用途。另一方面,文化产品的商业模式创新常常涉及商业模式多个要素,需要企业组织在销售渠道、服务、合作网络等多方面有较大战略调整,是一种集成创新。文化产品与服务的内在关系要比其他物化产品更深刻一些,再加上如今是服务为主导的时代,因此,文化产品的商业模式创新也常体现为服务创新,表现为服务内容、方式及组织形态等多方面的创新。

一、销售渠道创新

销售渠道创新指在直销、中间商、单一或多渠道、互联网络、实体店铺等销售渠道因素方面进行的创新变化。传统制造厂商常通过批发、分销、零售等环节销售产品。一些销售环节,如沃尔玛通过连锁经营,取得强大的市场力量。经销商的强大常使许多制造商处于不利的谈判地位,这意味着产品有较高的价格和较差的服务。为改变这种不利地位,一些有实力的厂商积极向销售环节拓展,以求获得更强的控制力。而另一些企业,则试图直接消除中间商环节。

在媒介竞争日益激烈的今天,单渠道受众无疑受到了挑战。那么,如何最大限度地发挥传播优势?首先是传播渠道多元化。电视广告开辟公交移动电视这样一个新渠道就解决了广告收入下滑的问题:受众覆盖面广泛,接触频率高,目标受众较为明确;环境封闭,频道唯一,"强制性"视听;广告成本较低,相对于传统电视而言,公交移动电视广告传播所耗费的成本要低廉得多。

自2003年1月1日以来,经广电局批准,上海、北京、南昌、厦门等城市纷纷推出以公交车辆为主要载体的移动电视商用系统。依据宏观经济形势的预测,5年内我国GDP仍将以每年7%左右的速度持续增长,其中,预计广告的额度将以每年13%的速度递增。广告额度的增长肯定将为新媒体带来更多的机会,包括移动电视在内,其广告市场的前景是十分可观的。

当然,有了新渠道并不意味着万事大吉了,还得有面向渠道的深度开发。公交移动电视广告创意还要考虑市场因素。和传统电视一样,只有好的节目才能吸引受众的注意力,有了注意力才能吸引广告商。2004年2月,一份来自广州、北京、上海、成都、南京的《5城市公交移动电视的调查》显示,60.4%的受访者希望多放些新闻和知识性节目;36.7%的受访者希望提供尽可能多样化的节目,满足不同类型的观众;32.4%的受访者希望能在更多的公交车上安装移动电视；15.2%的受访者希望移动电视的信号能够再稳定些，声音质量再好些。移动数字电视的节目定位以娱乐、资讯等小板块为主。其节目应当是为移动电视“量身定做”的，最好不要直接从传统电视广告上嫁接。移动电视的受众流动性很强，应制作出适合人们在流动中观看的节目内容和形式。公交移动电视广告应当制作精美，以独特的视角、一流的策划和制作能力，贴近市民的日常生活；内容可以涵盖娱乐、音乐、影视、时尚潮流、商品促销信息、本土文化、政务公益宣传等综合资讯。所有节目以健康、清新、靓丽的主持人形象、丰富绚烂的生活资讯以及快节奏的时尚巡礼构成节目主题，成为贴近百姓生活、引导客观消费、直击时尚潮流、传递生活资讯的大型新窗口，进而大大提高公交移动电视的美誉度。优秀的广告可以让受众不觉其为广告，而更像是一种娱乐方式。

移动电视杀入媒体市场，填补了媒体的一个空白。它颠覆了以往传统媒介的接收方式，使人们在移动中通过公交车、出租车、商务车、私家车、轻轨、地铁、火车、轮渡、机场等各类移动载体接收来自各方面的信息。加拿大著名传播学家麦克卢汉认为，媒介是社会发展的基本动力，每一种新媒介的产生，都开创了人类感知和认识世界的方式，传播中的变革改变了人类的感觉，也改变了人与人之间的关系，并创造出新的社会行为类型。公交移动电视也在一定程度上改变了人们对世界的认知方式。

目前，移动电视也正以“新媒体”的姿态在北京市场兴起。目前很多广告商对公交移动电视广告持观望态度，投放的广告额相对较少，一般仅仅是作为传统媒体广告的一种补充。这说明公交移动电视广告还处于发展初期阶段，要吸引更多的企业投放广告，制作出影响力广泛、效果显著的广告作品，才能对企业产生显性的吸引力。

二、目标客户创新

以目标客户要素为主要创新，主要指对根据区域如本地、国内、国际或是根据年龄、性别、收入甚至生活方式划分的一般大众市场或细分市场等客户市场的各种特性进行的创新变化。当然，这类创新和文化产品创新密切相关，将产品服务于新的目标客户时，也常伴有产品创新的因素。

要进行目标客户创新，首先得了解用户的价值，其次是了解其新需求。按照IBM商业研究所和哈佛商学院克利斯坦森教授的观点，商业模式包含四部分：

第一，用户价值定义。是指为目标用户群提供的价值，其具体表现是给用户提供的产品、服务及销售渠道等价值要素的某种组合。

第二，利润公式。包括收入来源、成本结构、利润额度等。

第三，产业定位。是指企业在产业链中的位置和充当的角色。

第四，核心资源和关键流程。核心资源是企业所需的各类有形和无形的资源；而关键流程则包括企业的生产和管理流程。

商业模式创新就是对企业以上的基本经营方法进行变革。一般而言，有四种方法：改变收入模式、改变企业模式、改变产业模式和改变技术模式。

改变收入模式是与目标客户创新最密切相关的一种方式，它要改变一个企业的用户价值定义和相应的利润方程或收入模型。这就需要文化企业从确定用户的新需求入手。这并非是市场营销范畴中的寻找用户新需求，而是从更宏观的层面重新定义用户需求，即去深刻理解用户购买文化产品需要完成的任务或要实现的目标是什么。其实，用户要完成一项任务需要的不仅是产品，更是一个完整的解决方案。一旦确认了此解决方案，也就确定了新的用户价值，并可依次进行商业模式创新。

以目标客户为导向的创新，要求文化企业主动进行各种试验。有时无须花费多少资金就可以发现，市场对自己的产品产生兴趣也许是出于偶然，也许是因为自己的产品真正有潜力。经营者需要把时间用在企业外部，进行实地考察，如到市场上观察，与顾客和销售人员交谈，并聆听他们的意见；需要建立制度，明确其产品和服务标准是由顾客界定的。在这期间，文化企业的最大危险莫过于，它认为自己比客户更了解产品和服务应该是什么样子、它们应该具有何种用途。更重要的是，企业应该将意外的成功看作商机，而不是把它看作是对自己专业知识的羞辱（德鲁克，2008）。

传统条件下，经济活动常受80/20法则支配，如20％的客户带来80％的销量，20％的产品带来80％的利润。因此，大规模市场常是企业主要面向的对象。新的经济条件下，特别是互联网出现后，生产、传播和营销效率的大幅提高正在使传统无利可图的顾客、产品和市场变得有利可图。尽管人们仍然对热门市场着迷，但它们已经不再是唯一的市场。新的利基市场并没有取代传统的大热门市场，但它们已经具有越来越重要的地位。这种现象在娱乐和媒体业最为明显，但到eBay网上看一看就知道，这种现象同样存在于更广的层面上（安德森，2006）。

三、产品与服务创新

商业模式创新的主要形式其实是已有产品与服务的市场再定位和提供顾客产品与服务的新方式。因此，在新创新模式下要取得成功，离不开文化产品功能价值与体验价值相结合，虚实的结合使商业模式创新更具有时代特点。

商业模式创新如果提供全新的产品或服务，那么它可能开创了一个全新的可赢利产业领域，即便在已有的产品或服务上创新，也能给企业带来更持久的赢利能力与更大的竞争优势。

以产品或服务要素为主要创新途径，通常伴随着满足新的市场需求的革新性产品或服务的问世；伴随着产品、服务构成、标准化、个性化等产品具体特征的变化。革新性产品或服务的推出，常常同时意味着新市场的开拓。从商业模式创新与产业演化关系看，商业模式创新最初常以创新型产品或服务的出现为基本途径，因为它是产业成长、发展的开始。

推出满足新的市场需求的革新性产品，也就是通常所说的开辟蓝海。可是哪里才是竞争较少的产业或市场领域？了解一些产业趋势，判断哪些是新兴的或者高成长的文化产业领域，对于我国文化企业进行产品服务或市场创新是有帮助的。在文化产业领域，我国具有大的成长潜力的产业主要是信息业。这里的信息业是广义的信息业，不仅包括出版业和音像等，还包括与之交叉的 ICT 产业。在知识经济和信息社会的大趋势下，知识和信息不仅是满足人们精神需求的产品，而且成为和资本、劳动力、土地一样重要甚至更重要的生产要素。虽然整个 ICT 产业在经济中的比重并不是很大，但它常常可以融入到其他产业领域的再生产环节中去，帮助企业降低交易成本，极大提高其他部门的生产率。美国过去 10 多年经济的持续高增长，主要就是由信息技术产业发展和推动的结果。除了信息产业外，还有其他许多产业部门，如艺术、娱乐、休闲等。尽管这些产业的比重可能不如信息产业那样大，但其绝对规模也可以很大。

创新的最终目的还是为了增强经济效益，对于出版业这样比较难于转化为效益的领域，应该如何创新呢？互联网给出版业带来了新的通路，但却没有带来多少利润，在 2014 年 5 月召开的 Code Conference 大会上，被誉为“互联网女皇”的玛丽·米克尔(Mary Meeker)公布了 2014 年的年度互联网趋势报告。米克尔在报告中指出，虽然上网人数和智能手机使用者人数的增长狂潮可能已经宣告终结，但越来越多的用户都开始使用智能手机上网，而且未来移动上网人数的增长速度只会变得越来越快。全球互联网用户总数每年的增幅为不到 10%，而且其增长速度正在日益放缓；全球智能手机用户总数每年的增幅为 20%，其增长速度也在放缓。但与此同时，移动数据流量则正在取得爆炸式的增长，其年度增幅达到了 81%，而且增长速度正在加快，部分推动力来自于视频流量的增长。

对于内容出版商，改变现状的时间会很长。因为用户不断地增长，内容提供商的成本也在增加，他们需要雇更多人来创造更多的内容。摆在内容出版商面前的路有下面三种可能性。

路径 1：定制

定制在这里意将广告信息和特定内容融合在一起，将桌面和移动平台融合成一个广告主的综合平台，定制化的节目在上面呈现。但是这需要很多的创造力和测试，广告信息需要在一种受众可接受的尺度和喜爱的方式的条件下出现。这和节目内容高度相关，新闻、信息和分析类（体育、财经和娱乐）的节目更适合定制。

路径 2：定位

出版商可以在桌面平台上利用用户位置来呈现内容和广告。移动设备"随身行"的特点使得区域定位在移动终端上更有作为。如果一个读者在上海阅读某出版商提供的内容，那么他就能收到上海当地的广告。移动终端确实有这个优势，但问题是广告内容可能与出版商提供的内容不符，商业化就会出危险。如果一个人在某地购买了娱乐新闻，能否保证他得到最匹配他的有关这个城市娱乐方面的广告？

路径 3：交易

这个路径还是和内容本身有关，如果内容本身能转化成垂直销售，这就是带来商业利润的机会。那些关于当地旅游、房地产、汽车、时尚的内容都可以垂直演变成旅行预订、房屋或是汽车中介。更何况，手机的移动性也提供了更好的体验。

四、合作网络创新

以合作网络途径为主要特征的商业模式创新成为越来越重要的一种形态。可以说，如今的企业或产品竞争已不是单一企业之间的竞争，而是整个合作网络之间的竞争。以合作要素为商业模式创新主要途径，指创造并提供价值过程中和其他公司的网络联系、合作关系等方面的创新。

信息技术大大降低了合作和交易成本，组织边界变得更模糊。与其他公司结成合作网络，可以使每个公司都专注并发挥自己的专长，使网络协同效应加强每个公司的核心能力。促进合作关系网络发展或者说企业商业模式更为开放，是许多产业的技术开发成本增加时对更短的开发周期和新收益来源的要求。例如，在制药业，对一款新药的投资已超过 8 亿美元，超过 10 年前的 10 倍。甚至在消费品行业，新产品开发成本也大幅度上升，更短的产品开发时间非常重要。如计算机业，在 20 世纪 80 年代初，硬盘的生命周期可达 4～6 年，到了 90 年代，仅有 6～9 个月。通过与外部合作，利用外部的研发资源，可以降低成本、缩短研发时间。此外，据统计，企业的75%～95%的专利是未被利用的。利用开放的商业模式，通过对外技术授权、设立新公司等方式，还可以帮助企业增加收益。

合作网络的创新，也就意味着经济来源终端的创新。收益方式创新也是一个不错的探索方向。收益方式创新主要是指租赁、销售、产品、服务、广告收入、销售量、利润率等收益因素的创新变化。传统经济环境下，企业一般都是通过向客户直接销售产品和提供服务，或者靠租赁取得收益，或者如媒体靠广告获取收益等。在信息时代条件下，这些传统的收益来源依然存在，但也出现了一些新的形态和特征。如 eBay 等市场创造者，通过减免会员费方式，建立网络上买卖者的社区。一旦这样的社区建立起来，它就可以帮助促成拍卖交易，收取会员费或佣金。随着互联网成为一种媒体，广告收入成为包括搜索引擎在内的网络门户站点的收益来源，如谷歌提供免费搜索，以广告获取收益。

收益来源有两种发展趋势特征。一是与服务的重要性相对应，服务已成为越来越重要的收入来源，即便对传统制造业企业也是如此。二是传媒资源的发展，继报纸、广播、电视、互联网后，传统产品的传媒价值也正在被发现并加以有效利用。例如，公共汽车等流动媒体、分众传媒公司整合利用的大量楼宇等，广告是它们主要的收益方式。

除了收益来源外，定价方式也是收益方式的重要组成部分，这也是商业模式创新时可以选择的。有学者总结了五种可供选择的定价方式：

第一，明码标价，或是固定定价策略。销售者设定一个价格，购买者可以拒绝或接受这个价格。这是定价最一般的形式，但有两个缺点。一是购买者可能愿意付出比标出的价格更高的价钱。二是标价太高，吓跑很多愿意以较低价格购买产品的潜在客户。

第二，一对一议价定价策略。买者和卖者相互协商确定价格。这种定价也是一种普遍方式，但一个缺点是，它对于大商店来说不现实，而且卖者不能确定买者究竟认为所要购买的产品价值应该是多少。

第三，拍卖定价策略。销售者向众多购买者征求出价，并将货物卖给出价最高的购买者。这就避免了一对一议价中的第二个缺点。但这种方式可能出现买者串通压价的可能，或者销售者限制产品的数量。另一个问题是，它很难将众多买者和卖者带到一起。当然，互联网的出现，已经解决了这一问题。

第四,反向拍卖定价策略。卖者决定是否接受买者的出价。买者对一件货物或服务出价,然后卖者决定拒绝还是接受买者的价格。旅行服务网站 Priceline. com 就是这种反向拍卖定价策略的先行者。

第五,支付方式和手段也是很重要的。例如,是先付款还是后付款;一次付清,还是分多次;付款期限长短。在我国,现金仍是当前主要的支付手段,其他的支付手段,包括银行卡、电子账单和移动支付在迅速发展中,它们也是未来的发展趋势。当然,非现金的支付方式,如网络购物采用电子支付方式,其普及速度的快慢,很大程度上受人们认知、技术安全等因素的影响。

五、企业价值链创新

要进行企业价值链创新,首先要了解创意产业价值链的构成。创意产业的价值链是建构在社会使用的基础上,由创意产业的各个增值环节所构成的有机联系的整体。该创新价值链始于社会生活脉络分析、产业技术预测、技术开发,终于顾客服务。如能进行类似的创新,产业创新便得以持续进行,亦能获得高附加价值的产出与经济效益。

那么,文化产业的价值链到底是如何形成的?根据美国竞争战略权威专家、哈佛大学终生教授迈克尔·波特的价值链理论以及延伸的产业价值链的模型来分析,创意产业中的企业围绕某种特定市场需求或进行特定创意产品生产(或服务),其间涉及的一系列价值增值活动和起辅助作用的生产活动构成了创意产业价值链。以小说《哈利·波特》为例,它的成功畅销像一个导火索,引燃了后续的增值服务和生产活动,使得众多企业参与开发和分享哈利·波特的创意成果,它们在图书、电影、游戏以及衍生产品方面都取得了令人瞩目的成绩。其中《哈利·波特》的小说被翻译成 74 种语言,所有版本的总销售量逾 5 亿本(2008 年),名列世界上最畅销小说之列。简体中文版由中国人民文学出版社发行,繁体中文版由皇冠出版社出版。美国华纳兄弟电影公司把这 7 集小说改拍成 8 部电影,前 6 集各一部,而第七集分成上下两部。哈利·波特电影系列是全球史上最卖座的电影系列之一,总票房收入达 76 亿美元。游戏方面,SONY 公司的 PS2 自 2001 年就已开始与影片同步发行游戏软件;2007 年与《哈利·波特与凤凰社》同名的游戏首度在 SONY 的 PS2、PS3、任天堂上同步发行。在美国,Mattel 和 Hasbro 公司(两大著名玩具生产商)共同负责对衍生产品的开发。此外,罗琳的官方网站也成为魔法幻想的奇趣乐园。所有这些都构成了哈利·波特价值增值的组成部分，它们相互支撑，共同创造了巨大的经济价值。

由此可见，创意产业价值链的发展是以文化创意和知识创新为核心，通过知识的生产、创新和共享，产生递增报酬，为顾客创造价值。由此，从事相关价值创造活动的企业之间形成了互为基础、互为依存的“网链”关系。

首先，价值链的形成和创新要把知识进行市场化整合。所谓知识整合就是企业通过知识在组织中的流动和扩散，对所学知识进行评价、选择和重构，使不同主体、多种来源和功用的知识相互结合并综合成为组织的知识，即组织共享并能加以有效利用的知识，最终使其成为企业创新能力和竞争优势的基础。

这种高效利用知识的整合，推动着文化产业的融合，为文化创意产业的价值链整合创造了条件。实践表明，正是文化资源与信息技术、营销管理的整合，催生出具有传统文化底蕴和现代表现形式的文化创意产品与服务。在影视产品等传统文化产业领域，基于影视特技、三维动画和视觉仿真技术等现代技术手段对产业的渗透，使得电影、电视等产业更加紧密地联系在一起，推动了技术和内容的有机融合。“3C”网络融合的发展趋势，催生了大量具有现代产业特征的新兴业态，推动了文化创意内容的有机融合。例如，人们现在不仅可以利用互联网进行即时聊天、在线游戏以及下载音乐和观看影视节目等娱乐活动，还可以通过手机等通讯工具实现网上聊天、下载图片音乐以及互动游戏等功能。而《云南印象》《印象・西湖》等大型实景演出项目，则巧妙利用现代科技手段将源远流长的民俗传说、名闻遐迩的旅游资源进行立体式、体验式和互动式开发，取得了良好的效果。

从知识管理角度看，整个文化产业价值链运作形同于知识创新活动的螺旋上升过程，知识整合与转化活动贯穿始终。

其次，是运作模式要创新。运作模式创新不等于违背市场经济规律，而是要坚持正确的文化价值取向，以创新思维理念对文化资源进行创造性的整合、包装、打造和推广。根据文化资源的特点，文化产业运作要灵活，不能搞“一刀切”。在政府引导下，企业、集体可以是文化产品市场经营的主体，个体、民营也可以是文化市场经营的主体。只有灵活多样化的运作模式，才能创造出更多、更丰富的既具有时代气息、健康向上、新颖别致的人民群众喜闻乐见的文化艺术精品，又符合构建和谐社会的要求，提高文化产业对经济和整个社会发展的贡献率。

在产品价值链不同阶段，企业可以运用不同的创新工具。对比国内企业和知名外资企业就会发现，外资企业非常善于价值链的上游阶段的创新，他们拥有一套相对成熟的产品创新管理流程体系，可以较准确地把握市场脉搏，推出客户需要的产品（当然也有外资企业水土不服，不了解中国国情，或者价值主张本身就有问题）。国内企业则精通于产品价值链下游阶段的市场创新。对于国内企业来说，由于没有建立一套完整的产品创新管理体系，产品创新的成功偶然性因素更大，基本不具备可复制性。正因为如此，我们需要完整地研究文化产业价值链的构成和每个环节的创新，才能避免重蹈覆辙。

六、文化产业链创新

全球化浪潮使得市场竞争愈演愈烈。对文化产业来说，富于创意的内容是保持竞争力的首要因素。从产业链的角度来说，一件成功的文化产品，在其开发、生产、制作、销售各个环节上都高度依赖创新。内容开发、投资融资、生产制造、渠道发行、宣传推广、建立品牌，所有这一切，都没有一定之规，而需要根据时代特点、消费者文化需要和市场要求而不断进行创新。

当然，所有的产业链创新都是建立在内容创新这个龙头上的，没有这个龙头，即使后面是凤尾，也是有力无处使。迪士尼公司，为什么仅凭小小的卡通形象成了今天的传媒帝国？这很大程度上在于其基于品牌的产业链延伸——迪士尼主题公园、旅馆、观光游轮等。但是，这个创意却是依托于迪士尼的内容创意——动画形象，离开了迪士尼动画这个内容创意，主题公园将成无本之木。可以说，对迪士尼童话世界的喜爱和迷恋，是造就迪士尼主题公园繁荣的基础。无独有偶，《星球大战》王国所创造的商业奇迹，从商业模式上来说，当然有利于其整合营销策略和后续产品开发等环节的创新，但这些创新之所以能够成功，真正靠的是货真价实、扣人心弦的内容。没有哪一部科幻电影能以如此天马行空的想象力，获得万千“星迷”的宠爱，使他们为一个梦想中的世界而痴迷，是星战迷狂热的热情支撑了“星战王国”的商业神话。

再看今天中国的大片，在市场营销上可以说极尽能事，手法上不可谓不花样翻新，但迄今为止，除了靠明星效应或一时的宣传炒作制造出暂时的票房价值，没有哪部电影有足够的后劲，衍生出新的产业链，创造出更多的价值。究其原因，就在于内容的贫乏和缺乏创意。高质量的内容才会使消费者有动力去关注、购买与之相关的一切产品，从而推动产业的扩大和发展。一件经得起时间考验的、历久弥新的文化产品，在满足人们文化需求的同时，辅之以其他方面的创新，才会最终创造商业上的奇迹。

文化产业，可以说是一个灵魂产业，不像锅碗瓢盆只是个冷冰冰的器皿，文化是为人们创造满足精神需求和情感需求的特殊产品。人的情感和精神需求的多样化、丰富性决定了这个产业需要倾注更多的个人创造力、技巧及才华，唯有如此，才能为消费者制作出丰富多彩、营养全面的“精神食粮”。也正因为此，英国将这个产业称之为“创意产业”。创意，或者说内容的创新，是文化产业的灵魂，是根本。所谓创意为王，其他的一切创新都是围绕内容创新进行的。有了好内容，进行产业链创新，好比用鸡蛋孵小鸡，只要加以适当的温度和条件就能做得到；没有好内容，好比用石头孵小鸡，无论方法怎样新奇，都是对牛弹琴。

第五节　品牌文化产品商业模式

21世纪被称为品牌时代，以文化品牌带动文化产业发展已经成为国内外文化产业发展的一个趋势。通过建立、维护和发展知名文化品牌，可以带来多重增值效应，如资本聚集、消费导向、产业示范、利润增值等。我国现有的文化产业与欧美、日韩等强国的文化产业相比，差距十分明显。要改变这种格局，当务之急是加快塑造中国文化产业领域的品牌，改变“文化创造”领域的弱国形象。

品牌的文化是一种产品厚重感、可信任感和消费领袖的象征，包含着荣誉感、审美文化和顾客文化的自我意识或者说是企业的文化人格。它注重企业持续的自我评价、自我反思和自我丰富，特别是通过满足消费者的需求来建立美誉度和荣誉感。就此而言，它的员工是高度关心消费者的，始终重视保障老顾客对它的信任。因此，品牌是一种承诺和追求卓越的信念。对文化产品而言，只有好的企业文化和产品文化才能塑造优秀的品牌。正是因为这一点，所以要求塑造品牌形象或设计广告传播品牌的人一定要很有文化品位和文化修养，要能够理解企业文化的内涵。以广告为例，现在比较有内涵的品牌广告明显都是国外的，小到传达一种生活态度，大到传播一种思想；而国内的广告多半是请一个明星在那儿背书一般，念一些直白的关于这东西有多好用的广告词而已。就此而言，为企业品牌建设服务的从业人员必须进行专业的培训，否则，就难以达到品牌企业文化所需要的高度。

一、品牌文化产品的传播

作为品牌文化产品必须符合以下条件，统一管理、统一形象是产业化企业的基本要求，统一设计、统一LOGO是企业获得公众边际经济效益的有效途径。强化这种统一的品牌形象离不开长期而系统的营销传播，如文化营销传播、品牌营销传播、事件营销传播、体验营销传播、娱乐营销传播、设计开展营销公关活动等，向市场传递明确、一致的品牌形象。只有当产品品牌在市场通路上得到有力推动，受到社会大众的普遍认同，品牌美誉度和影响力日益提升，产品的品牌效应才能凸显，文化产业的品牌构建和开发也才能实现可持续的发展。

每个文化企业在没有自己的品牌产品，形成产业链之前，多半是居于劣势地位的中小企业，我们经常可以看到，一些中小企业在市场宣传的诉求上模仿大企业的玩法，比如模仿麦当劳的“我就喜欢”、百事可乐的人头马的“好事自然来”等，这些诉求并不适合中小企业，因为这些相对宽泛的广告语只有大规模地投入资金、长时间地投放，才能把广告语与某个品牌挂钩，否则无法与某种产品产生关联，就无法让消费者认同。中小企业的广告宣传要做到少花钱、多办事，不能只靠奇招、怪招来做市场宣传。品牌的传播要始终围绕以下四个重点展开：

（一）有特点的产品命名

一个好的产品名称会为品牌的传播带来事半功倍的效果，让消费者快速接受。给产品起名要兼顾三点：一是具有所在品类的特征，二是暗示产品的功能，三是传达品牌的定位。

那么产品命名应该注意哪些因素呢？归纳为三点：一是名称必须要具有正面的联想度，且联想度与产品本身的诉求相吻合；二是应该具备丰富的二次传播资源，如“武林外传”“非诚勿扰”等；三是如果能暗含卖点和标准会更好，如“我们约会吧”“云南印象”等。

（二）价值信息沟通

国内企业的广告风格一直未有大的突破，还停留在自说自话的状态，而不是用一种和消费者平等沟通的方式。它们往往是站在自己的立场，自以为是地想问题。本身同质化的产品，因为没有独到的价值，愣是靠着极具煽动的方式忽悠消费者，试问这样的广告在今天的中国市场能起作用吗？而沟通则不同，沟通方式是一种内心的交流和认可，平等沟通是从消费者的立场看问题，从消费者的需求出发，消费者才会认可产品的独到价值。所以说，基于买方诉求的价值信息是一个广告的核心要点。

（三）品牌形象是主线

品牌主形象或者品牌形象代言人缺乏核心策略，朝令夕改，造成广告资源严重浪费，这也是中小企业普遍存在的问题。对于文化消费品来说，一般是感性为主、理性为辅，用煽情的手段去影响消费者，激发消费者的购买欲望，这类宣传基本上以人物为核心，视觉中心集中在人物身上，以产品为辅，通过人物来影响消费者的决策。

（四）找到传播爆破点

建立品牌，必须得有知名度，如何解决知名度这个问题呢？常规的有几个办法：一是投放广告，影视、平面、网络全面开花，品牌知名度会直线上升，甚至做到家喻户晓都有可能。二是在全国范围内进行系列终端促销活动，至少在每一个终端都做得风生水起，影响力第一，但这个方法同样也需要大量的投入，同时，活动如何做？核心主题是什么？能否在短时间内让消费者接受？当然还有其他的办法，如公关活动、事件营销等，但是，基于这些传播工具的核心焦点又是什么？你凭什么又能用三寸不烂之舌打动消费者的心呢？

所谓天下无难事，只怕有心人，只要你能找到核武器威力般的传播爆炸点，就能实现低成本、高效益的宣传效应。如《武林外传》在网络游戏、电影、卡通片、动画片、漫画书、手机视频、话剧、川剧、动漫人偶戏等 24 种产品上的品牌衍生的成功，就是靠混杂的娱乐元素建立了传播爆破点，网友评论要想看懂《武林外传》必须具备很多条件，如“通读金庸、古龙等人的大作；读过四大名著；英语起码要过四级；知道一点莎士比亚；爱看《我猜我猜我猜猜猜》等娱乐节目；熟悉所有国内的电视广告；各种晚会套路都很熟悉；还要精通流行音乐，从民歌到摇滚，从《流浪者》到《双截棍》，尤其要精通 Rap；还有祖国各地方言懂得越多越好，古文底子也得有一点。”电视剧《武林外传》是由北京联盟传媒有限公司制作发行的 80 集章回体古装喜剧，《武林外传》于 2006 年在央视 8 套首播，一举引发收视率高潮。它定位精准，抓住了一批了解电脑、懂得时尚、爱好文艺的年轻人，其精彩的台词、鲜活的人物性格、新颖无厘头的表达方式深得他们的喜爱。

由此可见，一个优秀的文化品牌势必是由打动人心的故事题材、全方位的产业链构建和无懈可击的传播方式共同营造的。从某种意义上来说，“做企业就是做营销，做营销就是做品牌，做品牌就是做广告”。品牌文化的传播，离不开每一个环节的文化认同感。

二、品牌文化产品的销售

随着人们消费能力和需求层次的不断提高,市场营销也相应进入品牌营销的时代。消费者对品牌的重视,也就在于品牌所能够带来的文化价值的心理满足。品牌文化产品的销售,营销的重点必须是基于客户心理的文化诉求。这些文化诉求即是品牌文化要传达的要素。所谓的品牌文化,是指某一品牌特有的名称或标记,或是这两个要素的组合。它们所代表的利益认知、情感认知、情感属性、文化传统以及个性形象等价值观念的总和,有利于消费者识别和区分这一特定的文化产品或服务。

针对以上构成品牌文化的几类内涵要素,文化企业可以根据自身产品的特色,侧重于上述四大要素的其中一点或者几点,借助于品牌名称和标志的有形载体,设计恰当的品牌文化营销策略,这些策略具体包括利益认知型营销策略、情感属性型营销策略、文化传统型营销策略等三种主要的营销策略。

(一)利益认知型营销策略

利益认知型营销策略是指从顾客的角度,立足于产品与其他产品的差异之处或产品本身的强势特征,以消费者对于产品功能价值的特殊感受为对象来进行品牌定位。对于消费者来说,他购买的不仅仅是产品的特征,还有产品特征所带来的主观心理满足。因此,市场营销者不仅要善于发掘产品本身的特点,并将这一特征与人们特定的心理需求联系起来。

海飞丝洗发水的功能定位一直是去头屑。这一特点在实际临床试验中得到了验证。但几年前人们对于头屑的存在似乎不以为然。怎样才能使消费者能够像消灭虱子和蟑螂一样积极地去消灭头屑呢? 海飞丝打出的广告是"你不会有第二次机会给人留下第一印象"。这话听起来悦耳,实际上暗藏杀机,如果谁不坚持消灭头屑,他可能就会给人留下不好的印象,甚至会葬送一生的事业。在日本播放的电视广告上,海飞丝描述了一位豆蔻年华的女生在决定性的入学考试前遭到头屑的袭击。"我的事业完了",女生绝望地说。这时海飞丝从天而降,挽救了她的职业生涯。这则广告暗示了海飞丝去除头屑的功能可以满足人们寻求社会肯定和社会尊重的心理需要,进而打开了海飞丝进行世界营销的大门。

(二)情感属性型营销策略

也许不同文化背景的人有着不同的文化习俗。然而拥有不同文化类型的人却有着相同的或者相通的情感世界。最常见的情感类型莫过于爱国之情、故乡之情、浪漫之情、温馨之情、亲情、友情、爱情等。情感诉求型的广告最易于在全球范围内推广，也最容易引起消费者的共鸣。情感属性型营销策略就是要从目标消费者心中业已存在的情感出发，因势利导，使品牌的形象能强烈地触动消费者心中扎根的“情感结构”，并与之完美地融合在一起，从而引起消费者的共鸣和认同，最终对这一独特品牌“心生爱意”并“忠诚拥护”。如现在相亲节目中比较火的《非诚勿扰》《我们约会吧》等就采用了情感属性型营销策略，此类节目几乎每期都有“非常流行的切合实际的话题”，这些话题既是节目所讨论和表达出来的内容，又是现实社会中纠结在普通大众心中的痛，因此很容易在观众中引起共鸣。

（三）文化传统型营销策略

文化传统型营销策略，是通过产品强烈的文化属性诉求，构筑亲和力，把企业营销行为变成文化沟通，经过与消费者达成社会文化的价值共振，将各种利益关系群体紧密维系在一起。文化营销包括浅层次的构思、设计、外型、装潢、包装、商标、广告、样式，也包含对营销活动的价值评判、审美评价和道德评价。

文化营销是在营销过程中充分表达了某些消费者的价值取向，从而能引发价值共鸣，最终完成营销的全过程。文化营销特别注重追求称心度，通过强调顺应和发明某种价值或者价值观念的汇合，来到达某种水平的称心。“星巴克”就是这方面的典范。关于人们的生存空间，星巴克似乎很有研究。霍华德·舒尔茨曾这样表达星巴克对应的空间：人们的滞留空间分为家庭、办公室和除此以外的其他场所。第一空间是家，第二空间是办公地点。星巴克位于这两者之间，是让大家感到放松、平安的中央，是让你有归属感的中央。随着互联网的推广与普及，星巴克在店内设置了无线上网的区域，为旅游者、商务挪动办公人士提供服务。星巴克选择了一种“非家、非办公”的中间状态。舒尔茨指出，星巴克不是提供服务的咖啡公司，而是提供咖啡的服务公司。它提供一份浪漫享受，调动一切元素在店内营造一种全方位的体验。咖啡的芳香和滋味、家具的摆设、壁画的装饰、音乐的旋律等，无不在传达着其品牌文化。

三、品牌文化产品的文化附加值

文化产业的品牌构建与开发指的是文化产业品牌树立及品牌资产逐渐做大的过程。品牌文化要与企业面向未来的可持续发展的追求相对应。文化产业的品牌构建与开发自始至终都离不开对品牌长期而系统的营销传播及维护。这是一个以消费者为核心,以市场为导向,综合运用各种营销传播方式(如文化营销传播、品牌营销传播、事件营销传播、体验营销传播、娱乐营销传播等),设计开展营销公关活动,向市场传递明确、一致的品牌形象,并通过自身的产品及服务维护和提升消费者品牌忠诚度的过程。任何急功近利的文化和服务,都与品牌文化建设格格不入。为了经营和维护品牌,企业管理者需要杜绝一次性买卖和所有急功近利化的行为。企业的品牌需要把急功近利转化为务实的作风,培养具体而细微的美德,同时需要培养一定的理想气质。只有高瞻远瞩的领导者,才能引领品牌发展。

一个品牌代表了一个企业的形象,是企业的无形资产。在商业模式运营过程中,做好品牌无形资产的经营,提升品牌的附加价值,应该考虑以下几个方面的因素:

(一)注意无形资产之间的关联

企业有很多种无形资产,如注册商标权、特许经营、研发能力、企业的特殊能力等。对这些无形资产的经营,需要一定的管理水平,否则就会削弱品牌的价值。比如说进行连锁经营,复制同一个模式,用同一个品牌来号召人们。在这种模式下,企业管理者的管理水平与其品牌的无形资产的增值与否是息息相关的。一些品牌的管理难度很大,如果没有能力进行有效管理,就一定会减损品牌的价值。

(二)品牌不能盲目扩张

品牌的扩张要以保障品牌的品质为基础,而不能因为不多的加盟费而损害品牌形象。加盟店的增多当然是一种资产增值,但这种资产的增加是不是让品牌增值了,需要慎重判断。如果加盟店增多而品质跟着下降,就说明这些加盟品牌经营的人或者企业可能存在价值观或者经营能力上的问题。品牌作为一种无形资产是需要管理的。一个品牌的品质可以从顾客的满意度、忠诚度的反馈中得到衡量,因此,顾客反馈就是品牌管理中的一个很重要的环节。即使企业的自我感觉已经很不错了,也是远远不够的。从销售量指标上来衡量,也许你现在的销售量还不错,大家都买回家去了,但是人们心里已经开始对你不满了,下次就不买你的了。所以,现在的销售额并不能完全真实反映顾客内心对一个品牌的忠诚度。

(三)不同的品牌类别需要不同的技术维护能力

明星也是一种品牌,但现在中国内地的电影明星基本上都没有多少品牌号召力。

也就是说,观众没有对他(或她)产生忠诚度,甚至连美誉度也不够。这里存在两个技术性的问题:一是对这些明星的包装需要专业化程度很高的经纪技术和专业知识;二是明星们在选择影视节目和自己擅长的角色时要慎重,特别是要选择具有市场影响力的作品。又如,有些城市找知名的策划人策划品牌项目或者城市形象,但是那些策划人却缺乏对该项目所在产业的专业知识和整体把握能力,往往会出现抓不住重点、要点的情况。总之,专业能力尤其是专业化的服务能力是维护品牌和培育品牌的重要因素。

(四)避免品牌塑造的同质竞争

进行准确的品牌定位、让品牌在消费者心目中寻找到一个独特的位置,是构建品牌关键所在。如我国新闻出版产业非常发达,媒体众多但缺少特色,缺少叫得响的品牌。各个媒体应该找准自身定位,塑造出具备个性和竞争力的出版业品牌。

(五)强化塑造品牌的战略延伸

把文化产业品牌塑造的象征价值通过品牌延伸策略向有形产品领域转移,是打造强势文化产业品牌的内在需求。同时,文化产业品牌向有形产品延伸是要有独特条件的、延伸品牌要能不断强化主品牌的核心价值,而不是削弱它的核心价值,应吸取“喜羊羊”卡通形象品牌推广过程中的惨痛教训,由于缺乏相应的品牌延伸管理策略,导致市场上多个“喜羊羊”品牌的出现,授权企业生产的衍生产品质量问题等直接对“喜羊羊”品牌造成伤害,并产生消极的影响。

总之,品牌的经营具有相当程度的复杂性,需要各个方面的努力。除上述提到的诸多因素外,同行业的人对某品牌的专业化水平或能力的评价也是很重要的,关系到该品牌或无形资产价值的传播力度。

思考题

1. 怎样提高文化产品的质量?

2. 文化产品有哪些消费特色和群体?

3. 文化产品如何进行创新?

4. 品牌文化产品如何进行传播?

第四章 文化产业项目商业模式与创新

本章提示

信息社会和知识经济时代，以项目带动整体经济的发展是一种重要的发展模式，它将成为提升文化产业价值的一个新途径。党的十七大报告指出："大力发展文化产业，实施重大文化产业项目带动战略""以文化企业为主体，加大政策扶持力度，充分调动社会各方面的力量，加快建设具有重大示范效应和产业拉动作用的重大文化产业项目。"各地文化产业发展也正紧紧依托本地区文化资源，以项目建设为中心，通过项目融通资金、集聚人才、引进技术，努力将资源优势转化为产业优势，推动文化产业向规模化、特色化、专业化方向快速发展。

第一节 项目基础创新

文化项目往往起源于一个好的创意，"超级女声"的概念和"想唱就唱"的鲜明主题就确定了"超级女声"项目的基本内涵。项目的策划是项目的创意过程，必须围绕一个核心的理念把各种要素组合起来，将好的创意转化为切实可行的商业模式。

一、创意创新

在社会上，随着文化创意概念的流行和媒体的大力宣传，人们对文化创意的了解也越来越多，文化创意领域的成功案例一次又一次激发起人们创业的热潮。然而，任何一个成功的文化创意都是经过合理的项目策划与严格的项目管理并按步骤进行的。

项目策划与项目管理文化创意大致包括以下几种：

品牌营销类创意；

娱乐产业项目类创意；

节庆会展类创意；

活动类创意；

设计类创意。

进行以上创意，不能凭空想象、闭门造车。

首先，创意需要充足的准备。创意是在收集大量资料并充分消化的基础上，根据相关经验的积累，通过创造性的思维，对已掌握的知识进行重构的结果。创意在酝酿阶段需要积累大量的材料并做好知识的准备工作。收集资料可以帮助进一步明确需要解决的问题，为创意思考提供素材。知识的准备既要能够满足解决当前问题的需要，又要能够为未来的创新奠定基础。资料的收集和知识的准备，也不能临时抱佛脚，平时要有丰富的积累。创意不会脱离个人的经验而产生。经验表明，几乎所有的创意限制都来自创意人员在经验上的不足。激进的创新有许多甚至大部分是经验知识的产物。虽然经验所带来的创新往往强而有力，但从经验转变为创意，通常需要一个漫长的过程。当然，经验有时也会限制人们的创意思维。任何创意人员都不可能保持时时有创意，但对相关信息、知识和经验的积累，对于启发新创意十分重要。根据已有信息和经验提出问题，是对旧图式的怀疑、扬弃和否定，是创意生成的原点。认识能力、远见卓识、实践能力、创造能力之间是相互联系、相互影响的，把这些因素有机地结合起来，就形成了创新人才所必须具备的智能系统。

其次，创意来源于长期思考和研究。爱因斯坦说："提出问题往往比解决问题更重要，因为解决问题也许仅仅是一个数学上或实验上的技能而已。"而提出新问题、新的可能性，或从新的角度去看旧的问题，都需要有创造性的想象力。在提出问题阶段，需要创意者集中精力，把所搜集的资料加以咀嚼、消化，使意识自由发展，并使其结合、围绕问题进行综合思考，在否定旧图式的基础上建立新图式，并使新图式以"鲜活的结合和全新的关系"的形式出现。之所以有的人创意多一些，有的人少一些，那只是他们各自的思维过程不同，专注程度、思考深度、思考广度、对信息的分析界定方法不一样而已。许多创意企业都设立正式的研发部门来激发、发展创意。有些企业以两个层级来支持研发：企业整体层级与业务单位层级。一般来说，企业层级的研发致力于激发创新，并研发技术供各业务单位使用，而业务单位层级的研发重心则在于短期内能使单位直接获利的渐进创新。在这一过程中，需要创意者运用创造性的思维，尤其不应该忽视直觉的作用。这一阶段也是创意的潜伏阶段，当创意者苦思冥想而不可得时，可以适当放松，以等待灵感的来临。

最后，创意来源于顿悟与灵感的爆发。一切创意的产生，都是在偶然的机会中突然发现的。在创意生成阶段，一般创意者会出现突发灵感的现象，表现为新图式的轮廓在意想不到的瞬间突然在脑海里闪过。灵感是创造性思维过程中认识发生飞跃的心理现象，其外在形态是对问题突如其来的顿悟，具有非预期性和转瞬即逝性。杜威说："灵感是现实中长时间慢慢培养成的东西，当旧的东西与新的东西碰撞时，在潜意识中开始进行再整理，那简直就像天空的星星闪烁一样敏捷，没有预期地突然得到了调和。"创意离不开灵感，灵感突现是创意产生的必经阶段，也是关键的一环。创意者在艰苦的思索过程中，当问题百思不得其解时，最好把苦苦思索的难题放在一边，放松精神，做一些可以激发想象力的其他事情。环境的转换对灵感和创意的生成往往有着奇特的效果。现实中的大量案例也证明如此。场景的转换往往带来思维的转换，从而促使灵感产生。这一过程实际上是创意从量变到质变的过程。

用王国维的话来总结创意的过程就是三个阶段：从"昨夜西风凋碧树，独上高楼，望尽天涯路"到"衣带渐宽终不悔，为伊消得人憔悴"，再到"众里寻他千百度，蓦然回首，那人却在灯火阑珊处"。

随着现代科学技术的发展，许多大型复合创新项目的实施越来越困难，往往更需要经历复杂的程序和过程，需要调用单位乃至社会和国家的资源，需要严格和复杂的社会分工。明白了个中道理，个人、单位和国家都应该采取行动。

二、策划立项创新

在竞争日趋激烈的市场上，文化产品的更新速度越来越快。文化企业要想长久地占领市场，仅靠现有的产品是绝对不行的，必须通过不断更新项目产品、推陈出新，才能适应不断变化的市场需求。

项目新产品一般是指具有新功能、新特色、新结构或新用途、能够满足消费者文化新需求的项目产品。具体来说，项目新产品有以下几种：(1)全新产品，是指项目应用了新原理、新工艺、新材料和新技术，推出市场的前所未有的文化新品。项目全新产品往往需要培养消费者新的消费观和消费方式。(2)换代新产品，是指项目对市场上已经出现的文化产品在结构和性能上进行部分改变而形成的产品，使原有的文化产品的性能得以改变和提高，更好地满足人们新的文化消费需求。(3)改进新产品，是指项目对现有文化产品的质量、性能、材料、款式和包装等方面进行改良之后推出的文化产品。(4)仿制新产品，是指项目依照市场上已有的产品，通过借鉴一些文化产品典范，并结合自身情况加以模仿生产的文化新产品。

项目新产品开发的难度很大，但新产品的开发又直接关系到项目的成败。为了降低失败的风险，项目新产品的开发应按科学的程序进行。以下就是可以将创意转化为商业模式的流程，可以参考。

程序1：考虑赢利点

你必须卖点什么，否则项目永远只是项目，而非可赢利的“产品”。也许你会认为互联网行业有那么多风投公司关注着，一个项目便能为你带来大量资金，所以不需要关注赢利点。但这只局限于发达国家和地区，并且获得投资的也只是大浪淘沙剩下的极少数公司。即使你有大笔资金创业，你要思考的第一件事情便是如何赢利。

程序2：打造一个能用来直接或间接赢利的产品

这是程序1的延伸，客户如何用你的产品获利？两个主要的方式如下：成为你产品的经销商；成为你产品的受益者(例如当你的产品是网站设计工具或SEO效果分析工具或是能替代一些不必要的劳动力时)。

程序3：用你熟悉的知识打造产品

优酷、土豆之所以还活着，是因为中国特殊的国情；在美国，想创立打败Youtube或是Basecamp这样的创新型公司是几乎不可能的。创业者们有着各自不同的兴趣、出身和专业背景，这些元素都应当利用起来。另外一家创新企业PlanScope是个典型例子，它与Basecamp功能很相似，但创业者因为觉得Basecamp不符合自己要求，才设计了这个方便而透明的协作平台。

程序4：提高用户体验和黏着度

如何检验创意够不够好？真正好的创意是这样的：创意转化成产品投入市场后，用户一旦使用便无法脱身。怎么做到这点呢？以需求导向为设计模式，什么产品能为客户解决他们遇到的问题、让生活变得简单，就设计什么产品，并且让产品变得不可或缺——客户离开产品后原先的问题会回归，或是有新的问题产生。

程序5：改善用户的商业模式

读完程序4，你也许会觉得思路无法开展，所以有了程序5。一个简单的、让产品变得不可或缺的方法是，观察潜在用户的商业运作模式中有哪些步骤或程序可以简化、自动化或是消除，然后帮助他们改善。

程序 6:简化销售过程

传统销售需要人与人接触，包括多次握手、开会、座谈等，在这一过程中，交流才是销售过程的重点。例如汽车销售，购买者需要经历烦杂的过程、办理许多手续之后才能拿到车。信息社会，销售的简化包含许多方面，例如在线销售，阻碍在线销售进程的问题有许多，时差、支付手段、对于产品的了解等，对于这些问题你应该设计出对应解决方案，如雇用员工轮班、对员工进行产品介绍的培训等。

程序 7:适时采用高新技术

这一点比较复杂，我们可以举个反例说明——团购网站 GroupOn 公司目前有上万名员工，原因在于:大量订单导致公司对销售人员的“硬性需求”。GroupOn 对于工作量增大的解决方案很简单粗暴——雇用更多员工。它没有使用任何自动化解决方案，所以它的资产负债表让人觉得整个公司岌岌可危。

科技发展为互联网行业提供了许多降低成本和工作量的方案，可以说，方式方法正确，便成功了一半。

程序 8: 减少对其他产品或服务的依赖

以依赖论坛的产品为例，建立一个论坛很难，建立一个让用户乐于发言的论坛更难，建立一个能吸引大量活跃用户的论坛非常非常难。

如果你的产品走势和论坛运营状况挂钩，你受到的限制就很大，你必须保证论坛运营状况良好。而现在许多产品都依赖这样那样的其他服务，如果无法掌控这些服务，怎么能保证产品的未来?

不过，文化产业的魅力在于没有固定规则，你大可以大胆发挥想象，走自己的路。

第二节　项目经营创新

项目经营创新是一个在市场上创造和产生新的客户价值的过程，就是通过新的理念来实施项目的新产品、新渠道、新的商业模式、新的管理方式、新的组织架构等多方面的策略，来为客户和企业创造新的价值。经营创新的本质是要为客户与企业解决问题，要能够有助于提升客户企业的竞争力和利润来源。经营创新是实现企业战略的保证与手段，是统帅企业一切经营活动与营销工作的灵魂。

一、项目运营创新

只有与商业流通紧密结合并落实到市场需求上的创意，才是具有价值的创意。文化产业项目运营创新的宗旨也应是发生在项目组织内部，但却是围绕项目在满足市场需求上的商业价值最大化来进行。

项目运营创新具有以下特征：

第一，它所强调的并不是“改变”的内容，例如新产品、新制度等，而是创新精神和变革的实践，是促成、实现新事物的过程。

第二，运营创新依赖于企业中人的能力与素质。运营创新的初始阶段通常只是一种思想，甚至只是人的一种灵感或直觉，要依赖创新者的不断探索与实践，才能逐渐成熟，形成创新成果。具有创造性思维和实践精神的人才是企业进行创新的基本力量和重要储备。

第三，运营创新是企业管理能力的综合体现。管理者担负着经营创新的重大责任，要能够将创新培育成企业精神，形成有利于创新的环境和气氛，以激发、引导并实现有效的创新。

第四，运营创新包括企业经营管理活动的各个方面的创造和变革。它并非都是大型研究项目、整体的改造和重大的技术突破，也不一定需要严密的科学论证、系统设计或完整的计划。有时只是针对经营中存在的问题，通过创新思维，采取别人意想不到的新点子，不必耗费多少人力、物力也能进行有效的创新。这一创新可以从以下四个方面来思考：

A. 项目运营创新的主要内容

(1)组织管理与制度的创新

(2)经营目标与战略创新

(3)产品与技术创新

(4)营销方式与策略、手段创新

B. 创新型领导者必备业务

(1)预见技能。对经常不断变化的内外环境能深谋远虑。

(2)想象技能。运用说服和榜样诱导下属按照领导者或整个组织的意图行事。

(3)价值综合技能。把员工在经济、安全、心理、精神等方面的需求统合起来，使大家有共同的动机、价值观和目标。

(4)授权技能,乐意并且有效地与下属分享权力。

(5)自知或反省技能。既明了自己的需求与目标,也了解下属的需求与目标。

C. 创新型人才

一般认为成功的创新者大多具有以下特征:

(1)思想活跃,具有丰富的想象力。他们对新事物反应敏锐,或者说是一些"追求梦想"的人。

(2)果敢坚毅,富于冒险精神。他们偏爱挑战性的工作,不怕失败和挫折,能够坚持不懈地追求目标和成就,是一些不达目的绝不罢休的人。

(3)满腔热情,充满献身精神。他们干劲十足,能够全力以赴地大胆探索与试验,对工作执着,常常被人称为"工作狂"。

(4)突出自己,富有竞争精神。他们喜欢自行其是,厌恶循规蹈矩,或者说是一些"蔑视直接的命令、刻板式的计划和程序,酷爱按自己的构想办事"的人。

D. 创新的环境

主要包括以下几个方面:

(1)树立职工的主人翁地位感。

(2)放松控制,鼓励创新。

(3)容忍失败,鼓励试验和冒险。

(4)建立鼓励创新的机制。

二、项目商业模式创新

一个项目的商业模式,如果创新得好,可以改变很大一部分人的命运,对文化产业项目来说,其核心资源——人文资源是可持续利用的。因而可以说,好的项目商业模式创新是造福千秋万代的事业,因此值得好好探究。下面我们以"创新工场"为例来探究项目商业模式该如何创新。

在国内的互联网界,诸多大家都熟悉的互联网公司背后都有创新工场的影子。在创新工场创始人、董事长兼 CEO 李开复的带领下,其成员由开始的 4 名创始人发展到 4500 多人,其业务从培育"点心"到支撑起了碗豆荚、墨迹天气、极路由、知乎等 130 多家初创企业,其海外业务也不断扩展,到 2013 年就投资了 18 家硅谷的公司。

2009 年 9 月,"创新工场"在北京成立,它致力于早期阶段投资,并提供全方位创业培育。创新工场董事长兼 CEO 李开复博士在北京被授予"中关村高端领军创新人才"称号，这个创新人才为我们打造出的运营创新模式就很值得文化企业借鉴和学习。

李开复创立"创新工场"的初衷是"把风险投资和帮助中国的年轻人结合起来，建立一个青年创业平台"。他想要和中国青年人一起，打造新的技术奇迹，用自己的主动性做一些技术创新的工作。上世纪 90 年代，在麻省理工学院念博士的张朝阳看到了"硅谷"式创业的成功，于是他联系到了 ISI 公司，想做中国在线(China Online)，ISI 总裁与张朝阳一拍即合，于是融资 100 万美元给他；后来，张朝阳又陆续找到了三个投资者，在 1998 年 2 月正式推出了第一家全中文的网上搜索引擎搜狐(Sohu)，后来成功在纳斯达克(Nasdaq)上市。这样"一个故事换一笔投资"的神奇之事，被称为"天使投资"的典型代表。它鼓励着无数想自己创业的人，很多人都梦想着这样的好事降临到自己头上。然而，十年之后，大多数风险投资者仍然喜欢投资于一些已经初具规模的小企业，对于像当年张朝阳这样仅有一个商业理念的创业者，还难以找到他们的投资人。

"创新工场"的横空出世是一种新型的商业模式。与先前那些单纯的天使投资形式不同，李开复形容这是"天使投资＋创新产品"的组合。在创业的早期阶段，他就会全面参与，以自己的眼光去选项目，评估并培育项目成长，采用"教练加媒人"的办法，不断融资，让创业团队能尽快成形，并迅速在市场上取得成功。"整个公司的运作理念是(天使投资＋创新)×规模化。"李开复介绍，其运作模式大致为：招聘一批优秀创业者和工程师，在其带领下，开创出具有市场价值和商业潜力的项目，并进行研发和市场运营。当项目成熟到一定程度后，自然剥离母体成为独立子公司，直至最后上市或被收购。"创新工场"将直接雇用 110 名员工，除去财务、人力资源等职位，大约 100 人就是预备培养成"运营高科技公司精英"的苗子。每年公司员工将通过"头脑风暴"的形式，挑选 20 个值得尝试的创业创意，再从中挑出 10 个有潜力的创意促成开发项目，最后从中筛选出 5 个公司。新公司一旦成立，将脱离"创新工场"，而李开复会继续帮助其找到风险投资，同时"创新工场"也会继续招聘员工弥补空缺。

"创新工场"还提供了丰富的后援服务，为其培养的企业提供法律、财务、机房、共享的软件平台和模块，还有搜索引擎优化等服务；最重要的是，"创新工场"能招到最好的工程师，搭配互补的团队，增加了成功的概率，也加快了产品的开发。李开复和团队会指导、培养他们，除了自己做创业教练外，投资人(如柳传志、俞敏洪、郭台铭、陈士骏等)也会抽空来指点公司的精英团队。在"创新工场"股东之一、富士康集团董事长郭台铭看来，"创新工场"本身并不是工场，而是对人才的储备。刘宇环创立的美国中经合集团是“创新工场”的牵头投资者。刘宇环对李开复“创新工场”模式的评价是“符合中国目前特色的孵化器”。他说，国内一些科研成果不能转化主要是缺乏资源、专业支持和经验，“创新工场”的经营模式基本把这些问题都解决了。而李开复似乎想得更远，他认为，即使“创新工场”无法轻易孵化世界级的公司，也能为中国留下巨大的创业人才这一宝贵财富。“我最大的目标是培养出至少一个拥有国际品牌的公司。如果这个目标不能实现，只要我能培养出 500 至 1000 位懂得运营高科技公司的精英，也算是一项成就。”

李开复的创新运营模式首先是他有一个伟大的价值观：孵化世界级的公司，为中国留下巨大的创业人才财产。那些伟大、持久的公司，都是扎根于一套核心的价值观：为利益之外的追求而生存，并能以内生的力量不断自我更新。它们建立起一套价值和行为标准，并让人有种急迫感去实现它。例子很多，如沃尔玛强调顾客是第一位，迪士尼则追求让大家欢乐，为儿童带来欢乐，制造欢笑和令人感动的能力。

其次，“创新工场”抓住了一个比较广泛而迫切的市场需求：年轻人在创业上的资金和专业引领需求，从资金到产品，从营销到风险控制，李开复的“创新工场”提供了一体化的解决方案。这一模式对文化产业项目的启发是：项目运营要突破以往以商品交易为主的商业模式，涵盖行业的整个产业链，并且将市场延伸至其他相关领域，构成立体式的专业市场创新模式。

2014 年 9 月，@投资界微博关于“创新工场”的描述写道，“创新工场”在美国的合伙人易可睿对其在美国投资的逻辑和目标市场是这样的：和“创新工场”在中国投资整个产业链及生态圈的做法不同，在美国，其投资的产品主要分布在开发者工具、B2B 的效率工具、物联网和在线教育四个领域。在有创新潜力的领域，易可睿非常看好针对蓝领工人的业务培训市场，因为这样的培训将帮助失业人员重新找到工作。

三、市场营销模式创新

文化产业项目要成功走向市场，必须具备与其他项目竞争对手展开市场竞争的条件和能力。这就需要在市场营销模式上进行创新。这里的创新是多方面的，不仅指产品，还包括营销策略、实践精神等诸多方面。在产品上，中国的企业不注重技术研究和新产品开发；在营销策略方面，中国企业只简单照搬书本或者别人现成的东西；在实践精神上，中国企业害怕失败、不敢冒险。时代在发展，所有的东西都在更新，消费者也在变，没有创新就没有企业发展的原动力。

(一)市场营销模式创新的途径

1. 研究竞争对手,做一个超越型的追随者

企业要想快速成长,最好的办法是踩着竞争者的肩膀前进。事实上,只有极少数的企业能够发明全新的产品,绝大多数的企业只是在研究竞争对手的基础上改进并延续他人的创意。苹果的 iPod 并非第一款 MP3 播放机,它之所以能够取得惊人的成功,主要是苹果公司对其充分融入了新的特色,使其具有创新性。百事可乐公司对于可口可乐的研究也是如此,可口可乐是领跑者,百事可乐是跟随者。作为跟随者,百事可乐总要多付出一些,百事可乐深知可口可乐深度分销的模式就是自己要沿袭和依照的模式。据此,百事可乐经常不惜双倍的价钱去争取一个零售终端,因为百事可乐知道,只有这样,自己才不会落后。因此,仔细研究竞争对手是企业营销创新的第一步。

对每一个文化产业项目组织来说,营销市场上的竞争对手和数量都是不同的。文化产业项目组织参与市场营销竞争是一个主动的行为过程,但其市场营销的成效和结果如何,则取决于外部竞争环境和内部竞争力量的综合反映。因此,文化产业项目组织必须全面分析制约和影响市场竞争能力的要素。分析文化产业项目营销市场能力大小的常用方法是迈克尔·波特提出的"五种力量竞争"模型,即对行业内现有竞争对手的竞争力、供应商的讨价还价能力、购买者的讨价还价能力、新进入者的威胁和替代品的威胁这五种竞争力量的确认和评价。

2. 购买技术和创意

公司可以从外部买入专门的技术和创意来帮助其开发新产品,而不是单单依靠公司内部的人才。

3. 强化系统整合的营销思维,完善企业营销结构

所谓系统整合的营销观,就是指企业不能就营销论营销,要将营销放到企业整体的经营框架与营销环境中进行统一思考和把握。文化企业要进行持续而深入的营销思考,把创新贯穿营销的每一个环节,可以从以下几个方面进行:

(1)差异化营销

项目组织通过精心设计、开发和生产经营等工作,使自己的项目产品或服务明显区别于市场竞争对手的产品或服务,从而吸引顾客,实现竞争目标。

(2)目标集中

项目组织在详细分析市场内、外环境的基础上,必须针对特定的顾客群、产业内特定的细分市场来开展项目的目标市场营销活动,以集中发挥项目组织优势,赢得竞争优势。

(3)产品延伸

项目产品延伸即项目关联产品的研发,它包含了项目产品之间的关联层次和关联程度,也包含了对项目产品资源的深度开发和有效利用,最终形成的是有一定规模的良性循环的共生互利的项目产品产业链。

(4)产品扩展

项目产品扩展一方面是指项目产品组合广度的扩大,即增加项目产品线,扩展项目产品范围;另一方面是指拓展产品组合的深度,也就是增加项目产品的品种规格,满足消费者更多的精神和心理需要。

(5)根据需求导向定价

文化产业项目组织可以根据市场需求状况和消费者的不同反应,分别确定项目产品价格,其特点是平均成本相同的项目产品价格会随着市场需求的变化而变化。

(6)产品和服务分销渠道

文化服务分销渠道是指,绝大多数文化服务项目可以在同一地点和同一时间进行直销,这样才可能使项目获得利润。

总之,文化产业项目市场推广与营销应围绕产品策略、价格策略、分销策略和促销策略来进行创新。文化产业项目组织要确立现代营销理念,善于在竞争的市场环境中确定项目产品营销战略,在充分调研认证的基础上,根据总体项目目标,制定具体的项目产品营销模式。尤其要注意根据市场需求的变化,调整和开发项目新产品,努力实现由以生产者为中心向以消费者为中心的转变。

思考题

1.项目新产品有哪些?

2.在项目新产品立项后,如何将创意转化为商业模式?

3.项目运营创新需要哪些条件?

4.项目市场营销模式创新有哪些途径?

第五章 文化产业集群化商业模式与创新

本章提示

集群化和规模化是知识经济时代产业发展的趋势。建设文化产业集聚园，就是以产业集聚的方式来推动文化产业发展。文化产业作为知识经济的核心产业，不仅需要个体设计师、艺术家的灵感和创造，更需要集体的互动和企业的空间集聚，从而带来信息交流、人才汇聚和创意的激发。发展文化产业集聚群，是各个地区建设特色文化产业集聚群的必由之路，也得到了中央政府的认可和支持。例如胡锦涛在党的十七大报告中指出，"大力发展文化产业，实施重大文化产业项目带动策略，加快文化产业基地和区域性特色文化产业群建设，培育文化产业骨干企业和战略投资者，繁荣文化市场，增强国际竞争力。"其中，文化产业群就是走以文化产业集聚园为核心的产业战略。

第一节 整合资源，利用集聚优势

产业集聚，指的是在一个较大的区域内，大量产业联系密切的企业以及相关的支撑机构高度密集地集聚在一起。产业的空间集聚形式能够发挥很强的群体竞争优势和规模效益，进而极大地促进产业的形成和壮大，提升区域竞争力。

以产业集聚为特色的文化产业园区最大的先天优势就是促进资源整合，营造文化创新氛围，实现科技、人才、企业等多方面要素的集聚。目前，文化产业园区越来越成为高端文化创意人才和文化创意作品的汇集中心以及思想交流中心，它使得人才、技术、资本、市场等要素充分聚集，发挥更大的效益。大部分文化产业集聚群依托园区发展，为资金、土地、人才、信息、技术等多种资源在一定范围内的有效聚集提供了良好的环境。北京、上海、南京、济南等地都已经或者正在准备建立一批创意产业发展园区，这些园区很多都是依托现有的企业集聚区建立起来的。

一、整合利用资源优势

中华民族具有得天独厚的历史文化资源和特色鲜明的地域文化资源，文化产业园区将市场化和产业化的机制引入文化资源的传承与开掘中，这些机制极大地提高了文化资源的整合程度，从而使得独具特色的文化资源在产业化过程中不断迸发出新的生命力。

除了固有的资源，在充分利用相关政策的基础上，还要整合学术优势和科技资源，才能建立起“产业集聚＋产业服务＋产业投资”的产业集聚区。

资源决定商业模式。对于文化产业来说，资源整合型的商业模式的主要特点是善于利用各种有形的和无形的资源，并可以细分为如下几种类型：

第一，行业总部集聚。该商业模式的重要作用是集中各地同类相关企业资源，壮大园区产业规模和产业配套，从而为产业要素相关联的各企业提供运营的基本平台和公共服务，发挥集聚和孵化功能。企业总部集聚有时可以结合体验平台进行，如音乐产业集聚园区中的音乐活动体验等。

第二，借东风。此种商业模式在于利用强势资源，适合在创业阶段的企业或者中小文化企业把握商机、顺势而为。某些强势文化资源或者品牌活动，往往可以产生巨大的溢出效应，其周边领域通过借势经营，可以轻而易举地获得较大收益。例如，中信体育下属公司承接鸟巢的经营与维护，凭借鸟巢的旅游热而获得巨额收入；电视转播以及借助体育赛事的体育旅游等都是搭便车的商业模式。当然，搭便车也可以体现为某种营销方式，像普遍流行的植入式广告就是如此。

第三，整合用户资源。随着信息技术的发展，许多消费者之间互动交流的活动可以使第三方持续获得收益。博客、微博、Facebook、Twitter、文学网站、社交网站、手机小说以及手机短信等等，促进广大消费者之间的互动并赋予产品丰富的内容，从而扩大增值空间、吸引广告，成为许多相关运营企业收入的主要来源。

第四，独特资源。独特资源就是无人竞争或者较少人竞争的资源。如独一无二的自然生态文化和历史文化遗存等，对其进行包装，可以带来某种持续性收益。比如少林寺周边的若干所武术学校，可以利用少林寺和少林文化这一历史遗存和品牌影响力，形成集聚式发展。再如莎士比亚所在的小镇，全面经营与莎士比亚有关的各类文化产品、旅游和活动。大家熟知的湖南韶山冲也有类似的情况。

第五，已有资源的品牌创新。这种商业模式重在实现传统资源的创造性转化，即传统内容和现代大众娱乐消费方式的有效结合。人们熟知的好莱坞借用中国文化元素拍摄《花木兰》《功夫熊猫》等是较为典型的例子。另外，荷兰某个村庄被包装命名为圣诞老人村，当地人通过开发圣诞老人这个大众熟知的品牌来吸引游客和开发、销售系列产品。

第六，资源嫁接。即借助某种渠道把同一种资源移植到别的对象身上，创造出某种新的赢利点和竞争优势。比如为外国游客策划专题京剧演出，使传统国粹与国外文化相融合，从而焕发出新活力。

第七，资源捆绑。即联合某些内容资源和平台资源，通过优化组合的互动效应，创造或者延展盈利空间。央视体育与中国武术职业联盟共同打造“武林大会”就是一个成功的例子。目前，武林大会已经举办梅花拳、五祖拳、八极拳、形意拳、太极拳等多种赛事，中国武术职业联盟将把中国传统武术文化运作成为国际知名的赛事品牌。

第八，互换资源。不同的项目基于不同的定位会产生不同的资源需求，如果能够把相关的资源需求进行某种交换，可以实现互利共赢的结果。

第九，提供特殊服务。有些特殊资源（特别是无形资源）可以通过增加创意元素，使其具有消费服务的价值，如利用某种宗教文化举办各类文化交流活动、宗教艺术旅游、三国文化之旅、民族寻根活动等，就是特殊服务的商业模式的具体运用。

第十，专业服务平台资源。该商业模式要求平台必须具备一定的规模。这些为专业化活动提供服务的平台，可以通过收取各种租赁费等方式获得收益。如为影视拍摄提供各种综合服务的横店影视基地、怀柔影视基地等，都可以从综合服务中获得收入。

第十一，提供基础设施。很多短期性的文化项目需要的基础设施建设成本较大，项目经营者宁愿选择租赁等方式来降低资金压力和风险，这时，基础设施的提供商，如设计和建设电影院、剧场、球馆和球场、娱乐场馆等，就可以通过租赁服务等产生规模化的收益。

第十二，复制资源。该商业模式既包括艺术作品的复制与模仿，也包括某些活动或节目的复制与模仿。前者比较典型的情形是一些艺术创作基地可以采取借鸡下蛋的方式，获得生存和发展的空间。例如，博物馆的名画复制是国内外普遍的经营方式。再如，深圳大芬油画村是一个以油画生产、销售及相关配套产业为链条的艺术市场，主要依靠仿制获得规模化经济效益。后者如超级女声、达人秀等对于英美娱乐活动的模仿,各地庙会、啤酒节等之间的相互模仿等。不过,在复制与模仿中,一定要遵循国际惯例和国家法律,处理好相关的知识产权问题。

第十三,跨界融合。跨界是文化产业强强联合,提高竞争力的必然趋势。美国苹果公司在这方面堪称典范。iPod 时代,苹果推出 iTunes 音乐商店,为音乐下载解决了收费问题,用户们乖乖掏钱,苹果公司在帮助数字音乐赚钱的同时,自己也收益不少。iPhone 时代,苹果 App Store 为程序员们的代码开发解决了收费问题,其实也是让更多的程序员为苹果赚钱。更重要的是,苹果打通了移动互联网盈利的路径,从一个硬件设备供应商转换成了移动互联网平台运营商,通过维系用户和应用商店之间的通道,开辟出一条源源不断的财路。

第十四,利用政策资源。政府出台的政策往往具有重新分配资源、改变市场格局的作用,因此利用政策资源成为不少文化企业经营者普遍采用的一种商业模式。例如许多小的影视公司专门拍摄政府出资的各类宣传影视片,或者有些动漫公司依靠政府补贴或优惠措施,以及部分地区采取互换需求的方式,免费给政府建设博物馆获得周边地产开发权利等。由于目前文化产业属于受扶持的新兴产业的范围,政府仍是重要文化政策的制定者,政府作为第一推动力的作用不可或缺,因而估计这一类型的商业模式将持续很长一段时间。

需要补充说明的是,在整合资源的商业模式中,有时企业由于过于依赖某些外部资源,或者缺乏自主创新能力,可持续发展的空间相对较小,企业在利用资源时还要开辟具有自主知识产权的领域或者将资源转化为知识产权。

二、利用科技创新商业模式

科技与文化产业的互动发展是一个重大课题。21 世纪,文化产业集群发展的一个重要趋势是依托科技研发基地,形成文化+科技的研究开发和生产贸易优势。大量统计数据表明:创意文化与技术的互动和创新,是推动产业发展的有力杠杆。

在目前的中国文化产业领域,科技进步的贡献率相对有限。鉴于此,提高科技进步的贡献率,把内容创新和科技研发结合起来,特别是与科研基地相结合,提高文化产业集群的科技开发能力,已经成为文化产业集群发展的重要选择。

1. 集聚文化资源与信息技术,优化结构层次

科技与文化内容结合进行创新,能不断拓展文化产业新的发展空间,构建新兴的

文化产业链。新技术催生的文化产业中的诸多新兴产业呈现出“族群”式发展的趋势。如电脑的普及应用让电子出版、数字音乐、电脑软件服务、数字电影等新兴文化产业获得了强大的生命力，继之出现的互联网则塑造了网络游戏、网络广告、流媒体点播、音乐视频下载服务、软件服务、博客、播客等新的文化产业门类。如今正在形成热潮的则是以手机为用户终端的彩铃、彩信、WAP、移动博客、手机报纸、手机电影、微信等服务，此外还有动漫、卡通等融合了多媒体技术的产业类型。正是因为高新技术和文化产业的高度融合，使得文化产业产品的增值能力倍增，也使得文化产业链由原来单一的延伸模式变成了充分利用数字化网络媒介的多功能立体文化平台，形成高技术、集约化的当代文化产业形态。

文化资源与信息技术的整合，能促进产业的新陈代谢，使之保持发展的活力。随着信息社会层次的不断提高和数字化汇流的逐步深入，有些目前尚没有形成足够力量的新媒体产业类型将会逐渐壮大，同时另外一些产业可能会慢慢退出历史舞台或者被其他产业所取代，但是新媒体形成的许多新兴门类在文化产业总体中一定会占有越来越显要的地位。

另外，就创作而言，一个好的文化资源或优秀创意要转化为相应的文化产品，必须借助一定的手段进行表达。现代科技可以使创作思维中的无限想象转化为更加丰富的场景，催生出新的表现形式。现代科技的进步，打破了以往传统表现手法的障碍，为那些天马行空般创意的实现提供了强大的技术支持和手段，极大地丰富了文化产品的表现方式。同时，科技创新本身也在不断激发着文化创作者的创新意识和创新思维，催生出更多丰富而具有想象力的文化表达方式、表现形态和全新的文化媒介。

总体而言，现代科技对促进文化产业整合、重构和产业结构升级功不可没，它为文化产业带来的是整个文化产业生态系统的演进和更新。从发展趋势看，文化产业正在逐渐成为一个将文化、创意、科技等元素深度结合的新型产业形态，产业结构也随之不断优化和完善。

2. 加大政策扶持，促进优势资源向科技型文化企业聚集

从政府方面来说，政策扶持与指导是文化产业发展的先决条件，在国家与相关管理部门已颁布的文化产业政策指导文件的基础上，要加快推进文化产业科技专项发展战略规划等政策的制定与实施，为文化产业科技领域提供有力、稳定的政策支持。根据世界文化产业发展的趋势和我国国情，文化产业科技发展的优先领域包括了广播、电影、电视技术、现代出版印刷技术、电子出版物与数字图书馆技术、文化设施技术集

成体系等。因此，提升这些领域的科技实力应该成为我们的工作方向和主要目标。

对于科技型文化企业特别是高科技文化企业，它们最迫切需要的是在促进文化产业科技进步的政策环境和支撑条件上有所突破，在财政支持、税收优惠和工商管理等方面有足够的扶持。要进一步制定政策引导高新技术进入文化领域，促进科技成果向文化产业转化，把文化产业科技支撑研究纳入国家的重点研究课题；加快建设一批文化产业科技示范基地，加大对重点文化产业科技项目的推介、评选和奖励，以鼓励更多的科技型文化企业加大科研投入和成果转化；对高科技文化企业给予更多的优惠政策，可设立各类文化产业科技创新基金用于推动文化产业朝高新技术方向转型；针对中小科技型文化企业的发展，进一步细化有关政策，逐步化解融资难等问题，更好地激发中小科技型文化企业的市场活力。

3. 培养高科技人才群

高科技为文化企业发挥引擎作用，最根本在于人。科技人才的短缺是当前我国文化产业科技水平较低的主要原因之一，如果人才问题不能很好地解决，实现文化产业快速发展将成为空谈。为此，我们应加强各类专业人才培养和引进机制的建立，培养文化产业的高科技人才群。

首先，要从生产、经营、管理中选拔经验丰富、有培养前途的中青年技术人员，向社会招聘各行各业中有真才实学的设计人员；通过定向培训，提高在职技术人员的业务能力；要整合高等院校、科研院所及社会力量等资源，加紧推进文化科技人才的培养，急用先学，为我国文化产业造就一批专业扎实、思维创新、作风过硬的科技研究与应用复合型人才。

其次，要改进培养方式，拓宽培养渠道，建立长效的人才培养机制，积极储备高素质的文化产业科技人才后备队伍；推出更多的优惠政策吸引国内外高层次科技人员，积极投身国内文化产业科技事业的建设发展，尤其是要引进投资、资本运作、经营管理类高层次人才。

最后，还要不断营造有利于发挥各类人才才智的生存发展环境，完善科技人才考评管理机制，建立文化产业人才数据库；探索、实施在文化企业改制中对高科技骨干等人才的持股、参股、配股等奖励政策。

总之，我们应当学习西方文化企业先进人才的培养机制，采取一切积极措施，培养一大批优秀的文化科技人才，为文化产业实现可持续发展提供智力支持。

三、集聚文化资源创新产出平台

曾有经济学家指出，好的产业生态环境必然是产业规模大、市场化程度高、社会化服务精良、产业链发育成熟的产业集群，与高科技领域的许多产业形态一样，对于需要某些资源基础才能实现相应的经济效益和社会效益的文化产业来说，产业生态环境尤其重要。

总体而言，文化产业的发展需要在一定的文化资源上进行创新，或者说转换某些文化资源。我们这里所说的文化资源，不是传统意义上的历史文化资源，而是为发展文化产业所需要的文化创意能力、经济条件、文化事业资源、人力资源、文化元素、技术表现等方面的内容，也包括创新能力方面的要素。通过创新来构造新的产业平台，是文化产业资源拓展的基本路径。易言之，创新是思考“文化资源”的重要视角。

1.精英文化的资源转化

精英文化是与大众文化、平民文化、草根文化、山寨文化相对应的一种文化现象。西方社会评论家列维斯认为，精英文化以受教育程度或文化素质较高的少数知识分子或文化人为受众，旨在表达他们的审美趣味、价值判断和社会责任。形象地说，精英文化是促进学术水平和精神境界提升的文化，而大众文化是满足基本文化需求和娱乐休闲的文化。

精英文化和大众文化并不像表面那样是对立的，而是相辅相成的。好的精英文化能够不断将学术成果转化为提升大众文化的力量，好的大众文化将不断推动精英群体关注普通百姓的文化需求。就拿青少年来说，他们既需要精英文化的引导，也需要大众文化的滋养。精英文化和大众文化是文化的两翼，精英文化的发达和大众文化的繁荣是相互促进的关系。在二者结合的环境下，精英文化有助于保持对大众文化的激励和引导，不仅可以提供源源不断的优质文化资源，还可以保持文化资源中的高品位和创新性力量。

精英文化与大众文化并不矛盾，发挥精英文化的引导性并不意味着用精英文化的眼光去否定大众文化。当前，一些精英分子唯西方学说马首是瞻，将自己局限在小圈子内，往往只考虑自己的文化感觉，缺乏对大众文化生活的了解和关心，结果导致学术研究成果难以转化为社会文化的引导性力量。如果社会精英不去关心普通百姓的疾苦和幸福，那么也就失去了这一群体所应有的经世致用的社会使命。

精英文化在资源创新上应该借鉴大众文化的通俗表现形式来表现深刻的思想内

涵,少一些抽象主义和形式主义,这样才能比较容易让大众接受。作为社会的中坚力量,面对大众文化的来势汹涌,真正的精英始终都应该保持冷静的头脑和坚定的意识。越是在世俗化的社会里,精英越是弥足珍贵。要力求用精英文化的博大精深逐渐引导、提升大众的通俗品味,从而不断提高全民族的审美趣味、欣赏水准,保持全民族乐观昂扬的心态与积极向上的精神。

2. 大众文化的产业提升

大众文化也称为通俗文化,人们日常欣赏和消费的文化主要属于大众文化,即是大众不需要通过专业的训练就能欣赏的文化艺术(与精英文化或者高雅文化的概念相对应)。大众文化以人为本,关心所有层次群体的文化娱乐需求。大众文化把握与迎合了人们普遍固有的追求物质、贪图安逸等人性弱点,力求时尚化、娱乐化、通俗化,因此有时也称为流行文化。在现代社会里,大众文化更是借助高科技手段,从传统的语言艺术走向可以诉诸人们的多种感官享受的图像艺术,从深度模式走向平面模式,迅速大量复制,以快餐的方式供应给大众,从而形成了消费型文化的基础,促进了文化产业的发展。从这个意义上说,大众文化及其产业是文化产业重要的基础性资源。

大众文化的繁荣,需要注重培育优秀的大众文化,比如励志类、艺术类、体育类等文化,因此,大众文化的繁荣与明星经济的发达不可分。明星包括演艺明星、体育明星、传媒明星、学术明星。各种明星越多越好,特别是大牌明星越多越好,因为他们不仅丰富了文化娱乐生活,对拉动文化娱乐消费和其他消费也居功至伟。例如,国外许多政治明星的传记和他们的媒体访谈文章,都是出版产业的支柱性产品。

另外,精英文化对于大众文化可以起到引导作用,培育优秀的大众文化,需要从精英文化中吸取有益的滋养。例如,《百家讲坛》栏目就是大众文化的组成部分,也因为有一定的学术基础,才区别于一般的流行文化。再如,一些精英文化元素,如高水平的艺术设计等,也大大丰富了大众文化艺术的内涵。

3. 传统文化的现代化

深厚的传统文化积淀是一把双刃剑。一方面,传统文化积淀深厚,有助于促进族群内部的沟通和交流,成员之间容易达成共识,做事效率也高。另一方面,一些传统文化积淀深厚的民族也会表现出观念上的保守性或者思维上的惰性,这种保守性或惰性的存在经常会阻碍创新,甚至激烈反对变革已经过时的文化观念。因此,说到我们民族的历史文化积淀之深厚,固然可以为之骄傲,但是,也要客观分析其中所包含的保守性或惰性。之所以有“解放思想”这一说，主要是因为文化积淀会导致思维惰性和观念保守，因此传统文化的现代化需要打破一些思维惯性和陈旧观念。

虽然如此，传统文化还是提供了一些特殊的文化资源。就拿旅游和工艺美术制作来说，历史文化中的某些遗存就可以作为文化经济的一个组成部分，而像故事、民俗或者传说等类别的文化本身就是可以借鉴的元素。因此，一方面不能将历史文化简单等同于文化资源，另一方面，从文化创意的角度来说，必须将传统的文化元素体进行创新之后才能转化为新的文化创意产品和服务。

4.人力资源的挖掘

人力资源是文化产业发展中最重要、最核心的资源。文化产业作为精神文化产品生产行业，对人才培养有着特殊的要求。能否拥有充足的、高素质的文化产业人才，是否构建了科学合理的文化产业人才培养机制，决定了一个国家文化产业发展的水平和速度。我国文化产业从业人员的现状存在“四多一少”的现象：即娱乐业从业人员多，经营性从业人员多，非公有制从业人员多，非文化部门从业人员多，高级人才偏少。

因此，在文化产业人才培养上，要做到与文化产业人才现状相结合，与市场紧密结合，与具体的文化产业业态相结合，必须从以下几个方面转变现状、弥补不足：

第一，转变知识观念，培养记忆型的知识和能力型的知识相互融会贯通的能力。

第二，转变教学方法，注重培养学生自我提升能力，包括注重培养分析问题的能力和举一反三的能力，特别是培养自我学习的能力。

第三，改变理论灌输的做法，注重实践能力的提升，包括注重坚持原则和应变能力相结合。

第四，转变单纯书本知识的教学，将理论、方法和常识（含社会常识与专业常识）结合，注重情商教育和策划能力的培养。

第五，打破学科壁垒，教师和学生共同扩展视野，包括把握国内和国际文化产业趋势，把握行业内外产业链经营方法，扩展跨学科知识和资源整合能力。以学科建设为动力，创新文化产业人才的培养和培训（继续教育）模式，是文化产业学科提升的基本方向。

另外，人力资源需要持续开发，积极打造分类分流的人才培养模式。利用因材施教的理念，区分人才的类别，根据目标定位和方法等对人才培养模式予以分类，形成新的教学内容体系和教学重点。

5.旅游资源的转化

部分历史文化遗存、自然景观等也是文化产业发展的直接资源或者相关资源。其中，具有品牌知名度的历史文化遗存、非物质文化遗产具有一定的产业价值，自然景观与会展创意结合后更具有资源开发的价值。

对传统旅游资源进行开发，可以转化为一种合理的资源创新模式。如以自然景观吸引会展参与者，将旅游人口直接转化为文化消费者，通过旅游的文化产品消费、夜间旅游等促进文化产业的发展，进而拓展旅游资源的增值服务等。在自然旅游资源(含历史文化资源)丰富的地区，发展文化产业的方法之一就是嫁接资源和创新文化活动的方式。好的资源结合，如中国的丽江旅游资源和音乐会、实景演出、酒吧服务等相结合，就是资源转化的一个成功案例。

不过，历史文化遗存在不同的时代背景下有不同的价值评估，需要冷静对待，不能盲目跟风。像媒体热炒的各地争夺名人故里的做法，一方面反映了区域政府对于旅游的重视，另一方面也反映了人们在旅游资源开发过程中对于历史文化遗存在旅游中地位的普遍看法。但是，争夺诸如诸葛亮、李白、西门庆等故里的做法，过分夸大了历史文化遗存的产业价值，实际上是对于文化旅游内涵理解的一种幼稚病。打造文化象征的雕塑和复兴传统的历史文化名人、建文化标志城和举办祭祀活动等等，并不能满足消费者对文化产品或服务的直接需求，因而也不可能真正促进地方文化产业的发展。在以创意和创新为主要驱动力的文化旅游和文化产业领域，传统文化遗存的地位正在被新的文化创意旅游如世博会、奥运会、世界杯及各种论坛和会展等带动的旅游所取代，其资源价值需要进行新的评估。

6.经济资源的整合

进行文化产业相关经营活动，需要一定的消费能力或者经济基础。因此，一定水平的经济发达程度、消费能力和其他产业环境也是文化产业的重要资源要素。这就要求对文化产业的区域产业资源或者区域范围内相关行业的产业资源进行挖掘和整合利用。如与文化产业相关的区域性产业资源也是文化产业得以发展的重要资源基础。在技术特别是信息技术引领文化产业发展的时代，即数字文化产业大发展的时代，电信领域的基础设施，如宽带、电信设备和信息技术应用水平等，已经成为数字文化产业的重要基础性资源。

另外，在其他和文化产业资源相关的领域，技术和技艺的发达水平也决定了文化产业的创意水平。如与文化产业的核心能力——创意相关的各种艺术创作、工艺美术、非物质文化遗产发展中的设计、创意和工艺水平,对于文化产业而言都是重要的资源要素。

在实现文化产业总体的企业资源拓展方面,制造业的发达水平也至关重要,它是知识产权附加价值延伸的必要环节和承接载体。

7.商业能力与金融服务

可运用于文化产业和其他相关领域的商业能力和金融服务等生产经营要素和配套服务等,也是文化产业重要的产业相关资源。如投资文化产业的外部资金、投资者和文化企业咨询等等,都是重要的文化产业资源。2010 年 4 月,我国财政部、中国人民银行、文化部等九部门联合发布了《关于金融支持文化产业振兴和发展繁荣的指导意见》,要求通过创新信贷产品、完善授信模式、培育保险市场、实施文化产权评估交易等具体措施,加大金融对文化产业发展的支持力度。可见,国家提出金融支持文化产业发展的政策导向,会逐步引导和促使金融领域将资金投入文化产业领域。

对于文化产业来说,资本和金融是基本的生产要素,也是企业基本的资源构成要素。吸引外部投资或者将企业推向资本市场即上市融资,可以有效整合资本资源。因而从整合要素的角度来说,投资的繁荣也是重要的资源。一方面,其他行业领域积累的资金和投资经验进入文化产业领域;另一方面,文化产业的投融资及其经验积累,是助推文化企业发展的重要力量。从资本运作的角度来说,以资本运作促进文化企业的快速发展,特别是帮助文化企业做强做大,是一个重要的产业资源。不仅如此,一个上市的企业可以扩大规模,进而推广品牌,或者吸收政府资助,这也成为整合资源的一种有效方法。特别是企业上市之后,可以采取措施进行并购,这样可以持续做大企业。

四、发挥区域优势,降低成本和商业化风险

我国有着辽阔的地域、悠久的历史和灿烂的文化。在长期的政治、经济、文化和社会历史变迁中,不同区域逐步形成并拥有别具一格的资源优势。文化产业是一个非常广泛的经济领域,由于不同地区所拥有的地理区位、投资实力、文化传统、人力资源以及制度体系都不相同,因此,适应不同区域,选择不同区位,是文化产业集聚发展的一个重要规律和战略选择。

首先,区域文化资源与产业化之间是相互依存、相互促进、相互制约的关系。区域文化资源是区域文化产业的核心要素和灵魂。区域文化资源产业化则是实现区域文

化社会价值和经济价值的重要途径。文化的地域性或民族性差异越大，区域性文化产品的特色就越鲜明，也就越容易受到文化消费者的青睐，区域文化资源的经济开发价值也就越明显。

其次，随着外来文化的渗透和市场经济的冲击，文化资源保护问题越来越显得重要和迫切。对文化资源最好的保护方式莫过于文化资源产业化。近年来，各地的文化旅游产业发展势头日益强劲。在其刺激下，各地进一步加强了对当地文化资源的保护、利用工作。民俗馆的修建使一些濒临绝迹的生产、生活用具得到保护和再现，地方特色文化节目的表演挖掘了当地历史文化的深刻内涵，大量富有地方特色的文化产品开发，使当地历史文化资源通过有效的开发利用得到了保护和传承。

另外，文化之间的差异性要求区域文化之间相互交流、相互沟通，在多样性文化的互补共荣中吸取营养，不断发展。文化产业化过程不仅推动了经济社会的发展，而且借助于文化产品的销售，使某种文化观念和价值理念在潜移默化的文化消费中得到更为广泛、更为有效的传播。一些文化产业比较发达的国家正是凭借其具有强势地位的文化产品，传播其文化理念和价值观。如美国的电影业不仅赢得全球市场，获取丰厚的商业利益，而且在传播美国文化、输出美国价值观方面起到了不容忽视的重要作用。因此，当人们通过文化产品来了解不同国家、不同民族以及不同区域之间文化差异的时候，其本身就在自觉或不自觉地进行一种文化交流活动。

产业化是将文化资源优势做强做大的重要途径。与文化产业集聚相关的区域资源主要包括六个方面：地理资源、资本资源、信息资源、物质资源、人才资源和制度资源。大力发展文化产业，有效发挥区域文化资源优势，必须冲破观念、体制、资金和人才等瓶颈，改革创新开发利用模式，建立和完善区域文化资源产业化制度和机制，培育催生文化产业新业态，才能实现区域文化资源优势向产业优势、经济优势和发展优势的有效转换。

1. 改革创新文化资源开发利用模式

文化资源是历史发展的产物，需要随着时代的发展而被赋予新的内涵。首先，要有一种开放的目光和创新的意识，不能墨守成规。其次，要因地制宜，分类指导。要对文化资源进行分类评估，区别对待；要允许各地根据当地实际情况探索最适合自身资源类型和特点的开发利用模式，绝不能简单地模仿和套用固定统一的开发模式。最后，要整合当地优秀文化资源，进行优化组合。区域文化产业发展的竞争优势最初往往来源于当地特有的历史文化资源比较优势。要想上规模、上档次，一方面要将本地区相关文化资源打包；另一方面，还要与当地的地理资源、生物资源、人力资源、信息资源等捆绑，从而形成产业发展的综合优势。

对于文化资源不那么完善甚至缺乏的地区，也并非不能发展文化产业。随着信息时代的到来，整个地球变成了一个地球村，文化资源也逐渐丧失其独占性，成了文化再造的资料。美国人利用中国的花木兰传说和恐龙蛋化石加工创造出动画片《花木兰》和《侏罗纪公园》就是典型的例子。总之，在开发利用文化资源、发挥区域文化资源优势的过程中，要八仙过海，各显神通，创新文化资源开发利用模式，提高文化资源开发利用的能力和水平。

2.建立和完善区域文化资源产业化制度机制

从总体政策环境上来说，我国虽然制定了一些与文化产业相关的保护条例和政策，但缺乏可以阶段性实施的、符合当地实际情况的可操作性强的具体细则。这样，在文化资源开发利用方面往往出现急功近利、盲目上马、随心所欲、无序开发等非规范性行为，不仅破坏了文化生态，而且不利于可持续发展。

开发文化资源、发展文化产业是集多种要素于一体的综合行为，从文化资源开发利用的协调机制上说，要进行相关优化，必须建立健全有效的协调机制。比如，政府管理部门与开发者之间的协调、民族民间文化传承和宣传教育之间的协调、投入与产出之间的协调、长远目标和短期目标之间的协调、外来投资收益与当地社区利益之间的协调、区域之间特别是行政区划之间的协调等。最后，要建立和完善文化资源开发保护互动机制。尽管文化资源在很大程度上可循环利用、反复开发，但同样存在着如何保护的问题。为此，确立科学的开发利用观念，做到在保护中开发、在开发中保护，形成保护与开发并举、以保护为重的良好局面。同时还要在文化资源开发过程中强调“谁开发、谁受益、谁保护”的原则，把部分开发收益运用到资源的保护上。

3.培育催生文化产业新业态

要想尽快实现区域文化资源优势向产业化优势转换，必须积极培育文化产业新业态。其一，突破“文化搭台，经济唱戏”老框框，树立“经济文化一体化”发展理念，积极运用现代科学技术，不断拓展文化产业主营业务；突破陈旧经营管理方式，树立自主经营、自负盈亏、自我发展、自我约束、开拓进取、敢想敢试的市场竞争意识，大力发展新兴特色文化产业。其二，根据当地实际情况，选准一两个有地方特色和发展前途的文化产业项目，制定可行的实施方案、开发规划和相关配套措施，从土地使用、项目审批、税收减免等政策方面进行重点扶持和重点突破，以体制性“松绑”和政策性推动来培育和催生新的文化业态。其三，树立文化产业集群发展理念，积极采用科技手段发展新兴文化产业，延伸文化产业链条。

4. 拓宽融资渠道

一要降低资本准入门槛，打破国有资产对产业的垄断，放宽民间资本和外资进入文化产业的种种限制，真正实现市场主体间的公平竞争。二要组织专业服务机构，积极引导和鼓励文化企业通过发行股票、企业债券等途径吸引民间闲散资本进入文化产业尤其是新兴文化产业。允许和鼓励文化企业通过直接上市、与上市公司合作成立子公司或收购上市公司的方式进入资本市场。三要不断完善文化产业投融资服务体系。政府可以安排专款、采取银行贷款贴息办法支持金融机构参与动漫、创意等新兴文化产业发展，并对各种投资行为加以规范，以确保我国文化产业资本市场的形成和健康发展。

总之，对这些区域资源优势的分析绝不能是静态的、固定的、割裂的，而应该立足一个动态的角度，选择最佳区位，以获得最有效的赢利模式。

五、延伸文化产业链，赢得效益最大化

产业链是产业经济学中的一个概念，是各个产业部门之间基于一定的技术经济关联、并依据特定的逻辑关系和时空布局关系客观形成的链条式关联关系形态。文化产业集群集聚的基本形态是产业链，而产业链要效益最大化，需要根据文化产业的内在规律来思考，形成多种产业链形态，并以价值链为基础，构建产业链组合。

1. 产业链要有多样性

文化产业是以文化创意为核心的产业，这一特点决定了文化产业园的产业链形态具有多样性。联合国教科文组织《保护和促进文化表现形式多样性公约》确认文化多样性是人类的一项基本特性，并对“文化多样性”作出如下理解：“文化多样性指各群体和社会借以表现其文化的多种不同形式。文化多样性不仅体现在人类文化遗产通过丰富多彩的文化表现形式来表达、弘扬和传承的多种方式，也体现在借助各种方式和技艺推行的艺术创造、生产、传播、销售和消费的多种方式。”也就是说，文化产业集聚园与工业园、高新技术园不一样，它需要形成多种产业链形态的产业集聚。这些产业链形态不仅包括研发设计、生产、销售、售后服务等产业自身经营的一般产业链，还包

括内在产业链、协同产业链等文化产业所独有的产业链，而且有时需要多种产业链形态共同生长。

内在产业链的主要特点是多种产业共享一种内容资源，形成价值链延伸。例如《哈利·波特》，可以由故事创意形成小说或者漫画，制作成影视节目或者改编成动画游戏，制作成DVD销售，节目授权媒体播出，节目中的肖像权授权供其他产业使用，开发衍生产品等。《哈利·波特》在故事创意、图书发行、制作DVD、媒体授权等内在产业链建设方面是相当成功的。

协同产业链，即在产业链的不同环节间通过流程、信息等一系列要素的设置，实现产业链条的高效运转。以动漫产业园为例，动漫属于影视产业，动漫产业的集聚园最好有出版（漫画）公司、影视和动画节目制作公司、影视动画技术公司、人才培训和经纪公司、广告公司、艺术授权公司、衍生产品开发公司、国际影视贸易公司等，不能仅仅是孤零零的几家所谓原创动漫企业的集聚。动漫产业园的产业链应重视推进影视产业数字化和动漫游戏产业的结合，增强不同企业之间的协同效应。

与工业园、高新技术园相比较，文化产业集聚园最大的特点就是其产业的高附加价值和产业的高关联度。这就要求文化产业集聚园通过多种形态的产业链来凸显高附加价值，迅速地提升产业发展水平，在实现产业增值的同时扩展产业生长的空间，不断满足文化产业扩张的要求。

2.以价值链为基础打造单个产业链

任何单个产业链的打造都需要以价值链为基础。价值链是产业链的内在依据，产业链是价值链的外现和延伸，在迈克尔·波特看来，并非价值链上的每一个环节都能创造价值，那些真正创造价值的经营活动，就是企业价值链的“战略环节”。现代产业链的真正价值点在于抓微笑曲线的两个顶点，即创意或创新（知识产权）和品牌营销。

对于文化产业集聚园的产业链而言，一方面，文化产业的核心要素是创意（包括“有中生优”和“无中生有”），好的产业链要首先通过独具匠心而又富有吸引力的创意，来满足消费者的现实需求（适应市场），同时激发消费者的潜在需求（创造市场），即让市场领着资源走，让创意领着资源和市场走。另一方面，文化品牌是文化产业集聚园的核心竞争力之所在，产业链构建应着力围绕如何创立文化品牌、如何传播文化品牌来塑造文化产业集聚园良好的信誉和公众形象，奠定园区持久发展的根基。

3.灵活进行产业链组合

任何一条产业链，只有与其他产业链形成产业链组合，才能真正发挥最大效益。

构建文化产业集聚园的产业链，形成产业链组合，可以根据园区的实际背景和优势灵活选择合适的模式。

第一种，强势带动型。这种模式适合具有特色文化资源或美妙创意的情形，它可以分为资源依托型和创意引领型两类。不管是资源依托型还是创意引领型，都可以分为核心产业链、支撑产业链和外围产业链等几个层次。例如，嵩山文化产业集聚园基本上是一种资源依托型的产业链组合，打造以“禅武文化”为核心的少林文化产业链，需要构建包括少林功夫、少林文化会馆、少林禅、茶、医等文化旅游产品和衍生品来组成产业链和外围产业链，形成一种内外呼应的“同心圆”结构。

因为创意的缺乏及急功近利的思想影响，强势带动型很容易落入资源依托型的窠臼。如当前各地普遍盛行的争夺历史“名人”现象，过度依靠历史文化资源依托来发展文化旅游业，就是资源依托定势思维所致。诸如河南南阳、甘肃天水等纷纷自称是李白的故乡，点燃了李白故里争夺战；山东省阳谷县、临清县和安徽黄山三地争夺西门庆故里，作为“水浒传·金瓶梅文化旅游区”炒作噱头。

另外，走创意引领型之路容易出现的问题是创意过度模仿、缺乏差异化。例如“印象”创意系列实景演出由张艺谋、王潮歌、攀跃三个导演组成主要创作班子，形成了所谓“铁三角”的品牌效应。“印象”创意系列在全国走红以后，各地纷纷仿效打造当地的实景演出产品，很多实景演出项目缺乏理性规划思考，出现大型实景演出的同质化竞争，导致创意引领的“虚脱”。

第二种，优势互补型。是由互补的产业以战略联盟的形式构建的产业链组合。这是一种延展幅度不受行业限制的模式，优势互补型的产业链组合可以是具有上下游关系的产业，也可以是其他横向关联的产业。例如，迪士尼的经营模式是包含影视、旅游、娱乐、餐饮、衍生产品等在内的产业链组合，实现了横向相关产业链的优势互补。在内容产业方面，迪士尼的《米老鼠和唐老鸭》《狮子王》和《美女与野兽》等动画片风靡世界，这些成功的卡通形象在迪士尼庞大的有线电视、网络等组成的媒体集团中进一步衍生出新的商品形式。然后每放一部卡通片就在主题公园中增加一个新的人物，在电影和公园共同营造的氛围中，让游客高高兴兴地融入迪士尼的快乐体验之中。这样，在迪士尼这个平台上，经营者有效地实现了影视娱乐、媒体网络、主题公园之间的互动和互补，最大限度地扩展和提升了其整体价值。

目前我国在文化旅游园的产业链组合上陷入了固化的模式，新的产业链组合有必要突破基于“吃、住、行、游、购、娱”旅游六要素的传统模式，发挥创意设计、影视娱乐、主题景区、夜间演出、工艺品销售等不同产业之间的互补效应。

第三,均势整合型。所谓均势整合型,是以企业总部基地和交易平台的形式构建的产业链组合,主要通过制定产业标准,跳出产品做产品,实现产业链的有效整合。在没有强势资源或创意,也没有可以形成互补效应的多个优势项目下,可以考虑均势整合型的组合模式。例如影视基地建设,可以通过影视制片公司总部的集聚,建设集影视创意、拍摄制作、交易发行、影视教育、动漫、影视体验、旅游观光、休闲娱乐等功能于一体的整合型产业链组合。再如文化艺术品交易园,可以通过制定产业标准来整合艺术品生产和销售市场,建立艺术品交易平台来使高端品牌和行业标准落地,促进各种艺术品企业的集聚发展。

第二节　文化产业园区

"文化产业园区"这一概念的界定,是指以文化内容的创造为核心,通过市场化、产业化组织,大规模提供文化产品和文化服务的经济形态,包括演出、娱乐、广播、电影、电视、书报刊、音像制品的生产、流通、销售、多媒体、网络、会展、设计等服务领域。20世纪80年代早期,美国的匹兹堡、马萨诸塞州、列克星敦等地就已经出现文化园区这一概念。英国也在大致相同的时期(1987年)提出类似的概念。

学术界对文化产业园区概念进行的探讨有德瑞克·韦恩提出的文化园区概念,弗罗斯特·库姆夫(Hilary Anne Frost－Kumpf)提出的文化区概念。在德瑞克·韦恩看来,文化园区指的是特定的地理区位,其特色是将一座城市的文化与娱乐设施以最集中的方式集中在该地理区位内,文化园区是文化生产与消费的结合,是多项使用功能(工作、休闲、居住)的结合。库姆夫认为文化园区指的是一个在都市中具备完善组织、明确标示、供综合使用的地区,它提供夜间活动且延长地区的使用时间,让地区更具有吸引力;提供艺术活动与艺术组织所需的条件,给居民与游客提供相关的艺术活动;为当地艺术家提供更多就业或居住的机会,让艺术与社区发展更紧密结合。

在我国,文化产业园区出现较晚,研究也稍显滞后,与文化产业园区相关的概念有艺术园区、创意产业园区、文化产业园(区)等。国内至今尚无对文化产业园区概念的统一界定。结合我国具体实情,在此尝试将文化产业园区的概念界定为:文化产业园区是借助某区位文化与休闲优势,形成一系列与文化关联的、产业规模集聚的特定区域,是一具有鲜明文化形象并对外界产生一定吸引力的集生产、交易、休闲、居住为一体的多功能园区。园区内形成了一个包括生产——发行——消费等在内的产供销一体的文化产业链。

文化产业园区建设的重点是选择正确的集聚模式,这也是发达国家先进城市的重要经验。目前,国内外文化产业园区发展的模式大致主要有三种:一种是特色型园区。以某个行业和某种鲜明的特色服务为基础,围绕行业和服务亮点打造园区品牌。二是综合型园区。以工业园区为基础,着力引进文化创意新型业态,促进文化产业和其他产业之间的互动发展。三是原创型园区。以原创艺术和原创动漫为重点,依托知名艺术家和动漫产业龙头企业,实施价值链延伸和品牌延伸战略,促进原创文化产业的集聚。

一、划分三个市场　打造特色品牌

成功的文化园区应是创意集聚的地方,通常具有超越时代的设计理念和艺术水准,并且这些超越时代的理念被融入园区的建筑设计、内部装饰,甚至重要街道和空间的照明等方面。文化园区应以崭新的理念,打造鲜明的园区特色,使其成为园区的风格象征和形象品牌。

发展文化产业园要发挥文化在城市建设中的重要功能和作用,同时兼顾文化创作、生产、复制、传播和消费的特点。依托闲置房地产项目拓展产业空间,依托平台建设创造发展环境,要充分挖掘自身及周边的文化产业人才集聚和产业发展基础等方面的优势,突出特色,形成支柱产业特色鲜明、竞争优势明显的文化产业园区。

从国内外经验来看,创意产业园可以划分为三个市场:一是大学市场,即依托大学发展创意产业园区。澳大利亚的昆士兰创意产业园就是依托昆士兰科技大学发展起来的,美国的“硅谷”、中国的“中关村创意产业基地”、上海的“天山软件园区和时尚产业园区”等都是依托当地的大学资源建立起来的。二是工业市场,即通过改造旧厂房、仓库培育创意产业园区,如美国纽约的“苏荷”、北京“798 工厂”、杭州的 LOFT 等创意产业园区。三是政府通过创意开辟新区创建创意产业园区。如上海浦东张江高科技园区内的文化科技创意产业基地、长宁区的多媒体产业园区等。

根据园区形成的市场条件,我们可以得出此结论,即创意产业园区的发展不宜照搬某一成功的模式,而应根据区域内已经具有的产业集聚基础或者可能形成的集群来加以引导和扶持,以提高园区的竞争力。创意产业园区可以是围绕为大企业提供配套服务而形成的共生圈,也可以是中小企业“抱团”。从国外创意产业集聚区发展经验中我们发现，创意产业园区呈现出“少量的大企业、大量的小企业”的特点，小型化、个性化、扁平化的特征，适合创意产业灵活设计、灵活经营、灵活发展的要求。

因此，特色文化产业园区的发展模式可以有多种选择：

其一，以市场特色和需求为依托。马歇尔在研究英国原生态产业区 Yorkshire 和 Lancashire 时发现，市场的自发力量可以促成集群产生，即消费者对消费品和服务的需求通过市场刺激了生产的集聚。如在上海的特色创意产业园中，依托同济大学的赤峰路现代设计街，依托东华大学的天山路时尚设计产业园区，依托交通大学的天山路和乐山路软件园区以及依靠传统布局，在原产业基础上建立相应的创意产业基地，如河南南路的上海城市广场，原是小商品、旅游纪念品的展示和交易中心，现已发展成为以旅游纪念品设计、制作为主的创意产业基地，这是特色创意产业园区发展的一种模式。

其二，在产业链上寻求优势环节。一个地区特有的人文、经济基础决定了该地区的竞争优势。在产业链上基于区域的某优势环节形成企业集聚是发展特色创意产业园区的又一种模式。一方面，园区内部技术的溢出效应以及专业化程度的提高、规模经济的扩大可以帮助企业的发展跃上更高的平台；另一方面，企业之间横向和纵向的联系，也给园区企业带来成本上的节约。正是基于园区企业之间依存的联系，企业非常需要这种集群环境。目前，从上海发展现状来看，一些园区如八号桥、春明都市产业园、时尚产业园等已有一定的产业链基础，企业之间的联系也较为密切，且这些园区大多是自发形成的，更能体现出集聚效应。

其三，基于人力资源的集聚。人力资源是文化产业中最重要、最活跃的因素，既包括科学和技术精英，又包括人文和艺术精英，创意产业的集聚发展对具有卓越创造力和想象力的创意人才具有很强的依赖性。受人才区位的影响，创意产业一般倾向于接近高等院校和研究结构密集的文教区，以便得到人才和智力支持。以哈佛大学为例，由于哈佛大学在全世界享有盛誉，吸引全世界的精英到此学习，许多中上阶层人士也愿意选择到哈佛大学周围居住。同时，哈佛提供的优秀商业人才吸引了全世界的优秀投资者，促进了当地管理咨询产业、观光旅游业等文化创意产业的迅速发展。

其四，依托现有的或具有形成可能的企业集群。根据波特的观点，集群有外生的，但更多的是内生的。因此，创意产业园区建设要充分考虑具有支撑产业发展的独特优势的地区。从国外创意产业集聚区的发展经验中我们发现，发展创意产业要重视创意人群的区位要求。一般来讲，越是愉悦的氛围越能激发人的灵感。从外观上来讲，创意园区不仅仅是一个建筑物，更重要的是它独特的历史背景和丰富的文化底蕴会给创意人员一种强烈的感官感受，这不是通过模仿就能够形成的。目前，上海的一些创意园区如八号桥、四行仓库、滨江创意产业园等从建筑外观到园区风格都各具特色，且入驻企业也都借助厂房的结构特点进行了改造，风格迥异、气氛活跃的园区环境有利于激发创作灵感，这是一般办公大楼所不具备的。

其五，利用丰富的文化资源。文化产业是先进技术和先进文化高度联姻的产物，这不仅要求当地具有丰富的自然历史文化资源，而且要求创意产业的利益相关者（生产者、销售者和消费者）具有一定的文化水平和艺术修养。城市在长期的历史形成过程中积累了丰富的传统文化遗产，为创意产业集聚化发展奠定了基础，许多创意产业集聚地就是在城市的旧城改造中形成和发展起来的，如美国纽约的“苏荷”区，原是纽约的旧工业区之一。上海龙华路 2577 号院，这个 130 年前的建筑群落如今正成为“2577 创意大院”，沙泾路 10 号、29 号的原远东地区最大的宰牲场——上海工部局宰牲场则成为“外滩 18 号＋新天地＋田子坊”式的时尚广场。

二、从创意到招商引资的模式

产业链和产业集群的形成，为文化产业持续创新提供了非常便利的条件。首先，产业链中的企业之间因为上下游业务合作伙伴关系容易发现用户的创新需求，这为实现创新提供了源源不断的动力需求；其次，不同专业技术领域和知识背景的专家参与或合作进行的项目创新易于交叉，产生创新成果；最后，集群内科研院所、中介服务机构为合作创新提供了平台和保障。正是持续创新为文化产业经济增长带来了取之不尽、用之不竭的动力，也催生了运用产业链和产业集群理论招商引资的新机会。

第一，风险投资模式。该模式适用于文化企业发展到一定规模时，包括股权投资、风险投资和企业孵化等。其中，股权投资可以通过以货币资金、版权、文化品牌等投资形式取得被投资单位的股份，获得较大的经济利益；风险投资一般会重点投入新兴的、迅速发展的、具有巨大竞争力的产业领域。

第二，基金运作模式。政府为了扶持文化产业的发展，通常会设立专项基金或者制定一些专项的贷款政策，常用的方式有银行贷款贴息、配套资助、奖励、项目补贴等方式。企业需要通过投资、捆绑组合等多种方式，最大限度发挥基金的拉动及撬动效应。

第三，产权交易模式。该模式就是投资商投入一定的资金，换取其在被投资公司或者项目的股份，或者依照法定程序发行在一定时间内依据约定的条件可以转换的股份公司的股份。如2004年7月，新浪宣布发行总额达8000万美元的无利息可转换债券，该债券以私募形式发行，在特定条件下可转换为新浪普通股。

第四，金融服务模式。企业（承租人）需要更新或添置设备时，不通过自行购买而是以付租形式向租赁公司（出租人）借用设备的交易，通常由出租公司按照企业选定的设备进行购买或租赁，再出租给企业，是一种常用形式。包括艺术品的租赁、艺术品保险、抵押贷款和艺术品理财、某些文化设备的融资租赁等。该模式适用于一些短期的文化项目或大型文化项目和一些特殊、高价值的文化产品。例如出版印刷行业中，印刷设备具有使用寿命长、通用性强而且不易移动等特点，非常适合融资租赁。再如在演艺和影视产业中，会存在很多大型的摄影道具器材的融资租赁等商业服务。

第五，中介交易模式。对一些具有收藏价值的艺术品如珠宝、水晶石、陶瓷、古玩、艺术品进行鉴定、典当或者拍卖，中介者可以从中获得丰厚的收入。随着投资者越来越看好艺术品领域，相应地，各类艺术品的中介交易也将成为一个新的投资热点。

第六，合作投资模式。该模式适用于产业链互补或优势互补型合作，由于企业从事的专业和拥有的优势不同，合作投资可以发挥不同专业的能力及优势，实现1＋1＞2的整合效应。如动漫、图书、影视作品、衍生产品等各种企业的合作就属于合作投资的商业模式。另外，该商业模式也适合国际化，如跨国投资动画电影等。

第七，创业投资孵化模式。该模式可以依托国家及地方的政策支持，以创业投融资为工具，通过专业孵化器实现资源整合和优势集成，将一个创业团队及其创意变成真正的产业，从而实现创业方和投资方的互利双赢。投资孵化帮助创业者把发明和成果尽快形成商品进入市场，提供综合服务，帮助新兴的小企业迅速长大形成规模。如"学而思"公司、酷6网等许多成功企业，可以说都是从创业投资孵化起步的。

当然，在经营实践中，企业很少只运用某种单一的招商引资模式，往往在不同发展阶段采用不同的商业模式或组合——可能采取"一主多辅"的形式，也可能是"多种并用、合理配置"的形式等。

三、科研与项目流程

一般而言，文化产业项目的科研与计划的编制过程应遵循以下程序：

1.项目目标的计划与界定

一个文化产业项目，在研讨与计划前，首先要界定项目总体或项目阶段的具体工作范围，即定义项目的总体目标并进行阶段性目标的分解，将一个大项目分解成为多个较小的、可实施和易管理的作业单元。

2.确定项目工作内容，安排项目工作顺序

在对项目任务进行分解后，应确定完成各个项目阶段的具体工作任务和活动，并明确项目各项活动间的顺序关系，安排相应的项目工作排序文件。

3.排定项目计划时间表

文化产业项目要请专业人员估算项目各项工作实施所需的时间，并在分析各项具体工作的顺序关系、持续时间和所需各种资源的基础上，计划安排好各项工作的实施计划。

4.资源统筹与项目成本估算

文化产业项目设计与计划还需确定项目各项工作实施所需的资源种类和数量，包括人员、资金、设备、技术、原材料等资源，并估算完成项目各项工作所需的成本和花费等。

5.确定项目成本预算和项目集成计划

这是项目计划最关键也是决定项目能否按部就班、落到实处的一步。依据上述文化产业项目设计与计划工作给出的各项信息，进一步确定文化产业项目或项目阶段的总预算以及项目各项具体工作的详细预算，并制订完成一个项目集成计划文件。

(1)制订项目质量计划。根据文化产业项目集成计划，可以进一步研究确定文化产业项目或项目阶段工作有关的各项工作质量标准，并明确采用什么方法和开展哪些工作去满足这些项目质量标准。

(2)制订项目组织计划。文化产业项目的组织设计与计划是计划、安排和确定一个项目组织或项目各阶段的团队组成、团队成员的角色、责权关系和组织结构的计划管理工作。

(3)制订项目人员配备计划。文化产业项目人员安排与计划是计划、获得和配备项目或项目各阶段所需人力资源的工作，以及安排项目各成员和各项工作任务的具体配备等方面的计划工作。

(4)制订项目沟通计划。文化产业项目沟通计划是要确定项目各个利益相关者在信息交流和沟通方面的需求和权力以及沟通方式等方面的工作。例如，哪些人、需要什么信息和什么时候需要、何时提供和怎样给他们提供信息等。

(5)项目风险控制。首先，分析和确定文化产业项目或项目阶段可能面临的各种风险，评价项目或项目阶段各种风险的变化和发展，以及项目各种风险之间的相互影响等，并在全面评估项目和项目产出物可能出现的变化和可能的损失等工作的基础上，将这些信息整理成计划性文件；接着，在项目风险识别与分析的基础上，研究并给出能利用各种方法和手段去降低文化产业项目风险的措施，以及如何采用这些应对措施减少项目损失与失败、威胁等方面的计划。

(6)制订项目采购计划与采购工作计划。文化产业项目采购计划是确定一个文化产业项目或项目阶段需要采购什么样的商品和劳务、什么时候采购这些商品和劳务以及为获得各种商品和劳务所需开展的具体采购工作(如发现供应来源、开展询价和合同谈判等)的计划安排。

(7)编制文化产业项目设计与计划的系统文档。文化产业项目设计与计划的最后一项工作就是汇总以上项目设计与计划的各项成果，并编制完成文化产业项目设计与计划的系统文档。

思考题

1.产业聚集区要具备哪些要素?

2.资源有哪些整合成独特商业模式的方法?

3.科技与文化产业的互动需要哪些支持?

4.特色文化产业园区的发展模式有哪几种?

第六章 文化产业商业模式的创新实践

■ 本章提示

现代企业管理学之父彼得·德鲁克曾说："当今企业之间的竞争，不是产品之间的竞争，而是商业模式之间的竞争。"对于文化企业来说，其商业模式的构建和路径选择直接影响着竞争力。风投公司在确定投资对象时，首要标准是企业必须有一个成功的商业模式。企业经营的首要任务是创造价值，而商业模式就是企业实现价值创造的模式。各个行业的价值链在不断细分和拆解，也在不断进行要素的重构和融合，对任何一个环节或要素的创新都有可能产生新的商业模式。文化创意产业商业模式创新可从价值链角度即运用价值链分析法对企业的价值链进行延长、分拆、职能外包等来进行创新，也可从资源角度对不同资源如产品、渠道、资源乃至整合不同行业企业来进行创新，或从技术角度进行原始型创新、改造型创新或结合型创新。

第一节 出版业

出版业是在传统商业模式上持续时间最长、变革最慢的一个产业，IT 等新兴技术的出现对出版业产生了影响与渗透，使出版业在生产方式、经营策略与实现方式等方面有了更多的选择：既往相对固定的价值链被拆分、重组；新型的出版业产品和服务不断涌现；新的分销方式和分销渠道不断出现；更多维的受众需求被加以细分；国际化竞争势头渐显，并因此创造出众多的经营方式。

今日，出版业在“做什么”“怎么做”“为谁做”这些方面，面临的是更大范围、更多维度的选择。在对新的发展路径的寻求和“生根”的过程中，出版业需要采取一系列全新的方式和方法来规划自己，通过战略调整，激活和产生新的商业模式。

一、出版业商业模式界定

一些研究成果将出版业的商业模式界定为以下几个要素：价值主张，即出版业通过其产品和服务向受众提供的价值，这是对受众意义的确认；受众目标群体，即出版业服务的对象，这些群体使出版业能够（针对这些共性化的需求）创造价值；产品渠道，即出版业进行受众接触的各种途径；受众对象关系，即出版业同受众之间的联系；价值配置，即出版业资源和活动的配置；核心能力，即出版业执行其商业模式所需的能力、资质；合作伙伴群，即出版业同其他产业、行业间为有效地提供价值并实现其商品而形成的合作联盟；成本结构，即出版业所使用的工具和方法的货币化描述；收入模型，即出版业通过各种收入资源创造财富的途径。

在此，我们可以这样定义出版业商业模式：一种包含了出版业系列基础要素及其之间关系的概念工具，它用以阐明出版业特定的商业逻辑，描述了出版业能为受众提供的价值以及出版业的法人治理结构、合作联盟和关系资本等借以实现这一价值并产生可持续赢利收入的诸要素。

现代出版业是由三部分组成的，即一般出版、教育出版和专业出版。而这三部分的商业模式都包括了出版业务和零售业务两个领域。它们具有如下一些基本形态：

第一，集中于教育类的综合类图书经营和音像出版等，包括教材和教辅的收入占到全行业收入的70%以上。在政府推动义务教育、实施教材经营方式改革之后，它会受到一定的冲击。

第二，专业出版类，如社科、英语、艺术和财经等。特别是财经和英语类的专业化出版企业，具有较高的品牌知名度。

第三，一般的畅销书类，特别是在运作畅销书的过程中，探索出了出版社、电视台、明星经纪结合的畅销书类商业模式，也包括小部分动画、漫画结合的商业模式。

第四，专业类的畅销书类，包括社科和财经等领域，一些出版社和企业都总结了优秀专业类畅销书的运作模式。

第五，以某一种类型图书为主、其他为辅的图书零售和图书连锁经营。传统的小店图书零售将持续受到冲击，规模化和扩展性强的连锁经营成为主流趋势。

第六，囊括全部门类的建设大型的图书交易平台和图书大卖场。特别是组织大规模的图书博览会，可以形成综合性收益。

第七，网上书店。利用互联网售卖图书是一个发展趋势。

第八，具有社交性质的读者俱乐部，像贝塔斯曼读者俱乐部，不过已经遭遇危机，需要进一步革新方式。

第九，新华图书系统的地产经营方式，如江苏凤凰出版集团拟将地产部分上市。

第十，内在产业链延长，如将图书制作成电视节目等，增加内容产品的附加价值。

第十一，利用读者俱乐部开发延伸产业链，如开发订票系统等。

第十二，图书物流及其产业链的延长等。

第十三，其他的延伸，如书签广告等。

第十四，图书业的集团化和多媒体经营是当今一个重要的方向。特别是在出版社的企业并购、资源整合、产业链延长，如物流业的资源整合以及多媒体化图书经营方面，可以探索新的商业模式。

第十五，2006年以来，以明星经纪带动图书销售的商业模式成为新趋势。特别是在深度挖掘明星之后，产业链中的品牌产品将带来很高的效益。

二、出版业商业模式创新

在出版业，决定其经营成败最基础、最重要的要素，首推商业模式。可惜的是，我们有时并不理解，我们以为出版业关键要素的排列次序是这样的：资本、人力、产品、市场、商业模式……结果，撞得头破血流后才发现商业模式的重要性，正如一位著名的出版业经营家感慨：成功、失败，浮云遮望眼，到头来发现，成也模式，败也模式。在一个忽略商业模式的出版业界，尽管我们看到了许许多多的成功案例，但仔细分析，那些成功要么是“吃政策饭”，成为不愁嫁的“皇帝女儿”；要么靠胆识、机会，“一着鲜、吃遍天”，一不小心成为了出版业明星……而悲剧的起点在于，类似出版业，往往容易把一朝成功的偶然当成规律成就的必然，自觉或不自觉地选择着这样的思维，一直将错误进行到底。

中国出版人，应该面对这样一个现实，即中国出版业已经进入商业模式竞争的时代；中国出版人，该是思考出版业商业模式并依托商业模式进行变革和创新的时候了。

1. 营造创新环境

在进行商业模式创新前，首先，要为商业模式的创新提供一个思想观念、政策、经营、管理等方面的良好环境：

(1)创新思想观念。以前我们过分地强调新闻出版产品的宣教功能，从而大大地削弱了新闻出版产品本身与生俱来的或者是应该具有的娱乐功能，使其本身的商品属性被大大地削弱。在推进出版产业化的过程中，我们应将社会效益与经济效益有机地融合在一起，把握它们的共同属性，才能生产出真正的精品。

(2)创新体制机制。通过探索创新，寻求有利于解放和发展文化生产力的新媒体、新机制。支持有条件的新闻出版企业上市融资，在已经上市的新闻出版企业中进行股权激励机制的试点，为企业发展增加内在活力；鼓励新闻出版企业进行跨地区、跨部门、跨行业联合、兼并、重组，加快新闻出版资源向优势企业集聚；鼓励和支持非公有制文化企业投资建立外向型出版机构，从事印刷、发行等跨国新闻出版产业相关的经营活动，从事出口、加工贸易。借鉴国际大型传媒跨国公司的运营经验，加快组建我国的跨国传媒集团，使之在传媒文化产业的结构调整、文化市场的战略性投资和中国文化产业实施“走出去”的进程中发挥积极作用。

(3)创新管理方式。从外部管理上来说，应充分发挥政府的主导作用，推动行政体制改革，加快政府职能转换；加快法律法规规章建设，不断完善新闻出版法规制度。要推进《著作权法》全面修订，完成《出版管理条例》等法规及《出版物市场管理规定》等规章的修订工作，抓紧网络出版、手机出版、网络游戏、数字印刷管理等方面行政规章和规范性文件的修订工作。从内部管理上来说，要借鉴国外出版企业的先进管理理念和管理方式，改善出版社的内部管理制度，建立符合现代企业制度要求的出版社内部管理制度，建立严密的组织体系、市场信息管理体系、目标和计划管理体系，通过完善的管理体系，明确内部分工的层次及其职责、工作标准和工作流程，将目标市场和市场目标结合起来，使企业内部所有部门和员工紧密协作，形成合力，从而创造最大的经济效益。

(4)创新多元化发展方式。出版业要与时俱进，就要高度重视科技与市场的关系，以科技的最新成果推动产业科学发展。要加快发展发数字化内容、数字化生产和数字化传输为主要特征的战略性新兴新闻出版产业，加快从主要依赖传统纸介质出版物向多种介质出版产品共存的现代出版产业转变；运用数字化技术等高新技术手段改造传统创作、生产和传播模式，加快推进传统新闻出版业数字化转型；加快国家级数字出版、音乐原创、版权创意等产业园区和基地建设，加快集书报刊和音像电子出版物于一体的海量数字内容分发平台建设，发挥产学研一体化优势，推动优势资源向基地和园区聚集，提高产业集中度；大力发展电子图书、数字报刊、手机出版等新闻出版的新业态；鼓励和支持新闻出版企业在数字出版、数字印刷、电子纸和新闻出版电子商务等方面进行自主研发，争取掌握一批具有自主知识产权的核心技术；进一步推动新闻出版重大科技工程实施，加快行业信息化、标准化建设。

(5)创新营销方式。在这个全球娱乐化的时候，图书的销售也应该采用一些更互动的营销方式。新闻出版从业者不仅要满足读者要求，还要创造满足读者需求的新的营销观念，如亲情营销、全球营销、知识营销、绿色营销等。应该把读者当成朋友，让编辑记者与读者互动，用“感情投资”换取“货币投资”。在营销实践中，一方面应敢于把国际先进的营销方式创造性地加以应用，另一方面要大胆提出和实施新的营销方法，通过或借助某一有重要影响的事件来强化营销、扩大市场，建立以信息网络为中介、生产者与消费者密切联系的营销模式。比如德国贝塔斯曼公司在图书营销上就创造了全新的机制，它组建的书友会、各种读者俱乐部等遍布全球；网络营销业绩惊人；通过会员制提供全面的图书信息和专业的服务，实现长销与热销结合等。其灵活的形式和畅通的渠道，吸引了无数读者的眼球，获得很好的经济效益和社会效益。

(6)创新服务平台。此举目的是让图书覆盖更多的读者群，服务更多类型的对象。要支持鼓励经营性新闻出版单位生产高质量的新闻出版产品，参与公共服务。要坚持从满足人民群众基本文化需求、保障人民根本文化权益出发，推出更多体现民族特色、反映时代精神、令群众喜闻乐见的优秀出版产品。继续加快农家书屋工程建设，完成全年新建 20 万家、覆盖全国 75%以上行政村的任务，做好已建农家书屋的使用与管理，加强农村出版物发行网点建设。继续深入开展全民阅读活动，推进城乡阅读栏(屏)工程实施，评选示范阅读基地，办好全民阅读晚会，建好全民阅读网站，将全民阅读活动推向深入。

(7)创新传播手段。出版业的强大需要出版企业的强大。要加快互联网、手机等新媒体建设，制定并实施新闻出版“走出去”中长期发展规划；继续深化中国出版物国际营销渠道拓展工程，开辟国际主流营销渠道；整合现有传媒资源，着力打造若干家实力强大、竞争能力突出、具有世界影响力的综合性跨国出版传媒集团。支持重点出版传媒企业在海外参股、并购、投资或创办实体；加强国际交流合作，继续实施“经典中国”国际出版工程等“走出去”重点工程，打造具有重要影响力的新闻出版国际交易平台。

2. 商业模式创新方向

2009 年，法兰克福书展围绕数字化对出版的影响所进行的一项调查显示，全球

800 多家出版商中有 50%的商家认为，到 2018 年，出版社收入的大部分将来自于数字产品。在这一发展过程中，大家认为最大的挑战是商业模式。我们可以从一些典型的成功案例中归纳出产品模式的两大方向，这两大方向恰好分别满足了出版的两个端点：作者和读者。

方向一：个性化有偿出版模式

个性化有偿出版模式即按需出版（On-demand Publishing 或 Self-Publishing）服务，即为满足作者出版作品的需求而进行的有偿服务。直白地说，即你给钱，我圆你出版梦。以往，我们在理解“市场驱动”这一原则时，狭隘地把“市场”局限在读者层面。殊不知，跳出来看，出版已不再仅是基于教育、阅读需要，还有理想需求、名利需求等心理需求，因此，作者也可以是市场，发表作品也是一种需求。满足这种需求，同样可以成为出版业的一种商业模式。

虽然国内一直存在自费出版的事实，但没有被专业化和规模化，一直被当成一种非主流的补充模式，甚至被放在灰色地带，羞于探讨，所以走得不远。而在国际上，已经有许多公司完全以此为主业，获得了很好的发展。如加拿大的 Trafford Publishing 公司（以下简称 Trafford）就是靠此方式获得成功的。当年，诸如 Lulu，BookSurge，CreateSpace，Lightning Source 等这些知名的按需出版商还不存在或者还不太突显的时候，1995 年起步的 Trafford 已经在加拿大获得了由《温哥华商业周报》（*Business in Vancouver*）评出的“成长最快企业”荣誉，员工待遇更是好于同行。Trafford 的特色体现在许多方面，最首要的是它和作者之间的关系比较单纯。Trafford 毫不掩饰自己提供的是一种收费服务，它自身并不开发选题，其一切业务都围绕作者的需求而进行。

在业务上，Trafford 针对不同书类以及作者的不同需求，将产品细分为不同层次，报价也不一样。在营销上，Trafford 自己并不雇佣销售代理，在促销上也极少主动投入，其销售的图书更是明确以不退货为前提，再加上几乎没有库存，也没有更多的编辑成本，所以给作者的回馈要多于一般出版商支付的版税。Trafford 自称作者可以获得的收入不少于销售净收入的 12%（来自书店的销售收入）、27%（来自图书馆的销售收入）和 21%（来自 Trafford 自家的网上书店的销售收入）。10 多年间，已经有来自 120 国家的超过 10000 名作者在 Trafford 出书。Trafford 的新书产出版占到了整个北美地区的 2%，它还与 Amazon 积极合作，业务不断扩大。

Trafford 的模式已成为目前提供自费按需出版服务的标准模式，其他各家提供类似服务的出版商只是在细节上有所区别。

个性化有偿出版让出版高不可攀的行业形象变得更平易近人，对市场来说，这是好事。有偿按需出版模式适合于大众出版，尤其是强调个人品位的文学艺术类作品，其特点是多品种、小批量。事实证明，它已经广泛为大众所接受。根据图书调研机构Bowker统计，2008年美国有285000种新书是通过这种方式出版的，超过了传统出版社同期的275000种新书，而且比2007年增长了132%。很多作者也承认，自费出版在其职业生涯中发挥过重要作用。

自出版在美国发展速度着实惊人。据外媒报道，仅2012年，亚马逊最畅销图书中有25%是自出版的作品。而在2013年Kindle上排行前100名的畅销书中，已有28种是作家自出版作品。

豆瓣是国内首批试水自出版的互联网公司，作者可以将3到5万字的文字编辑成书，放在豆瓣阅读上售卖。2014年，百度、京东、当当先后启动自出版计划。与京东、当当的名人策略不同，百度的做法更接近于亚马逊的方式，搭建一个连接作者与读者的平台，让作者自由写作、发布内容，并鼓励作者与读者互动交流。

就像掌上阅读器的进化会推进eBook的普及一样，我们不难推断，数字印刷设备的发展也会加快按需出版的发展。施乐、惠普、柯达等多家公司这些年都在小批量数字印刷设备方面有不小的投入，产品不断改进，性能不断提高，这必然将成为另一股动力。

方向二：差异化内容销售模式

目前来说，差异化内容销售模式就是改变以往整本书单一介质的单一销售方式，把书的内容进行拆分重组或者改变介质，进行多种或多次销售，以满足不同读者的需要。

在这种模式上做得比较成功的首推专业出版领域的美国国家学术出版社（The National Academies Press，以下简称NAP），它是第一个也是目前唯一一家在网站上对其全部产品都提供了可细分至单页的内容在线获取的出版者。1996年NAP就开始实施这一数字化出版模式，在网上销售这些拆分成章节的图书PDF版，现被公认为是这方面做得较为成熟并且非常成功的一家。NAP出版的图书涵盖科学、工程、医疗卫生各领域，以权威性著称，出版物主要面对高层次专家，有一定的不可替代性。NAP所提供的图书PDF版，分为可以免费下载（约有数百种）和付费购买两种，后者以三种形态在网上销售：整本书，章节和捆绑（bundles）销售。

NAP采用的这种拆分方式适用于专业出版的科技、法律、经济管理等多个类别。

不过，对大众图书而言，这种拆分方式就不大适用了。不过，创新无处不在，一些大众书商采用了另一种“拆”的方法，与 NAP 式的对内容进行空间上的拆分不同，我们不妨把它称为时间上的拆分。创立于 2007 年 5 月的 DailyLit 就是一家典型的以读者阅读习惯和口味为导向的公司，它采用 E-mail 或 RSS 订阅的方式，向读者分期发送所订购的内容，每天发一段，引导读者每天读一点。这种独特而又贴心的方式吸引了大量订户，使 DailyLit 得到稳步发展。2009 年年底，DailyLit 进一步将这项服务完全免费，主要通过广告和赞助商获取收入。

除了拆分，通过改变介质进行多重销售，可能是多数出版者更容易把握的方式。其中最常见的就是一本书的纸质版和电子版同时开发，并且同时或先后推出。

不难看出，面向读者端的创新要想成功，差异化是重要途径。在此有一个核心前提，那就是在调研和决策时必须把读者放在首位，任何自以为是的标新立异都是危险的。

“客户需要”在每一个时代都需要重新定义，出版业也是如此。在数字化、交互式等出版趋势正逐步成为主流的今天，传统出版的弊端并不是技术上的缺陷，而是个性化和增值服务等方面的不足。其实无论产品模式如何变化，我们最有必要重温的还是那个不变的原则：满足个性化需求，包括读者的和作者的。这就是今天这个时代对“客户需要”的另一种表述。

第二节 广电业

广播电视产业一直是国家文化产业的重要组成部分，也是我国文化产业的核心平台。一方面，文化产业许多行业的活动与广电产业息息相关，如节庆活动、体育与会展活动、动漫产业活动等；另一方面，广电产业与其他产业的发展唇齿相依，受到其他产业发展程度的影响，如体育产业的发达与否对电视产业就有重大的影响。随着国家文化发展规划的提出，广播影视产业将进入一个大发展、大繁荣的新的历史阶段。作为当今社会的强势媒体和文化产业中科技含量非常高的行业，广播电影电视在文化产业发展中具有无可比拟的优势，对发展文化创意产业具有龙头带动的作用。

没有人会怀疑中国广播电视业的未来。但是，进入 21 世纪以来，以广播影视为代表的传统媒体遭遇新媒体持续的挑战，传统媒体产业也因此不得不面临新媒体产业带来的挑战。当然，这种挑战也包含着某种契机，例如新媒体进一步促进了媒体平台的扩展和跨媒体产业链经营时机的成熟。如何在挑战中把握契机，正在考验着传统媒体人士的智慧。

一、广电业商业模式界定

广电的商业模式即“台网概念”，具体而言为电视频道（台）和电视网络（网）。其中，电视频道从传输范围和传输形式来划分，又分为卫星频道和本地频道。电视频道的商业模式非常清晰，分为免费频道和付费频道，前者以收视率吸引广告投放，后者以独特内容收取频道收视费。

我国当前还缺乏具有竞争力的商业模式的电视产业集团，主要的原因是缺乏专业化、特色化内容的经营。国外的商业模式就是我们可以借鉴的主要对象。我们虽然在一些节目形式上模仿了国外的节目，但是在电视台经营、频道定位和栏目策划等方面，商业模式都处于缺乏创新的摸索阶段。有的电视台曾经定位为西部频道，似乎意味着受众的消费水平偏低，对于广告商和赞助商也就没有吸引力。至于定位为环保频道的，就更缺乏收入的来源了。

美国广电业的商业模式就有值得借鉴的地方。中国用户和美国用户在媒体产品的消费使用习惯上有着很大的不同，相对来说，国内版权的意识更为薄弱，免费的午餐吃得更多，但是随着内容的变化和发展，我们也许会走上一条若干种商业模式齐头并进的道路。

在竞争开放的环境下，美国电视业根据新一代的观众特点，对商业模式进行了灵活处理，即免费与付费相结合，从以免费为主到多种付费方式结合的转变。我国传统电视经营还是以广告为核心的免费模式，观众收看免费电视，客户投放有偿广告，这种模式称之为B2B2C模式，第一个B是电视台，中间的B是广告客户，C是用户。第一个B必须要打动C，C愿意看，再卖给中间的B，B掏钱，商业模式就形成了。美国的电视节目转移到手机上成了付费节目，IPTV是收费的，收看纽约1频道的新闻要付费，收看一些精彩的美剧或者真人秀也要收费，这是除了广告经营之外的另一种商业模式。

商业模式创新的背后，美国媒体公司面临的挑战是如何在用户习惯于采用免费网络内容之际，维持有线商业模式的赢利生命力。有线运营商向有线网络提供付费节目，双方共享广告营收。如时代华纳推出的“TV Everywhere”（电视无处不在）和Comcast推出的“On Demand Online”（网络无微不至）计划，就是希望通过Web向付费有线电视用户提供有线节目，延续其传统的商业模式。我国在这方面也已经进行了初步的探索和发展，比如南京广电系统推出的互动电视，通过电视点播和有线电视费收费，还有电信系统推出的 IPTV，这些按次收费、按月收费或者按照节目包付费的方式构成了新的商业模式。这些变化带来了巨大的机会，简单地设想一下，能把电视媒体如果和通信厂商的资源相整合，将会带来更大的行业发展机遇：假如有 6000 万的江苏手机用户，15 个人中有 1 个人变成手机电视用户，就是 400 万个用户；每个人每天付 2 元钱，一天 800 万元的现金流，一个月就是 2.4 亿元的收入，再乘以 12 个月呢……这是电视广告挣不来的钱，节目内容就是电视内容的改造、移植，或是为手机用户专门定制的内容，成本并不高，但能带来更大的收益。新媒体运营的低成本化，收费的便利性，二次乃至三次开发的价值，这些新的机会足以让电视媒体经营人员兴奋起来。

另外，广告播放平台的变化也是一个不可忽略的方面。之前，非平面广告只有电视台可以播，今天电梯、餐馆、酒吧里也有，网络视频、网络游戏里都有很多不同形式的广告。同时，电视分销模式也在发生变更，原来电视广告是集体收看，可以根据收视率、覆盖人口、开机率算出来有多少人看广告，及平均到每一个人身上的广告开销是多少；今天不一样了，有的人早上看，有的人晚上看，有的人路上看，广告怎么投放？在个性化的点播消费时代，整个业态在发生变化，在这种情况下，每个人都会变成电视台，每个人都是真人秀，有一天大公司有可能会分化，各取所需。这意味着广电业的商业模式有了更多创新挑战和发展可能性。

二、广电业商业模式创新

随着信息技术的发展，各类媒体之间的竞争日益激烈，特别是不同的媒体平台具有相互竞争的特性。作为传统媒体的广电业在信息提供方式上遭遇了技术挑战，商业模式也急需变革。如何根据竞争环境的变化来推进传统媒体和新媒体的融合，如何调整和改进基本的商业模式，都是亟待解决的问题。

创新商业模式是传统媒体获得持续发展的一个基本方向。通过创新来改进和完善商业模式，传统媒体需要同时解决两个问题：一是要巩固原有的核心业务，特别是在应对挑战时继续发展其具有传统优势和生命力的业务；二是要扩展产业链，稳步过渡到新的产业链结构，并形成有竞争力的商业模式。

我们要保持广播影视产业的核心地位，打造具有核心竞争力的广播影视产品和品牌，就要以体制机制创新为保障，以内容创新为核心，以科技创新为动力，注重原创能力的培养，进而增强我国广播影视产业在国际上的竞争力。

1. 体制机制创新

我国的广播影视文化产业体制机制一直存在着政企不分、制度僵化等问题，因此应围绕以下三个重点进行创新：一是建立政企分开、管办分离的新体制，破除广播影视产业发展的体制机制性障碍，实现政府管理由传统管理向现代依法管理的转变，提高政府运用法律、行政、经济等多种手段管理影视的能力和水平。二是按照现代产权制度、现代企业制度的要求，加快推进影视行业可经营性事业部分转制和企业的改制重组，加快推进广播电视经营性事业单位和电影制片、发行、放映单位转企改制步伐，抓好广播电视节目制播分离的制度改革，将广电系统自己的制作机构和能够剥离的节目制作部门从现有的事业体制中剥离出来推向市场，实现文化产品与制作水平的优化升级。三是按照市场规律，逐步打破行政壁垒，疏通影视产品流通、发行渠道，建立健全开放竞争、规范有序的市场平台。逐步打破行政区域垄断封闭经营的状况，推进广播影视经营性资源的区域整合和跨地区经营，促进行业集约化发展。

2. 经营方法创新

改进传统媒体的经营方法，才能为新的媒体商业模式提供强有力的支持。就是说，媒体的经营人才必须将内容创作和商业经营有机结合起来，既要深刻领会主管领导的意图，也要满足消费者的需求。这就要求传统媒体的经营者需要综合的素质，同时兼顾文化事业管理和文化产业经营的不同特点。

3. 产品内容创新

信息流通时代人们有多元化的精神需求，我们的广电影视节目也要提供多元化的内容。内容上的创新要抓住两个立足点。一是立足以现代化的方式挖掘民族文化底蕴。中国的广播影视产品要想打开世界市场，就要努力发掘既有中国特色，又能够适应世界普遍的价值观和审美观的内容。我们应当强化自身的民族文化底蕴，以求厚积薄发、独树一帜，传承的同时出新，并以深得观众赞叹的手法将之绝妙演绎，进军国际市场时不失自己独特的亮点，才能真正提高我国影视节目产品在国际上的竞争力。二是立足大众的审美观。真正贴近受众群体的生活，不是居高临下地教导，而是充分尊重和公平对话，真诚满足其精神需求。成功的影视人，必定尊重观众需求，使产品在精神气质、人性关怀、幽默逗趣等各个方面得到市场认可。我们只有深深地根植于当下的现实生活，深入当下活生生的现实中去，才能发现真正属于我们自己的独创的“本土化”的文化理念，才能创造出适应时代发展、深受大众所喜爱的精品力作，真正满足人民群众多层次、多样化、个性化的精神文化需求。

4. 应用技术创新

我国广电影视产业发展必须加快高新技术的应用。一是寻求影视行业与高新技术产业的合作，通过产业融合提高广播影视业高新技术的应用性，利用数字、网络技术，大力发展广播影视网络和数字电视以及手机广播、手机电视、网络广播、网络电视等新媒体、新业态。如利用我国自主创新的移动多媒体广播电视技术、业务和运营支撑体系，建设覆盖全国所有地市级城市的无线网络，形成惠及亿万群众的新型广播电视服务方式和产业业态。运用“高性能宽带信息网”技术，推动“三网融合”，发挥网络自主创新优势，带动广播影视产业链发展。二是突破行业限制，改善合作关系，推动产业内和产业间的融合，推动各大媒体公司跨越国界进行联合，提升我国技术水平和国际竞争力。三是加强国际间合作，引进国外先进技术，适当购买国外先进设备，特别是引进广播影视行业最新的数字化设备。

5. 产品策划创新

大量事实证明，能够支撑起广播影视产业的产品，必然是能够满足广大群众需求，为市场受众所关注、喜欢、接受的产品。广播影视从业者可以根据大众文化消费的需求，将大量的文化资源转化为有经济价值的“符号”，提供给广大的消费者；广播影视从业者也可以根据企业产品的文化含量和文化要求，将大量的经济资源转化为有文化价值的“符号”，提供给广大的消费者。文化产业的这种“创作符号”的特点又来自它的两大特有的功能：一是它的“讲故事”功能；另一个是它的“眼球效应”即聚集注意力的功能。

“讲故事”功能和“眼球效应”也是广播影视体现自身市场价值的两个着眼点。广播影视的从业者，要学会根据市场需求为一些文化单元“讲故事”，将文化资源转换为经济价值；要学会为一些经济单元“讲故事”，将经济资源转换为文化价值。广播影视的从业者，要善于经营“眼球效应”，将其作为自身发展的独特优势和核心竞争力，并努力通过“眼球效应”进一步挖掘自身的潜力和经济增长点。经营“眼球效应”实质上就是在经营受众，将受众转变为客户。

从总体上说，传统媒体的商业模式创新不是以原有的商业模式来对抗新媒体的商业模式，而是从文化产业本质性的角度来看待媒体的发展，并且了解娱乐性、体验性、参与性和时尚性的文化产品发展趋势，结合新媒体而获得新的商机，并逐步打造跨媒体产业链的新商业模式。

三、广电业商业模式案例解读

创意使产业融合——《武林外传》全产业链模式的思考

可以说,《武林外传》是一部以普通大众为消费对象的大型古装情景喜剧。2006年在央视8套首播,一举引发收视率高潮。

该片能赢得好评,首先得益于其全产业链商业模式的创新。在该剧播出引起强烈反响后,制作方北京联盟传媒有限公司对该片进行了深度的产品衍生开发,创立了全新的"武林外传"全产业链商业模式。制作方做了一个调查,发现在世界范围内电视剧改编成网络游戏的案例非常少,但这并未妨碍其开发了《武林外传》的网络游戏。在这期间,北京联盟传媒又做了卡通片、动画片、漫画书、手机视频、话剧、川剧、动漫人偶戏,2010年又开始做Web2.0的游戏,甚至还生产出相关的毛绒玩具和文具以及邮票。《武林外传》的电影版在2011年国内526部影片当中的投入产出比位列第一。该影片投入3000万,获得2.2亿元的票房,应该说为《武林外传》整个产业链的开发画上了完美的句号。

谈到"武林外传"全产业链商业模式的成功,电视剧在内容层面的价值不容忽略,中国社会科学院研究员时统宇认为,《武林外传》剧集的特点是真诚和原创,这也是其他影视产品在打造品牌时最为欠缺的一点。《武林外传》的故事内容特色有哪些呢?请注意那些贯穿于《武林外传》整个情节的一些关键词:江湖、天下、儿女情长、决斗、计策、开会、掌柜、伙计等。

《武林外传》的出品人苏越在回答记者提问时表示:"当初准备拍的时候,一点没有把握,没想到会这么受欢迎。当时尚敬他们拿出这个本子,跟我说了七个字:'打着武侠反武侠',我觉得挺有意思,这是一个全新的东西,对于年轻人很有吸引力。现在很火,我觉得有三个原因:一占'天时'创意好,幽默但不是耍贫嘴,娱乐同时有品位,就跟北京的二锅头一样有后劲;二占'地利'集数长,这个戏80集,播完快一个月了,观众有一个逐渐接受的过程,不像有的戏二三十集,一天三集,不到一个礼拜正看上瘾就没了;三占'人和'正放假,赶上寒假、春节,学生都在家,这个戏很合他们的口味。虽然受欢迎,但是我们不会像《康熙微服私访记》《纪晓岚》一样热衷拍续集。《武林外传》因为创新才尝到甜头,就应该另外去再创新,而不是继续守旧。"《武林外传》的营销手法堪称经典,它无疑是近两年在我国最有影响的一部情景喜剧,这不仅仅表现在高收视率方面。随着《武林外传》在网络游戏、话剧、动画、漫画、玩具、文具等方面的全面铺开,其巨大影响已经扩展到海外。它成功出口到日本、韩国还有我国台湾地区。《武林外传》已经启动动画版本的改编，相信在有了电视剧、网络游戏、游戏剧等众多影迷的基础上，《武林外传》动画片一样可以获得观众的青睐。

据《成都商报》报道，该剧导演綦柏钧称，"动画版的剧本仍然由宁财神主笔，全剧总共投资 8600 万元，将拍摄三百集。主创班底也大多都是原班人马。为了增加一些笑料，我们还新写了丐帮高手、四大名捕等武林高手"。

綦柏钧透露，佟掌柜、白展堂、李大嘴、燕小六、郭芙蓉、吕秀才等主要人物形象，在动画版《武林外传》中会有些改变。"原来的荧屏人物形象我们会用漫画处理，追求神似，但人物性格、故事还是和原剧差不多。"

至于演员配音，綦柏钧表示，他们不打算另外找人，将把闫妮、沙溢等原剧主要演员全部请回来，根据新写的台词重新配音。"比如动画版佟掌柜，就还是用闫妮的原声，这样观众听起来更熟悉。"

【案例点评】

《武林外传》的成功来源于创新，它将我国武侠文化与现代都市时尚因素完美地融合在一起。这种原汁原味的中国创造，开创了一个中国情景喜剧崭新的时代。此外，它独有的营销策略与深层次的品牌开发以及多种产业的融合也史无前例地把中国情景喜剧推向了一个全新的高度。它利用中国人传统的武侠情结吸引观众的眼球，利用荒诞的剧情对目前社会丑恶现象进行抨击。在嬉笑怒骂之余将形式多样的武侠文化符号融入现代人的生活之中，这无疑是对武侠文化发展的有益尝试。

难能可贵的是，《武林外传》在具备了创意性之后，还对创意进行转化，对其品牌价值进行多层次挖掘，形成了多种产品的规模化发展，完成了创意价值的多次增值。电视剧的播出是整个产业链的核心，由此衍生出来的话剧、动画、游戏、漫画、玩具等产业的发展，都是对原有创意和资源的再开发组合，是在原有基础上的创新和利用，具有很高的增值性。各种产业间相互拉动，形成资源互补，组成一个完整的产业链条。拓宽产业链条的同时也使其品牌价值与影响力形成"滚雪球"效应而不断提升。影视产业作为文化传播的媒介本身就具有高度的融合性，从《武林外传》的发展路径我们可以看出，创意的价值创造使传统的产业边界变得模糊。各产业之间不断地渗透融合，可以形成一个以同一品牌为核心的新产业形态。

第三节 新闻传媒业

新闻传媒业是新闻机构以及各项业务的总称。现代传媒业主要是指报社、通讯社、广播电台、电视台、新闻期刊社、新闻电影制片厂等专门机构,及其运用报纸、广播、电视等传播媒介开展的新闻业务的总称。新闻传媒具有双重属性:作为具有意识形态的精神产品的生产者,从属于上层建筑范畴;作为向大众提供信息的载体,新闻传媒又具有产业属性。

中国的传媒业自20世纪70年代末实行改革开放以来取得了较大的发展。据统计,2008年,我国共出版报纸143种,期刊9549种;截至2013年底,我国共有153座电台、166座电视台和2207座广播电视台。麦肯锡全球研究院于2014年发布的《中国的数字化转型:互联网对生产力与增长的影响》显示,中国网民数量已经达到6.32亿。网络媒体的发展也很快,2013年12月底,全国共有350.7万个网站,2014年1月份网络用户数量已达到8.38亿,其中宽带用户数量达1.91亿。据2005年在韩国召开的世界报业协会第58届年会公布的数字,中国共有28家报纸进入世界报纸销量的前100名(其中大陆有23家,台湾地区有5家)。虽然中国报纸的数量和总发行量都居于世界前列,但是与世界上一些发达国家相比,我们的传媒业在传播技术与手段、产业经营与管理、整体实力以及在国际影响力等方面都还存在不少差距。

从理论上而言,传媒有媒体属性,形成产业后,又有产业属性。如何确保媒体在承担起社会责任的前提下保持其产业属性,确保资本的保值增值,确保其在激烈的市场竞争中不断发展壮大,这既是微观课题,也是宏观课题。

一、新闻传媒业商业模式界定

新闻媒体有两种可以销售的产品:将新闻内容卖给受众,获得发行收入;将报纸版面卖给广告客户,获得广告收入。

当今媒体的主流商业模式大致有三种:

1. 内容产品商业模式

内容产品商业模式通过发行内容产品和其他副产品产生赢利,也就是销售内容产品。媒体不需要经营广告,只需要生产出有宣传价值的产品,主要靠发行实现赢利,如

《读者》《新华文摘》《体坛周报》等。

2. 广告产品商业模式

广告产品商业模式主要依靠广告收入来赢利。今天，中国几乎90%以上的报纸和杂志都依靠广告收入来维持生存和发展。在这种模式下，报纸行业单纯依赖发行基本亏本或者不赚钱。

广告产品商业模式告诉我们，产品的分众化推动了广告商对媒体需求的分众化，进而影响了媒体的分众化。媒体市场的分众化包括三个方面：一则对象专门化、区隔化，例如高端媒体；二则内容专门化，例如专业媒体；三则区域化，例如城市媒体。分众传媒取得如此大的成功，就在于提前感知传媒分众化的趋势，将目标受众锁定在三高人群：即高收入、高消费、高学历的群体。

广告产品的价值对等关系如下：

内容生产方(使用价值的提供者)	交易对象(价值提供者)
电视台、报纸杂志等	广告商
使用价值：收视率、阅读率	价值：广告收入

广告产品商业模式要求媒体不仅需要将广告商作为思考的起点，而且价值链的设计应该以营销为中心。媒体的竞争力通常呈现出以下两个特征：媒体的竞争力和市场价值呈正比；媒体的竞争力和媒体的集中程度呈正比。

3. 渠道产品商业模式

这种模式是媒体通过作为展示和销售产品的渠道和平台而赢利。比如电视购物频道等就是此种赢利模式的典型代表。现在部分媒体兼有广告产品和内容产品两种商业赢利模式，收入来源于广告和发行。即在销售品牌广告的同时，还充分利用非黄金时间做电视购物节目。

以上三种商业模式并不一定会单独出现，有时会结合出现。如内容和广告产品两种商业赢利模式结合，首先要进行逆向思考，需要考虑的问题包括：第一，内容和广告，谁是中心？第二，广告商的需求，广告商要什么或者说在市场上媒体卖给广告商的价值是什么？广告商需要的价值可分为两个方面及两个层面，两个方面包括：目标核心人群、符合投放标准的覆盖率；两个层面是指：现有需求、潜在需求。第三，媒体对于市场的终极价值是什么？要建立一个赢利的强大媒体，首先要考虑的是要为什么样的广告商提供什么样的传播价值。注意力经济法表示，在一定的范畴内(广告商价值)、特定的人群中，高注意力可以转化为高价值和高回报。媒体一定要做到精、准，即定位为王。如候车亭传媒就是白马，楼宇媒体就是分众，这是媒介的区分；在内容上的区分如财经消息即《华尔街日报》《21世纪经济报道》《第一财经》等，网络新闻即新浪网。以地域性来划分，南方的杂志就包括了《南方都市报》《广州日报》等。

新闻传媒业商业模式的建立可以按以下几个步骤来进行：

(1)分析市场模式

所谓不打无准备之战，首先分析目前广告商所应用的同类媒体进行传播的模式是什么，接着分析是否还存在潜在的、广告商未被满足的传播模式，再次分析各种传播模式的前景，评估它们的价值。

(2)选择合适的营销模式

营销模式无好坏之分，适合自己、适合大环境、适合广告商的就是最好的。选择一个真正被广告商认可的模式是一切媒体营销的基础，选择有差异性的模式是一个战略成功的开始。常见的传播模式包括全国性传播、区域性传播和特定人群传播。

(3)清晰界定核心受众群并锁定

细分人群是指按照位置区域、基本的人口统计量、需求、欲望、动机、价值观和生活态度等区分用户市场。锁定是指了解特定人群的生活习性、需求、喜好，借鉴优秀媒体和新兴媒体的经验，定期召开目标受众群体的深度座谈会，走访社区，走进家庭，举办读者评报会、观众见面会等。

(4)强化并推广模式

此阶段分为两部分：对受众而言，要不断地研究和了解目标受众的需求和潜在需求，调整和强化自己的产品内容，强化沟通和传播环节，强化营销和推广活动；对广告商而言，需要深入研究和挖掘传播的模式和价值，使广告商了解媒体的价值。

推广的目的是使媒体价值最大化，有两条途径：第一种是明显的区域性，即对一定区域的最广泛人群的占据，就意味着这家媒体就是在一定区域内具有最高到达率的媒体；第二种是对于某一特征明显或者区隔明显的人群具有最高到达率的媒体。媒体市场区隔越明显，越具有针对性，媒体的价值就越清晰。

二、新闻传媒业商业模式创新

新闻传媒业是建立在阅读这块土壤上的，随着新媒体的快速崛起，新的传播技术和媒介的涌现，读者的阅读习惯和趋势发生了从看报到上网的质变，这意味着新闻传媒业的传统商业模式也受到了挑战。在未来一段时期内，读者的阅读趋势将可能发生如下变化。

1. 从单任务阅读状态到多任务阅读状态

在高科技的支持下，在电脑等多任务工具中，多任务操作成为现实，在这种情况下，读者更倾向于从以前的单一从事阅读状态到现在的工作、阅读、沟通等多任务同时做的工作状态。而这将对报纸、广播、电视等单一的阅读状态带来变革，同时可以实现多任务工作的网络媒体和移动媒体将逐步成为主流。

2. 从被动阅读到互动阅读

基于平面文字和图片的传统阅读大多是被动的，而借助于数字技术，互动阅读成为可能，读者为了体现自身的价值，踊跃发表自身的观点，更喜欢参与其中，更讲求互动阅读。

3. 从标准化信息到个性定制化信息

在传统媒体中，读者得到的是标准而统一的信息，虽然报纸和广播电视等传统媒体也分别通过分成不同板块和多频道化等手段提供一定程度的差异化产品，但是限于版面、频道资源以及成本的限制，它们只能提供较为标准和统一化的信息。事实上，读者更喜欢服务商为自己提供更能满足自身要求的个性化和定制化的信息。新媒体由于成本的相对低廉、海量的空间和互动体验，可以通过互联网技术来分析每个读者的阅读习惯和倾向，进而为每个读者提供量身定做的个性化的信息，更好地满足了读者的需求。

4. 更加重视阅读体验

随着技术的进步，阅读不再是一种单调的体验，新媒体给用户带来了越来越好、越来越丰富的用户体验，读者也更重视阅读体验。

以上的种种变化，总体上说，得益于技术，形成于网络。网络是新媒体的载体，互联网问世以来就具有和传统媒体截然不同的特点，而这些特点也更为符合时代发展方向和趋势。因此，新闻传媒业要向新媒体学习商业模式。我们首先来看看传统媒体和新媒体商业模式的比较，就知道差别在哪里，传统媒体该学习什么：

(1)传统媒体："两次售卖"商业模式

传统媒体的商业模式可以归结为"两次售卖"模式，就是二次销售理论，即媒体经营经历了两次销售，第一次是媒体把内容销售给受众，第二次是媒体把受众销售给广告商。当传媒产品通过采编人员的采写和编辑后，它要经过两次售卖才能形成自己的价值和创造新价值。其中，第一次售卖是通过完善的发行渠道，通过一定的传播媒介把新闻产品传递给受众。第二次售卖，是把传媒企业所具备的传播功能售卖给广告主，广告主看重的是传媒企业高质量的受众和传媒企业所具备的公信力和影响力，也就是传媒企业所具有的传播功能的大小。

传媒业商品的两次售卖模式具体见下图：

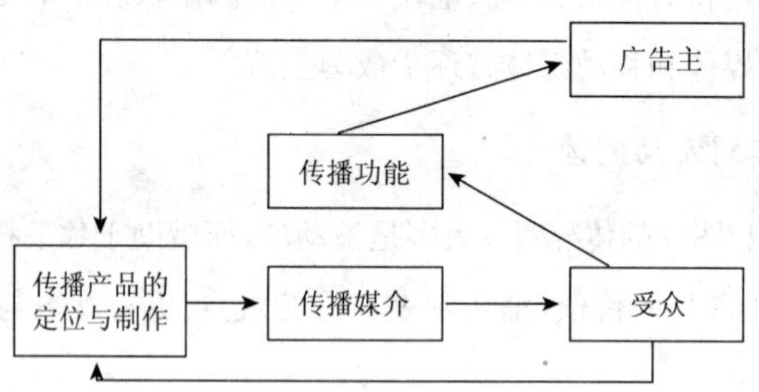

传统媒体借以获得传播功能的第一次售卖只能采取分众模式，即在用户选择上重点选择某些经济发达的地区和收入较高的商业人士。背后的原因是巨大的发行成本——报纸多是亏损发行，在北京和广州等地区的厚报每发行一份仅仅印刷费用就可能亏损2元左右，一份发行百万份的厚报每年就要亏损4亿～6亿元，这就需要巨额的广告费来弥补；电视台要在一地级市落地就需要几百万的落地费，如果想在全国实现落地则需要3亿～5亿元(中央电视台、人民日报等中央级媒体除外，原因在于它们可以借助行政力量来强制落地和发行)。

在这样的商业模式下，媒体和读者之间以及广告主和读者之间的关系都是相对割裂的，因为没有互动和反馈的平台，媒体很难精确地掌握读者的特征和偏好，广告主就不能清晰地了解媒体的读者。因此往往第二次销售出现时，广告商并不买单，一是成本太高，二是受众与广告商的需求不对应。

(2)新媒体："免费＋收费"商业模式

由于"摩尔定律"和"复合学习曲线"的作用，在信息产业尤其是在网络技术领域，网络技术产品效能大幅度提高的同时，其成本却在快速下降，而其边际生产成本甚至出现归零化的倾向。在这种情况下，网络经济就有其不同于其他经济类型的鲜明特点：先期成本很高(或者说沉没成本很高)，后期成本较低，逐步为零。由于网络媒体的前期投入巨大，而后期成本投入较小，其就可以在基础业务平台方面利用免费的优势来尽可能地吸引用户，并在此基础上搭建大型平台。由于其平台的空间是海量的，甚至是无限量的，而且成本低廉，网络媒体就有能力和意愿最大限度地吸引用户，能更好地满足用户的个性化需求。具体说来，就可以充分利用其大型平台发挥长尾效应，把各种个性化和小众化的用户吸引到大型平台上来。

这就给新媒体的经营提供了很大的弹性，为网络媒体采取“免费＋收费”的商业模式创造了便利条件。“免费＋收费”的商业模式充分发挥规模经济和范围经济效用，利用免费优势吸引海量的用户，进而搭建大型平台进行资源协同和共享，并在此基础上开展增值业务。更为重要的是在网络经济情况下，市场不仅仅只是买卖双方匹配的系统，更是市场多方共存的生态系统，其中只有某些方面双方直接进行交易，而更多地是依靠三方或多方交易。具体说来，网络媒体常常采取交叉补贴的模式，即付费的给不付费的提供补贴，一方面，同质化的信息变得免费，而客户定制化的信息则要变得昂贵；另一方面，第三方代替获得免费信息和服务的用户向网络媒体付费。以谷歌为例，谷歌对使用其一般搜索业务的用户免费，而通过广告主等第三方收费来补贴免费，或者把读者的流量转移到第三方的网站上，采取和第三方分成广告收入的方式来补贴免费。再以腾讯为例，使用 QQ 的普通用户免费，购买昂贵的 QQ 道具的用户则可以用付费来补贴免费，而在大量用户基础上开展的网络游戏等增值业务带来的收入更能很好地补贴免费。具体来说，网络媒体的收入来源一般是广告、深层次信息服务等增值业务和售卖用户数据等。

5.传统媒体与新媒体在商业模式方面的差异

首先是获得每个新用户的边际成本有很大的差异。传统媒体获得每个新用户的边际成本虽然也在降低，但是整体成本仍然较高，导致其难以无限制地扩张用户群，也无法搭建大型平台；而新媒体在前期投入之后，获得每个新用户的边际成本趋向于零，这就使其能够无限制地扩张用户群，进而搭建大型信息服务平台。其次，传统媒体第一次售卖一般是亏损的，而新媒体可以在平台上直接实现盈利，如腾讯可以直接向用户售卖增值服务，利用网游服务直接收费等等。下面我们可以简单看看新媒体大型平台的主要表现。

国外以 Facebook 为例，以前它常常被质疑找不到商业模式和赢利模式，如今，依靠其庞大的用户群已经实现了盈利。根据 Facebook 发布的 2014 年第一季度财报显示，第一季度营收为 25 亿美元，比去年同期增长了 72％，第一季度日活跃用户达到 8.02 亿人次。

再看看国内的腾讯，根据腾讯公布的 2014 年第二季度及上半年综合业绩，2014

年上半年，腾讯总营收为381.46亿元人民币，同比增长37%；赢利为122.58亿元人民币，同比增长58%；净利润由2013年上半年的28%升至32%。腾讯的业绩增长源于广告和游戏两大业务。腾讯的网络广告收入第二季度为人民币20.64亿元，增值服务业务收入第二季度为人民币157.13亿元。微信及WeChat的合并月活跃账户同比增长57%，达4.38亿；QQ总活跃用户8.29亿，而智能终端月活跃账户突破了5.21亿，同比增长45%，相比上季度有6%的增幅。这为腾讯的保持增长提供了基础。

中国的传媒业目前尚处于初级发展阶段，因而广告市场还有巨大的发展空间，广告收入仍将在传媒业占据重要地位，但是随着新媒体的快速发展，广告将从传统媒体快速转移到新媒体，新媒体在广告市场所占的比例将越来越高。目前，西方发达国家尤其是美国和日本等国家这种趋势表现得尤为明显：根据美国报业协会公布的数据显示，美国报纸行业2013年总广告营收为376亿美元，较2012年下降了2.6%。

更重要的是，随着移动互联网的快速发展以及网络媒体的进一步成熟，信息服务将成为重要的收入来源。虽然平面媒体未来将逐渐衰亡，但是信息服务将高速发展，针对不同读者、具有更好用户体验的个性化、定制化的娱乐和信息服务将成为媒体业最重要的收入。要为用户提供这类服务就必须在用户平台上运用用户使用习惯跟踪、数据分析等手段，了解用户的消费习惯，并为他们提供量身定做的娱乐和信息服务。要实现这个过程，一是需要功能强大的用户平台，二是需要成本低廉、技术先进的数据分析工具和平台。毫无疑问，传统媒体由于用户群小以及缺乏先进的分析工具，注定提供不了这样的服务，只有新媒体才有能力提供这种服务。

正如清华大学传媒经济与管理研究中心发布的《2010传媒蓝皮书》所指出的，移动传媒与互联网将成为传媒产业发展的主要方向和动力。因此，新闻传媒业商业模式的创新都要围绕这两个平台来进行。

《中国传媒产业发展报告(2014)》指出，2013年我国国民经济的持续稳定发展，广告市场规模的不断扩大，为传媒产业发展奠定了基础。同时，新媒体的崛起成为传媒产业超越GDP快速增长的重要驱动力——移动互联网使传播渠道碎片化，营销模式不断创新，形成新经济增长点；网络游戏平台逐步体现媒体价值；社交媒体、网络视频、OTT TV、数据库等新的商业模式层出不穷，市场规模逐步扩大——2013年中国传媒产业总体规模达8902.4亿元，同比增长16.1%，较2012年上涨近4个百分点。

三、新闻传媒业商业模式案例解读

清晰频道——美国广播传媒领导者的成长

清晰频道(Clear Channel)传播公司的前身是一个地方广播电台，1972 年因为陷入财务危机而被诺瑞·梅斯偶然收购。购买以后，梅斯很快就学会如何改善它的运营，吸引更多听众并销售更多广告。

然而，仅仅改善一家广播电台运营并增加广告销售并不能给它带来比其他强劲对手更持久的竞争优势。梅斯创造了一种方法弥补电台听众固定、单一的劣势。麦耶斯在经营一家广播电台时，同时收购其他广播电台，并简单改善它们的运营。1984 年，清晰频道首次公开上市，上市为公司提供了充裕的并购资金来源。

随着政府对一家公司在某一地区拥有广播电台规定数量限制的放松，清晰频道开始把其所属电台集中于一些地区，在这些地区，它可能拥有最多数量的广播电台。改变在同一地理区域市场上那些广播电台所播出节目的形式，以提供互补节目，并面向理想的听众群体，如当地汽车代理商和百货公司的消费者，因为这些广告客户是收益的主要来源。为做到这一点，清晰频道可能把一个摇滚音乐电台变成西部乡村音乐台，这样听众就有更多样化的选择。同样，它可能把一个新闻台变成一个谈话节目以满足市场需求，在对广告客户最有吸引力的听众中扩大基础。一旦并购了一个电台，清晰频道就会毫不吝啬地从本地听众及广告客户的角度改进该台节目的娱乐性，以提高收听率和听众质量。最后，相对其他任何报纸、广播和电视组合，清晰频道整合提供对特定广告客户有更高听众质量、涉及多个台和节目、价格更低的广告。尽管音乐人及音乐公司经常抱怨清晰频道在美国不同城市音乐广播节目的内容非常相似，但听众和广告客户乐意它这么做。

在清晰频道所涉足的特定市场，其他广播公司或者缺乏数量足够多的台，或者缺乏互补的听众。大部分公司选择经营好单个台以实现最大化的利润和收益，而不是寻求对广告客户的总体效率。结果，在清晰频道拥有充足的广播电台的每一个地方市场，它的优势在增长。贯彻同样的观念，清晰频道也购买一些位于广播电台市场区域的电视台，在更广的受众范围内组合广播和电视广告。其他公司也这么做，但通常缺乏清晰频道所拥有的在当地广播听众市场的效率优势。

追求在众多地方市场进行这样的听众或观众开发，清晰频道最终能够为全国广告客户提供具有优势的广告。作为广播产业的领导者，清晰频道是性价比最高的选择。

因为其他电视和印刷媒体要昂贵得多,因此,价格也是它具有的一个优势。清晰频道通过并购还增加了相当数量的可整合广告牌,给地方及全国的广告客户增加了另一个低成本广告渠道。

通过并购,扩张地域范围,清晰频道将其娱乐及广告扩展到全世界,并根据当地情况进行管理。最近,它又并购了一家拥有明星、运动展示和音乐会的传媒。于是,它可利用公司自己的传媒渠道为广告客户提供以明星为基础的传媒工具。例如,一个广告客户可以安排一个巡回乐队出现在清晰频道的广播、电视和广告牌上作特别的推介,在音乐会做广告,在采访时提及该广告客户并获得赠票等。

清晰频道已经是产业领导者,拥有超过1200家广播电台,在美国服务着11%的广播听众;它经营最大的广播网,同样也是广告牌产业的领导者,运营的广告牌数量超过73万个;它也是领先的现场娱乐推介商之一,每年制作推介的活动超过2.6万场,包括音乐会、戏剧表演、运动会等,超过66万人参与;它旗下还有19家电视台;在国际广播及广告业,它的地位还在上升。

2002年,清晰频道的收益是84亿美元,是1989年5240万美元的160倍。1989年时,公司亏损40万美元,但到了2002年,公司利润超过7亿美元,有17.5亿美元的现金流。除了电视台外没有哪个竞争对手利润达到其1/10,尽管在1972年时,这些竞争对手大部分都比它规模大。在1989至2002年间,其股价上涨超过80倍。2007年,公司全年营业收入为68.2亿美元,比2006年的64.6亿美元增长了6%,公司的净收入为9.385亿美元,比前一年增长37%,成为公司历史上每股收益最高的一年。

【案例点评】

众所周知,娱乐要解决众口难调的问题。清晰频道轻松地以一种细致协调地域范围的方式提供更有吸引力的娱乐,为广告客户提供更好的选择,是这些持续创新的主题。坚持这简单的核心理念,并持续以创新性的方式执行它,包括完善节目、开发受众、销售广告、并购其他媒体、取得产业领导地位。任何其他数以千计的公司当然也可以这么做,但却没有哪家做到了这点。

(摘自:乔为国著,《商业模式创新》,上海远东出版社2009年版)

第四节　网络业

互联网的发展历程虽然很短暂，但其迅猛的发展速度、广泛的应用层面、深远的影响力，对人类生活的冲击是几千年人类历史上前所未有的，它已成为改变当代人类生活方式的革命性力量。作为一项新技术，它为人类创造了一种崭新的文化载体。作为一种新媒体，它以其虚拟性、交换性、开放性为人类创造了崭新的文化形态——网络文化。全球蓬勃兴起的网络文化正在推动全球范围内的社会变革、文化观念与活动的创新以及产业革命。网络产业已经成为新的产业经济中一道亮丽的风景，它渗透、影响、带动了其他相关产业，成为整个国民经济中一支不可忽视的力量，其未来的发展前景不可限量。

一、网络业商业模式界定

网络业的商业模式，从广义上说是指在互联网向人类生活的各个方面渗透并成为社会发展的重要动力和引擎的大背景下，互联网会重构任何企业的信息流、资金流的业务流程，将最终的商品和服务提供给客户，并收回投资、获取利润的解决方案。

互联网作为一种新兴媒体，其商业模式与电视媒体和报纸等传统媒体有一定的相似性，如电子商务、网络广告等。部分媒体形态受数字技术的影响而呈现出一致性，如点播阅读服务等。从信息传播的角度来说，互联网的门户网站和专业网站与纸质媒体和有线电视有某些相似之处。从总量上看，互联网产业的规模已经逐步接近电视媒体。

1.中国网络企业的商业模式

中国网络企业的商业模式大致可分为三种不同的类型：内容型、网上服务型和电子商务型。

(1)内容型网络企业商业模式

网络内容通常是指互联网上的信息、资讯。从事网络内容产品提供的网络企业一般被称为ICP，即网络内容提供商。很多人把网络内容与互联网络的关系形象地比喻成车和路，从内容型商业模式来看，中国网络企业最主要的网络内容型商业模式就是门户网站，此外还包括各种网上社区和博客(Blog)等。

①门户。网民们接触最多、使用最多的网站是门户网站，门户网站是指通向某类综合性互联网信息资源并提供有关信息服务的应用系统。国内最著名的网络企业新浪、搜狐、网易、腾讯都属于门户类型，被称为中国互联网的四大综合门户网站。门户类网站都具有如下几个基本功能：信息检索（搜索引擎）、信息交流（各种网络论坛）、信息传递（电子邮件）等。门户网站最初提供搜索服务、目录服务，后来由于市场竞争日益激烈，不得不快速地拓展各种新的业务类型，希望通过门类众多的业务来吸引和留住互联网用户，以至于目前门户网站的业务包罗万象，成为网络世界的"百货商场"或"网络超市"。

②社区。社区是一种由网友自发组织的、就某些共同主题或兴趣开展讨论、提供内容和信息的网络活动方式，虽然并不是所有网络社区都是经营性和商业化的，但是由于社区会吸引大量人群的注意力，社区拥有者可以进行商业化经营，因而具有很大的商业价值，事实上，很多网络企业都是由社区发展而来，比如新浪就是由四通利方的体育沙龙发展而来。

③博客。Weblog 或 Blog，中文被翻译成博客，这是一种通常由个人管理、不定期发表和张贴文章的网络活动，也是一种内容提供方式。博客的"眼球经济"曾一度成为热门话题，博客商业化也是一个不可避免的趋势。

④微博。微型博客的简称，即一句话博客，是一种通过关注机制分享简短实时信息的广播式的社交网络平台。自 2013 年暑期，《中国好声音》《快乐男声》《中国梦之声》《最美和声》等综艺节目纷纷开始在新浪微博上形成大范围的讨论。新浪微博在微话题中以"＃疯狂综艺季＃"为主题，汇集了 73 档热门综艺节目的相关话题，主要根据观众参与人数形成话题的热度值，以"综艺话题榜"实时反映节目排名和热度。新浪微博提供的数据显示，2013 年 7 月 8 日到 9 月 8 日期间，73 档综艺节目总共产生了超过 5 亿条微博，话题提及量超过 1.2 亿。2013 年下半年，新浪微博把"热门话题榜"分类化、多元化，以综艺类节目为基础拓展到泛娱乐话题，同时不断程序化，成为新浪微博商业产品的一个组成部分。

⑤微信。微信是腾讯公司于 2011 年 1 月 21 日推出的一个为智能终端提供即时通讯服务的免费应用程序，截至 2013 年 11 月，注册用户量已经突破 6 亿，是亚洲地区最大用户群体的移动即时通讯软件。微信作为时下最热门的社交信息平台，也是移动端的一大入口，正在演变成为一大商业交易平台，其对营销行业带来的颠覆性变化开始显现。微信商城的开发也随之兴起，微信商城是基于微信而研发的一款社会化电子

商务系统，消费者只要通过微信平台，就可以实现商品查询、选购、体验、互动、订购与支付的线上线下一体化服务模式。关于微信应用，最著名的案例是“罗辑思维”，最开始是罗振宇在优酷开播了视频节目，累积了一定数量的粉丝。后来，他在微信公众账号里召集会员。两次召集，分两个层级，铁杆会员费是 1200 元，普通会员是 200 元，最后在一天时间内筹集了 1000 万元。

(2)网上服务型商业模式

①信息搜索服务。进入网络时代，网上信息出现过剩的现象，影响了人们查找的效率，因此需要搜索引擎以及基于搜索的技术服务帮助网民对所需要的信息进行定位、过滤和传播，在这个领域诞生了一些网络企业和成功的经营方式创新，百度就是中国最典型、最成功的网络搜索服务提供商。

②网络广告服务。网络广告是指以互联网为传播媒介发布广告的广告方式和商业行为。根据艾瑞咨询发布的 2013 年度中国网络广告核心数据，国内网络市场规模达到 1100 亿元，同比增长 46.1%。根据《2012－2017 年中国网络广告市场现状及发展趋势》预测，到 2017 年网络广告市场规模能保持每年 50%左右的高速增长。并且这一市场正在快速扩大，这给中国的网络广告公司提供了巨大的赢利空间。

③网络短信服务。中国网络企业能够走出网络的冬天，短信服务居功至伟，新浪、网易、搜狐等中国主要网络企业的赢利都靠短信业务，据业内人士估计，目前中国短信业务收入每年超过千万元的网络企业就有几十家。

④网络通讯服务。互联网是三大基本通讯和应用平台之一，在网络的通讯功能方面，网民使用最频繁、网络企业经营方式创新最多的集中在电子邮件和即时通讯(网络聊天)服务。

⑤网络娱乐服务。互联网通过给人们带来便利产生的巨大赢利，这使不少企业开始尝试把传统的各种服务放到网络上运营，网络教育、网络银行、网络电影、数字图书馆等等都是网络时代新出现的经营模式，互联网用户的激增让许多网络社区得以发展。互联网社区衍生出一个很有趣的现象，那就是虚拟世界(大众)的网络游戏风格，其中最为成功的就是网络游戏。手机游戏是指运行于手机上的游戏软件。随着科技的发展，现在手机的功能也越来越多，越来越强大。2014 年上半年，中国手游行业收入规模为 125 亿元，同比 2013 年上半年增长 83%；预计 2014 年全年收入将达到 260 亿元，同比增长 75%；2015 年全年收入将达到 370 亿元，同比增长 42%。从手游行业收入规模来看，中国手游市场步入高速发展轨道，主要得益于拥有优质 IP 的精品游

戏,不仅拥有快速聚拢用户的能力,还表现出持续时间较长的盈利能力。例如《秦时明月》《开心消消乐》和《放开那三国》等,月流水均突破千万大关。

(3)电子商务网络企业商业模式

①网上零售。这种商业模式常被业界称为B2C(Business to Customer,企业对消费者)商业模式。在中国最早尝试网上零售业务、知名度最高的是8848网站,1999年,8848.net网站对外发布,在网上零售15000多种商品,并在同年很快获得风险投资,注册资本超亿元,每月零售额达到1000多万元。淘宝网是亚太最大的网络零售商圈,致力打造全球领先网络零售商圈,由阿里巴巴集团在2003年5月10日投资创立。淘宝网现在业务跨越C2C(个人对个人)、B2C(商家对个人)两大部分。淘宝注册会员覆盖了中国绝大部分网购人群,交易额占中国网购市场80%以上的份额。C2C(Consumer to Consumer)类似于零售市场,购物对象直接是终端用户。B2C(Business to Consumer),就是我们经常看到的供应商直接把商品卖给用户。京东商城是目前中国最大的B2C互联网公司,也是中国电子商务领域最受消费者欢迎和最具影响力的电子商务网站之一。2010年第二季度中国网络购物市场监测数据显示,京东商城已占据中国B2C网购交易市场35.4%的份额,连续9个季度蝉联行业头名,其份额也已超过第2名至第8名之和。网上零售既不需要开设分公司,也不要另外雇佣员工,就能实现在全国范围内的市场销售,很多准备进入新市场的公司对此求之不得。由国内最大网上超市开发的"1号店服务模式"就是这样一个让本土或国外企业能以最低的投资成本实现产品的网络渠道销售战略。这一模式将给商业运营领域带来耳目一新的变化,同时也会大大加速"1号店"未来的发展。

②网上拍卖。在现实生活中,由于市场的空间有限、信息沟通不畅,供求双方很难找到最合适的交易对象,但是网络作为交易平台,其商品信息的容量是无限的,且信息的沟通是没有障碍的,随着网民的增加和网络环境的改善,网络拍卖正在兴起,开始挑战固定价格制度。拍卖的对象可以是收藏品和二手货,也可以是企业采购和各种劳务。在网络拍卖的电子商务领域里,易趣非常成功。这家成立于1999年的网络企业,鼎盛期每天有15万件商品展示出售,有70万~100万顾客光顾出价,曾经是全球最大的中文网上交易平台。

③网上贸易市场。对于商业交易来说,重要的是吸引人气,只要有流量就会有销售机会。对于许多产品制造商来说,自己建个网站很难吸引到大量的人流。于是就有了更大的网上B2B专场,它相当于现实中的商场,制造商们可以在里面租赁虚拟空间

进行产品交易，产品越丰富，就越能积累人气。作为全球企业间电子商务的著名品牌，阿里巴巴开创的 B2B 发展模式目前已成为全球顶尖的网上贸易市场之一。

2. 互联网商业模式面临的新因素

互联网产业商业模式的发展，面临许多新的方向：一方面，许多门户网站面临着新的定位；另一方面，一些网络公司走向了专业化的发展途径。从总体上说，新浪、搜狐、网易等门户网站都需要通过扩展其他领域（如游戏）和专业频道（如体育）的收入来保持增长。而游戏公司如盛大网络等，则以完善网络的收费模式来获得产品延续性的生命力和可持续发展。可以说，互联网媒体现在步入了专业化的竞争阶段，有些专业化需要内容具有专业性和丰富性，有些专业化则需要打造延长的产业链，有些专业化的商业模式需要聚集在更加专业化的内容及其产业链领域。例如，在娱乐领域，由于娱乐涉及的范围比较广泛，娱乐门户网站难以找到有效的商业模式。

另外，移动互联网将带来数字媒体的新变化，也带来新的商业模式。互动性是互联网媒体最大的优点，因此，网络上的社区交流和网络游戏等商业模式很发达。移动互联网可以促进信息交流和信息阅读的互动性，促进其他商业模式的形成，如手机游戏、微博等。

互联网和手机媒体是技术与文化结合的典范。网民与手机用户快速增长，内容产业带动 IT 硬件产业的技术升级和整体销售规模的迅速增长。实际上，无论是从专业化角度还是从新技术的发展趋势来说，网络媒体领域的商业模式存在诸多需要创新的地方。

传统媒体与网络（含手机媒体及其无线网络）的结合，将是未来商业模式创新和内容产业蓬勃发展的主要领域之一。该领域不仅可以促进传统媒体的转型，也可以提供跨媒体与跨文化产业规模化发展的新空间。

当然，不同内容提供及其运营领域的商业模式正在出现差别化趋势。不同的信息内容或者经验性的需求决定了模式的选择。例如，信息提供、视频娱乐以及二者结合的形态等不同的模式已经形成。

二、网络业商业模式创新

网络时代创造了许多能够创造价值的商业模式，即电子商店、信息中介、信用中介、电子商务实施者和基础设施供应商等，这一分类体系和归纳结果不纯粹是指网络企业的商业模式，而是包括了网络时代所有创新的商业模式。

对网络企业来说，网络企业商业模式创新是一种尖端知识的创造，在国外，许多人认为，进行商业模式创新的网络企业，往往需要投入大量的资源和智力，有时候很可能比发明一项新技术还要难，现代社会对新技术是有法律保证的，比如专利。因此，有学者认为网络企业商业模式创新也应该受到法律的保护。

1. 中国网络企业商业模式的创新方法

(1)产业链节点

网络企业要想实现和确立自己的经营模式，首先要学会在不断变幻的互联网产业链中寻找角色。互联网的建设本身形成了一条完整的产业链，网络接入、域名和虚拟空间、内容提供、信息交流等都是这个产业链里的节点。网络企业应该在这个产业链中找到机会和位置。一家网络企业，必须根据企业自身拥有的资源(技术、资金等)先在基础平台、技术支撑、内容提供、增值应用这样的产业层次里确定自己的位置，然后在选定的层次里继续进行细分，最终选定最适合本企业的领域，提供产品和服务进行经营。从中国网络企业的发展实践来看，现在几乎所有的著名网络企业的经营模式都是沿着这条产业链确立的，都能在这条产业链中找到角色。263 网络集团在网络接入服务上建立了自己的经营模式，新浪在内容提供方面确立了自己的经营模式，腾讯在即时通讯服务上确立了自己的经营模式，阿里巴巴在电子商务平台上确立了自己的经营模式，中国网络企业先后出现的类型也基本上是沿着这条产业链相继出现的，从最初的接入服务(ISP)热潮，发展到后来的内容服务(ICP)热潮。

(2)用互联网利器分食传统产业

在许多传统领域，尤其是服务、出版、娱乐、金融等第三产业里，充分利用互联网技术的优势和效率来替代传统行业所能提供的产品和服务，是互联网经营模式创新的一种重要思路和方法。用互联网这一利器分食、改造、替代传统企业，能为传统行业提高经营效率和成本，虽然网络企业的经营模式还不能在短时间内完全替代基于渠道网络的传统产业，但是随着网络企业的发展，这一趋势已经表现得越来越明显。

(3)改造网络企业现有产品和服务

中国的网络企业创造出了各种各样的产品和服务，即使这样，不同的用户对产品的需求是不一样的，而对于这些大多是信息产品的产品和服务，如何把它提供给最需要和最合适的用户，也是商业模式创新的一种重要方法和角度。在这一思路上，最常见的方法是重新设计产品和服务系列，以不同的产品和服务面向不同的市场和客户，从而进行经营模式创新，实现企业收益最大化。

这种模式创新有两个基本的原则，一是根据不同的顾客需求提供不同的产品和服务，对网络企业来说，一个完整的产品系列会使经营模式价值最大化，二是设计产品系列时要突出不同的顾客群体的需求，以便每位顾客可以选择最适合其需求的产品。经济学家把第二个原则称为“自我选择”。也就是说，网络企业在设计产品系列、进行经营模式创新的时候，不必考虑顾客对产品的评价，因为顾客可以通过他的选择来体现其评价。

2. 中国网络企业商业模式的实现途径

从中国网络企业的发展历程来看，网络企业商业模式的实现途径主要有以下几种。

(1)复制。复制即网络企业在别的企业成功的商业模式上进行学习与模仿，然后形成自己企业商业模式的一种途径与过程。这种复制的对象是多种多样的，既包括学习与模仿国外网络企业的商业模式，也包括国内不同的网络企业之间的互相学习与模仿，复制途径在表现形式上也多种多样，既可以在不同地域复制，也可以在不同的领域复制，还可以表现在不同的语言环境中复制等等。复制是中国网络企业发展初期商业模式实现的最基本途径。

(2)并购。对于一些发展进入了一定轨道并有一定资金优势的文化企业来说，并购是实现拥有竞争力商业模式的重要途径，一些网络企业欲进入新的服务领域，丰富和完善自己的商业模式，往往对相关企业进行并购。新浪和搜狐等门户网站企业的许多商业模式都是通过收购实现的。例如，新浪网自 2003 年以来就进行了数次收购，丰富和完善自己的商业模式。

(3)内部资源整合。抓住时机有效整合网络企业内部的资源，也是网络企业商业模式实现的一种重要途径。网络企业商业模式的创新体现在多个环节之中，不同的商业模式之间有许多相同的环节和资源，比如客户、技术等等。网络企业可以利用这些相同的环节和资源，整合不同的领域，从而丰富和发展自己的商业模式，加速商业模式的实现。基于内部资源整合实现商业模式的案例很多，比如新浪网最初是不提供电子邮件服务的，但随着其内容领先优势的确立吸引了大量的访问人群，新浪网开始买入相关技术，向广大网民提供电子邮件服务，使得自己的电子邮件业务很快发展起来。

(4)基于外部合作。网络已经渗透到社会经济的各个层面，对传统产业也有着巨大的改造和提升作用，在这种环境下，许多网络企业的商业模式创新跟传统企业的经营越来越密不可分。因此，外部合作也成为加速网络企业商业模式实现的途径之一。

三、网络业商业模式案例解读

巨人网络的FTP模式——开创网络游戏多元吸金方式

2005年11月，巨人网络推出了第一款大型游戏——《征途》，该款游戏是免费网络游戏的开山之作，引发了当时网络游戏市场商业模式的剧烈变革。凭借公司出色的服务器技术，该款游戏实现了每区4万人同时在线，玩家可以建立起复杂的人际关系，使游戏体验更加贴近现实生活。

《征途》推出以前，网络游戏产业的核心商业模式是按游戏点卡收费，网络游戏运营商按照玩家玩游戏的时间长短进行收费。盛大、九城等早期网络游戏公司在代理国外游戏产品时，也吸收了这种韩国流行的商业模式并运用于国内市场，建立了PTP(pay to play)收入模式。网络游戏运营商要获得更多的收益就要想方设法延长玩家的在线时间。玩家为了在游戏中获得更高的级别和更强的能力就必须在网络游戏中投入更多的时间，很多玩家泡在游戏中十几个小时是家常便饭。难怪网易CEO丁磊称当时的网络游戏是每天睡觉都有成千上万元收入的行业。

《征途》的推出，打破了传统点卡收费模式，提出了免费游戏商业模式。巨人网络将该模式称为FTP(free to play)，这种模式使得新游戏玩家开局没有时间等门槛，非常容易上手，也使这款游戏迅速建立起庞大的用户基础。同时，《征途》又大胆地采用与其他同类游戏不同的游戏策略，玩家只要投入足够的金钱就能获得更好的装备，便能击败等级更高的玩家，恰如其分地抓住了玩家的心理。

当然，仍有部分玩家习惯于按点卡收费的模式，这部分玩家的特点是闲暇时间较多，消费能力较低且习惯于花时间升级的游戏理念。所以，2007年8月16日，巨人网络推出了《征途》时间版，由单纯免费模式变为收费、免费模式同时运行。巨人网络对《征途》实行“双轨制”，是对市场细分的结果，即针对不同的用户采取不同的收费模式。

一款成功的免费网络游戏，必须保持好高价值玩家与低价值玩家的比例，如果高价值玩家过多，会造成虚拟社会中金字塔底部过小，影响整个金字塔的稳定；但是如果高价值玩家过少，则会影响企业利润。在《征途》中，有83%的玩家是低价值玩家。对于资金不宽裕，不想在游戏中花钱的人，《征途》依靠免费吸引他们捧场，积攒人气，更好地赚有钱人的钱。2006年9月，《征途》正式版推出以后，每月1至7日，对60级以上的玩家发放工资，为此，巨人网络每月需要拿出1500万至2000万的收入，以充值的形式为玩家发放工资。2008年7月19日，巨人网络宣布《征途》免费版、时间版之后的第三个版本。该版本将回到2007年1月之前的版本，继承免费游玩、道具收费模式的同时，取消了80％以上“开箱子”等金币道具的出售，削弱了高价值玩家通过花钱所拥有的超能力，更好地平衡了高价值玩家和低价值玩家的比例。虽然每个用户的平均花费这一数据会暂时下降，但是从长远角度来看，更加有利于整个金字塔的稳定，保证了游戏的乐趣。《征途》怀旧版的推出，可以说是巨人网络为进一步深化免费游戏模式进行的探索。

另外，《征途》于2008年1月全面推出新资料片“同城约会”。该资料片使得同城的玩家能够聚集到同一个服务器内，并相互结识，这为玩家间建立现实生活中的联系提供了机遇，使游戏社区的凝聚力从线上延伸至线下。“同城约会”提升了《征途》的受欢迎程度，《征途》在2008年第一季度创造了150万同时在线人数的最高纪录。该游戏研发团队在紧锣密鼓地研发下一个资料片，将融合即时战略的模式和玩法，更体现战争中的操控感，并推出全新的职业和技能。

2013年4月，史玉柱宣布辞去巨人网络上市公司CEO职位，由刘伟接任。6月，史玉柱减持公司股份，此举对公司的业务发展产生了影响。2014年7月18日，已经完成私有化交易的巨人网络在纽交所摘牌。上市7年的巨人网络市值损失近一半。

【案例点评】

《征途》打出“免费游戏”的口号时，最为关键的因素在于抓住了免费游戏背后的赢利点：赚高价值玩家的钱，保证低价值玩家的数量，采用各种方式提高游戏人气。这一点很好地抓住了两部分玩家的不同心理。高价值玩家的特点是在现实生活中比较富足，并且渴望在虚拟的游戏世界中获得与现实生活相匹配的社会地位，拥有超出一般人的能力。《征途》很好地给这部分人提供了这样一个平台。在这个平台中，他们不需要花费大量的时间，只需花钱就可以买到顶级的装备，获得超人的能力。还有一类是低价值玩家，这部分人大部分是中小城镇无所事事的青年，或者是农闲时的农民，钱不多，但有大把的时间消磨，听说可以免费玩游戏打发闲暇时间，这部分人也乐于加入游戏中来。在游戏过程中，这部分人同样可以花大量的时间得到好的装备，体会到游戏的乐趣，但是在企业实现赢利的过程中，这部分人主要是充当“陪太子读书”的角色。这种游戏设计理念，保证了不同层次的玩家都能获得游戏的乐趣。巨人网络正是看到了这点，顺应市场需求推出了游戏免费、道具收费的模式，针对不同的消费群体采用了不同的商业策略。

第五节　动漫业

动漫产业是指以“创意”为核心，以动画、漫画为表现形式，包含动漫图书、报刊、电影、电视、音像制品、舞台剧和基于现代信息传播技术手段的动漫新品种等动漫直接产品的开发、生产、出版、播出、演出和销售，以及与动漫形象有关的服装、玩具、电子游戏等衍生产品的生产和经营的产业。

说到动漫，我们眼前就会浮现出蜡笔小新、柯南、樱桃小丸子等经典形象，还有那唯美的画面、美妙的音乐、各种有趣或离奇的故事。因为有着广大的爱好群体和广泛的发展前景，动漫产业被称为“新兴的朝阳产业”。《世界数字内容产业研究报告(2014)》显示：2013 年全球数字内容产业的总体规模达 570 亿美元，同比增长 30％。其中，中国、巴西等金砖国家凭借用户市场优势成为全球经济增长点。从行业来看，作为数字内容产业重要组成部分的动漫产业、游戏产业、数字音乐产业、数字视频产业，2013 年出现较快的增长速度，并呈现出特有的发展趋势。按照区域分析，发达国家依然引领数字内容产业的发展。发展中国家也在通过政策创新、技术创新、文化创新等不断提升其数字内容产业的规模和全球竞争力，尤其是中国、巴西等金砖国家，更是凭借其在用户市场的优势成为全球数字内容产业的增长点。从全球来看，动漫产业已经成为一个庞大的产业。

动漫产业的发展与文化背景、社会背景紧密相关。日本是发展动漫产业的第一大国，其发展动漫产业的历史可以追溯到二战时期，日本政府对动漫产业极为支持，甚至将其用于国家的形象宣传。目前，日本动漫占据全球份额的 70％以上，欧美国家也在其电视节目中播出最新的日本动漫。对于中国而言，动漫产业无论是发展的规模还是产业化的程度都无法与动漫大国如日本、美国相媲美。为了推动民族动漫产业奋起直追，国家相继制定出台了一系列扶持动漫产业振兴发展的政策措施。中国动漫产业正面临着政策有力推动、市场强力拉动、“互动效应”十分突出的有利局面。

《动漫蓝皮书：中国动漫产业发展报告(2014)》指出，中日动漫产品市场份额的差距逐步缩小。蓝皮书以百度搜索风云榜动漫榜单为例，在其前 25 名中有 16 部日本动漫产品、6 部国产动漫产品、2 部欧美动漫产品和 1 部其他国家动漫产品，市场份额分别为 64.0％、24.0％、8.0％和 4.0％，但将更多项目纳入统计范围就会发现，各个国家的市场份额发生了变化：在前 200 名的榜单中，日本动漫、国产动漫、欧美动漫和其他国家动漫产品的市场份额分别演变为45.5%、33.5%、20.0%和1.0%。

一、动漫业商业模式界定

在这里，我们先用美国迪士尼公司和日本动漫的商业模式作为国外动漫产业的商业模式的典型案例加以说明，之后再概述我国动漫产业现有的商业模式。

1.国外动漫商业模式

(1)美国大企业模式

美国创造的大名鼎鼎的米老鼠等一系列经典动漫形象在全球观众的脑海中留下了不可磨灭的印象。美国是当之无愧的全球动漫产业龙头，发展规模最大、产业链也是最完善的，加上其近百年的发展历史，动漫产业已成为美国的六大支柱产业之一，其出口额甚至超过了汽车业和航空业。

美国在动漫业的最大创举是最早将动画片推向市场并最先形成产业规模，在动画创意、制作、艺术发展、技术创新等方面也取得了显著的成就。美国的动漫企业数量虽不多，但规模较大，实力强劲。这是在美国成熟的市场环境中经历长期激烈的市场竞争后逐步形成的，像迪士尼和惊奇漫画公司都已经走过了70～80个年头。成熟市场带有典型的“马太效应”，盛行赢家通吃的游戏规则。大投入、大产出，小投入、大产出，最终大企业淘汰了小制作。

华特一迪士尼公司经过多年的发展成为名副其实的娱乐业巨鳄，其业务涉及电影、主题公园、房地产以及其他娱乐业等众多领域。主体业务包括媒体网络、乐园度假、影视娱乐和授权商品四大板块。迪士尼的媒体网络业务包括了ABC电视网络、ABC广播网络、ESPN、迪士尼频道等有线电视网络以及多家网站。主题公园和度假业务包括各类迪士尼主题公园及旅游设施的建设与管理。影视娱乐业务包括生产制作和购买各种电影电视节目及动画片，并将其产品向影院、家庭音像和电视市场销售。消费品业务包括迪士尼动画形象专有权的使用与出让、品牌产品的生产和销售、相关书刊和音乐作品的出版发行等。

经过数十年的发展，迪士尼也由原来的小小动画工作室迅速成为国际娱乐界的巨子和拥有全球知名度的跨国大公司，除了电影，其势力范围扩展到主题公园、玩具、服装和书刊出版等行业。迪士尼在快乐文化背后附加上了完整的商业文化，将艺术和商业进行了完美的结合。

迪士尼的赚钱模式可以分为四部曲：第一步，不断推出一部部制作精美的动画片，每一部影片推出后都要大力宣传去扩大票房，并发行DVD等衍生产品。第二步，后续产品的开发，主题公园是其中之一，每推出一部动画片就在主题公园中增加一个新的动画人物，让游客在电影和公园共同营造出的氛围中高高兴兴地去参观主题公园。第三步，品牌产品，迪士尼在美国本土和全球各地建立了大量的迪士尼商店，销售其品牌产品。第四步，迪士尼仍然不断地收购电视频道，已经拥有了卡通电影频道、家庭娱乐频道，甚至还购买了新闻频道。借助电视的触角，迪士尼布下它的天罗地网。迪士尼运用现代企业的管理手段，编织了一个庞大的运营网络，以其品牌为核心，通过环环相扣的各种经营手段，创造出最大化的利润。

看完迪士尼令人眼花缭乱的发展史，总结迪士尼的商业模式可以得出它的四种挣钱方式："做片子和卖片子""电视频道和电影发行""衍生产品销售""主题乐园"。

(2)日本制片委员会模式

日本动画产业商业模式的演变可分为三个时期：探索期(1945～1985年)，从单纯模仿美国模式转向探讨适合本国国情的新模式；发展期(1986～2003年)，确立了目前占主流地位的制作委员会模式；变革期(2004年及以后)，开始针对制作委员会模式的一些弊端提出修正方案，引入有限责任合伙机制。

与美国激进式的大企业模式有所不同，日本动画商业模式的发展始终贯穿两条主线，即不断降低参与企业的经营风险，不断强化中小企业的分工与合作，这是其商业模式得以不断完善并走向成功的基础。日本的动漫产业商业模式可以简单地总结为"制作委员会模式"。制作委员会模式开始受到关注主要是因为1984年宫崎骏的动画影片《风之谷》的商业模式运作的成功。此后，许多动画影片的商业项目都采用这一模式。电视动画项目采用制作委员会模式则是从1995年GAINAX公司制作《新世纪天鹰战士》开始的，这一模式同样大获成功。在这些成功案例的推动下，制作委员会模式逐渐在包括电影、电视和音像在内的动画项目中广泛应用，成为现在日本动漫主流的商业模式，其结构如图2所示。

制作委员会的特点是临时、灵活、专业、民主，它是由多家企业根据具体动画项目而组建的，负责项目投资、策划和管理的临时商业合作组织，项目结束后就解散。日本贸易振兴机构(JETRO)认为，这种多方参与又不失灵活性的模式在日本动画的不断成功中扮演着重要的角色。制作委员会模式的特点包括：

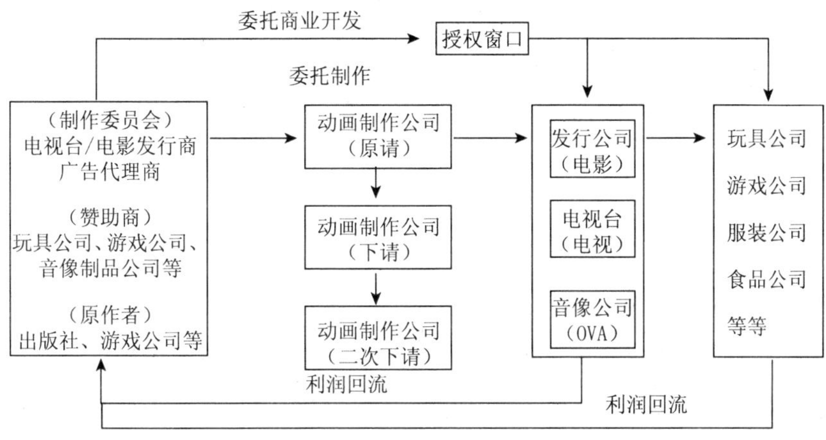

图 2　制作委员会模式

①投资分散化。制作委员会成员共同承担动画制作所需要的全部成本，减轻了单个投资者的负担。动画制作公司以中小企业为主。从动画制作动辄高达数千万日元的成本来看，如果让这些企业独立投资制作，则一次失败就可能产生致命的打击。而制作委员会的分散投资正是日本动画产业在长期摸索中总结出来的一种规避风险的解决方案。

②制作分业化。"分业化"，即制作企业间的专业化分工，形成一个环环相扣的链条。制作委员会在筹集资金并确定制作方向之后，将后续工作委托给一家较有实力的动画公司（注册资金在 5000 万日元以上）负责，称为"原请"企业。"原请"企业负责整个动画项目制作流程的管理工作，但是不会包办所有制作任务，而是视实际情况需要将部分工序外包给其他较小的企业（注册资金在 1000～5000 万日元之间）完成，称为"下请"企业。"下请"企业还可能将部分工作转包给规模更小的企业（注册资金在 1000 万日元以下），称为"二次下请"，形成高低层次清晰的梯层结构。日本的动画制作公司多为中小企业，但是却能具有与迪士尼等巨头相抗衡的制作实力，占据全球六成以上的市场份额，依靠的就是由"分业化"所产生的既竞争又合作的企业网络。

③专业化运作窗口。在制作委员会模式下，动画制作公司不再独立承担商业运作的重任，而由制作委员会统一管理后续事务。制作委员会按照需求寻找最适合的专业机构来完成商业运作，例如将节目播出和发行交给电视台，将广告策划和销售交给广告代理，将商品开发和授权交给玩具公司。这些肩负专门的商业运作任务的企业称为"授权窗口"，它们将所有销售收入扣除"窗口手续费"（即商业运作过程中的开销及提成）后，全部返回制作委员会，再由制作委员会按照投资比例在投资者之间分配。窗口

化运作的好处是专业化。对于动画制作公司尤其是中小企业来说，商业运作并不是它们的强项。现在，将这项工作委托给专业的“授权窗口”，不但减轻了动画制作公司的负担，使之可以专心于创作，而且由富有专业经验的机构担当，更能确保商业项目的利润最大化。

2. 国内动漫产业现存模式

(1)“浙江经济”模式

这是一种比较传统的模式，即用比较小的投资成本，尽可能做出一个价值比较高(相对而言)的动画漫画产品，最大限度地提高性价比。目前，国内比较成功的动画案例大体上都走这一路子，如“蓝猫”“东东”“大耳朵图图”“饮茶”等，但是难点在于品质的把握、品牌的建立和能否持久持续发展，日本在这方面成功的例子很多，如“小丸子”“小新”“柯南”等。

(2)“中国制造业”发展模式

用对外合资、对外合作来创作相对高质量的动画漫画作品，将国外好的创意、好的理念和宝贵的资金为我所用，充分发挥我们的劳动力成本优势、市场优势，实现取长补短、优势互补。这一模式国内已经有多家动画公司在做，但是难点在于创意、故事和造型(形象)是否符合中国市场，创作的主导权由谁来控制，比如“马丁的早晨”“中华小子”“太空嘻哈族”等。

(3)“新海诚”模式

这是近年来模仿日本动漫的新锐们所推崇的模式，就是个人用自己的方式制作动画，通过 DVD、网络、手机等产品授权方式运行，如“流氓兔”“中国娃娃”等。

(4)“大片”模式

用比较大的投资(一般为每分钟人民币 2 万～3 万元)，无论在原创性还是在制作质量上开发国际市场上能接受的动画片，例如：“哪吒传奇”“象棋王”等。

3. 中国动漫业商业模式创新方向

动漫周边产业的衍生产品开发是动漫最富商业价值的一个环节，就现在中国的动漫产业发展而言，其还没有一个成熟、完善的动漫周边产业链，进而就没有与之相配套的商业运作模式，这对于行业而言是一个非常危险的信号。因为一个行业的赢利模式不稳或是不健全会引起整个行业的动荡，造成行业内的秩序混乱。产业融合对动漫产业来说是一个巨大的机会，对涉及媒体、出版、服装、软件、食品等多个行业的动漫产业来说，大工业和大市场的发展思路显得格外重要，所以说就现在中国漫画产业的发展而言，当务之急就是创造民族动漫品牌，塑造具有中国特色的偶像动漫形象，完善和发展动漫周边产业，在提高优秀动漫作品市场占有率的同时打造产业链，重视衍生产品开发，为动漫产业的品牌化铺平道路。

与此同时，中国的动漫人还应该仅仅抓住世界消费市场的新趋势——符号消费，塑造出大量具有鲜明时代特色的符号性的动漫人物，并为市场所接受。毕竟动漫的起点还是动漫人物本身，其向下的一系列产业都是以此为基础的，所以说优秀的原创动漫作品将成为我们与日本等动漫大国竞争的最重要也是最强大的武器。要推动我国动漫产业的和谐发展，各级的政府部门、网络业界、科研院校应携起手来，提升动漫产业的价值链；应从技术、平台、服务、人才培养、知识产权等多个方面出发，完善产业环境和支撑技术体系，推动、营造良好的市场体系。适合动漫企业的商业模式打造得越完善，中国的动漫企业就越能获得更快的发展。

二、动漫业商业模式创新

无论是在制度建设、市场准备、人才储备等诸多基础领域，我国的动漫产业同国外都存在着明显差距。所以中国动漫业一方面要补课，另一方面要利用一切有利条件，促进动漫文化和动漫教育的发展。动漫教育是产业发展最基础的环节，通过改变目前动漫教育重技术、轻创意的现状，培养具备优秀创意思维的精英动漫人才，站在世界的高度对我国文化资源进行挖掘和加工，才能够打破产业发展的瓶颈。

首先，动漫的文化基础是系统化的，它包括动漫类别、消费者特点、国情与中国文化元素、动漫的风格、故事结构、形象设计等等。动漫企业只有完整而深入地把握了系统化的动漫文化，才能创作出好的作品，开展合理的商业化运作。

另外，培育动漫的商业文化意识至关重要，这是需要艺术家和经营者共同探索的领域。如何融合艺术与商业，是个很大的挑战。许多文化人进入动漫领域，依然只把动漫视为艺术创作，而并没有明确的商业化意识。一旦缺乏商业化意识，艺术家在创作时就会陷入主观性，从而较少考虑消费者的特点和需求。因此，这类作品即使获得艺术上的成功，也不一定能够转化成商业上的成就。动漫产业的经营者需要深入把握动漫消费者的文化，以消费者需求为中心做产品开发。即便是面向青少年消费者开发产品，也需要区分不同年龄阶段的特点。我国目前市面上的漫画书、动画电视和动画电影都缺少成年人作为用户基础，主要的原因是它们讲述的故事对消费者缺乏吸引力。假如以消费者为导向，重视市场驱动力，就可以逐步突破原来的格局。

1.我国动漫产业现状

(1)动漫作品原创力不足

中国是一个动漫消费大国，但我们消费的却不是自己的动漫内容产品，相关调查显示，在中国青少年最喜爱的动漫作品中，日本、韩国动漫作品占60%，欧美动漫作品占29%，中国内地和港台地区原创动漫作品所占的比例仅有11%。虽然2009年我国动画产品的产量已经接近发达国家水平，但是能够达到具有国际影响力的品牌作品却非常少。目前我国本土的大多数动画制作公司仍然以承担动画外包为主营业务，为日、韩、美等国家和地区的动画片做加工服务。

(2)赢利模式尚未成型

因为经验不足，我国动漫产业还未形成完整的、可延伸的赢利模式。以动画片《喜羊羊与灰太狼》为例，“喜羊羊”在市场上获得了那么大的成功，但因作者在动画片制作初期出售了版权，使得之后不管是电视台的播出还是冠名授权所产生的利润和原作者没有任何的关系。对于动画公司来说，这样的损失太大了。

(3)动漫衍生产品产权保护不够

其实，通过开发衍生产品获利是动漫产业中利润最大的一个环节。一般来说，表层上的动漫衍生产品包括音像制品、小说、游戏、玩具模型、服装等。目前，中国动漫产业市场上的衍生动漫产品缺少高技术含量和专利保护，动漫形象品牌的自主知识产权在盗版产品面前显得苍白无力，盗版产品的泛滥大量吞噬着被授权商的合法利益也成了司空见惯之事。

(4)动漫产品设计前期推广资金投入不足

因为缺少资金引入机制和经验，资金不足成了制约动漫产业发展的一个比较大的障碍。国外一流动画片每分钟的制作成本是5000美元，国内电视动画片每分钟的制作均价不低于1.5万元人民币。一部22分钟的动画片制作部分的投入大约需要100万元人民币。然而一般电视动画片都属连续剧，所以一套动画片还未卖出，就必须先投入数百万甚至上千万元。资金上的捉襟见肘也是导致国产动漫不能得到更大发展的原因之一。

2.我国动漫产业商业模式创新方向

就目前看来，全球的动漫产业已经发展得比较成熟了，中国的动漫企业初出茅庐，面临的是强劲的竞争对手。在这样一个敌强我弱的局势中，只有创新才是唯一的出路！无论是形式的创新，内容的创新还是技术的创新甚至是传播模式的创新，只要是符合受众市场需求的创新就是有价值的创新。中国的动漫产业正需要这样有价值的创新，不断完善自我，才能真正形成一条完整的动漫产业链。

第一，是要实现产业化，实现规模效益。目前国内的动漫只有作品，而没有产业规模。电影可以划分为商业片和文艺片，商业片追求产业经营效益，而文艺片追求创作者和制作者的个人艺术价值观的表达，动漫作品同样如此，目前许多动漫作品只停留在艺术观念的表达上，而不是根据产业化的要求来制作节目和经营产品。

第二，是相关管理部门要进行产业发展规划，克服基地建设的盲目性和自发性。动漫产业基地大多缺乏合理必要的战略发展规划，因此，除了给予动漫企业补贴外，还要产业配套。目前，许多地区只是引入了几家小动漫公司，而没有根据动漫产业的特点进行产业化布局，例如以发展动漫为手段整合区域资源的产业发展规划，形成比较优势的特色产业等。

第三，是创新故事内容。好的故事内容是制作优秀动漫的基础。动画故事要有想象力，要迎合不同人群的需求。如美国许多动漫电影和日本的许多动画都是以全部家庭成员为消费者，有些甚至直接针对成年观众群体。但是，我国主要的动漫节目制作者并没有根据消费需求来创作和制作动漫，主要的动漫电视节目还是针对 8 岁以下的儿童群体。

第四，是要形成真正的产业集聚。动漫产业基地需要成为动漫企业和各类营销、广告企业的总部集聚之地。目前，进入动漫基地的企业大多是小企业或者小型动漫工作室，其中一些企业还卖不出去产品，没有几个上规模的企业，个别大一点的企业却在有地方政府补贴的不同动漫基地同时获得好处。

第五，是要形成产业链经营。所谓产业链经营，是指跨行业延伸的产业链条，如开发漫画故事，故事改编成小说、游戏、电影电视故事，取得影院票房或者电视版税，出版 DVD，开展出口贸易，授权播出，开发衍生产品等。目前，我国的动漫企业和动漫产业基地都还没进入产业链经营形态的商业模式。动漫基地企业主要是以某一环节的单一产品收入为主，动漫基地也没有整合产业链中不同环节的企业。故事或者漫画创造、电视制作、经纪人、营销、国际市场咨询、衍生产品开发等行业都还没有进驻园区。产业链经营是产业集聚园和企业必须重视的基本商业模式和发展模式。

第六，是要改变人才培养模式。这是最重要的一环，动漫创作是遵循特定规律的，因此需要对创作者进行文化内容方面的培训。假如作品的内容达不到应有的高度，难以满足消费者的需求，也就没有了后续开发的基础。因此，创作动漫故事和相关文化元素的人才是一种特殊人才，需要专门培养和训练。国家应当完善文化产业管理学科体系建设和动漫专业学科体系建设，提升文化产业和动漫专业管理人才水平，特别是应建立系列硕士点和类似于工商管理硕士、EMBA的培养模式。已有的大专院校的动漫专业要改革教学体系和人才培养模式，特别是在基础学科设置上，应当有针对性地同步提升人才的文化素质、创意能力和商业运作能力。目前，我国动漫产业的人才现状是缺乏故事写作、导演、节目策划统筹、产业经营等方面的高级人才，尤其缺乏有经验、有实力的人才。目前我国的许多动漫企业亏损都很厉害，这是由于制作动漫电影缺乏有经验的团队，即使有各类海外人才加盟也很难改变这样的现状。

最后，还需要借鉴其他行业的成功经验。

总之，中国动漫既需要照顾国人注重教育的特点，更要挖掘娱乐性强的文化元素，形成中国风格的动漫产业。虽然模仿和借鉴都是很有必要的，但对中国的动漫企业来说，如果不能理解动漫的文化品位和内容要素必须吸引家长与孩子一起观赏这一点，很容易局限在传统的题材上不能创新，也无法形成适合现代文化潮流的动漫体系。

三、动漫业商业模式案例解读

迪士尼——童话王国的构建

1923年，心怀梦想的漫画家沃尔特·迪士尼(Walt Disney)向美国加利福尼亚州当时的一个大牧牛场现在叫好莱坞的地方行进，那一年，他21岁，和哥哥一起创立了沃尔特·迪士尼工作室，也就是后来著名的沃尔特·迪士尼影片公司。

一开始，沃尔特就凭借叙述故事的才能，创造了一个奇迹。沃尔特最早的卡通片《幸运兔子奥斯瓦尔德》和《艾丽斯喜剧》都获得了成功。为了找到一个新角色，沃尔特不断尝试，1928年创造出了米老鼠角色，和蔼可亲、惹人喜爱的面孔使它大受欢迎，红色衬衣、短裤和黄色鞋子成为它的标志，米老鼠一共“主演”了3部电影，成为120部卡通片的主角。

沃尔特不仅是一个艺术天才，还是一个商业奇才，他把创意融入了动画创作的每一个环节中，他成为将电影台词、音响效果和动作画面合而为一的第一人，首次为影片加上全色的技术。1937年，《白雪公主》成为电影界的第一部全动画电影。大胆的探索也让他付出了代价，早期的迪士尼影片公司大部分时间都在赔钱。但对沃尔特来说这反而是一种摸索商业模式的契机，他从早期的资金困难中摸索出一套新颖灵活的经营计划，不仅能帮助公司获得收入，而且对宣传公司形象大有好处。1929 年，沃尔特在纽约进行商业旅游时，一家文具公司向他提出，希望花 300 美元可获得授权，在该公司生产的学生用写字本上印上米老鼠图案。这些写字本是迪士尼公司卡通人物商品化的开始。1932 年，迪士尼公司开始雇佣专业广告商负责批准米老鼠和其他卡通人物的商业使用。在其后 3 年中，英格索尔一沃特伯利公司每年出售 100 多万块米老鼠手表。在其后的 10 年中，迪士尼公司的收入中有十分之一来自有偿转让卡通人物所得的版权费。

20 世纪 50 年代，迪士尼公司终于扭亏为赢，这个时候，雄心勃勃的沃尔特又开始设计迪士尼乐园。建园所需的上千万美元费用远远超出当初的预算，美国广播公司(ABC)成为迪士尼乐园的最大支持者，除了直接投资 50 万美元外，还担保了一份 450 万美元的贷款。作为回报，美国广播公司拥有该主题公园 34.5%的股份，并从沃尔特那里获得一份承诺，授权他们每周制作一个在黄金时段播出的名为“迪士尼乐园”的电视节目。每周一期的电视节目，不仅提高了迪士尼乐园的知名度，以米老鼠等为主角的卡通片的连续上映还大大促进了以卡通片中的角色为模型制造的商品的销售。1955 年 7 月 7 日，迪士尼乐园开园，该主题公园由幻想乐园、边疆乐园等五个主题乐园组成。一年内，迪士尼乐园的收入就暴涨至 1000 万美元，占迪士尼公司总销售额的三分之一。除了出售充气米老鼠和唐老鸭，乐园还大力宣传该公司的许多电影，里面有根据《木偶奇遇记》制作的茶杯旋转游戏，还有《瑞士的罗宾逊一家》中的木屋等。

迪士尼乐园的建成，意味着迪士尼有了属于自己的产业链终端，并形成了混合消费模式。在任何一个有迪士尼乐园的地方，都是老少皆宜、欢乐的海洋。除了商品化，即利用迪士尼的品牌和著名卡通形象等优势出售各种各样的商品外，主题化也是迪士尼乐园的主要特征之一，即整个公园及园内的不同区域都有特定的主题。混合消费是指不同的消费形式混合在同一个消费场所中，迪士尼主题公园的混合消费已经发展到了很高的水平。一个主题公园不仅是供人游玩的地方，还结合了购物、餐饮、娱乐和住宿等消费形式，顾客在进行一种消费时经常还会有另一种消费需求，这体现在公园中各种巧妙布局的商店、餐厅、夜总会和酒店上。表演可能是迪士尼乐园特征中最微妙也是最不易察觉的一个。在迪士尼乐园，员工的举止行为由三条法则控制：目光接触并面带友善的微笑，使用友好谦恭的措辞，不摆架子。对迪士尼来说，培养员工这样的行为、姿态和印象或者说情感劳动，是它所说的“服务主题”的一个非常重要的部分，这个主题就是“为所有地方、所有年龄段的人创造快乐”。

不过，把迪士尼公司变成娱乐业的巨人，才是沃尔特的最终梦想，但在他有生之年，这个梦想未能实现。1966 年 12 月，在确诊的几周后，沃尔特·迪士尼死于癌症。几个月后，他的哥哥罗伊也去世了。随后近 20 年，由于管理方面的问题，迪士尼公司进入了一个相对低谷的发展阶段。这种状况延续到 1984 年，新上任的恩斯诺和威尔斯领导公司进入了一个新的发展阶段。除了建造新的游乐园，公司的业务在电视台、饭店等领域也在扩展。1995 年，迪士尼迈出一大步，以 190 亿美元收购了美国广播公司。

进入 21 世纪，迪士尼的商业模式又进一步向媒体和网络渗透，形成了有线网络、广播、消费者产品、影音娱乐和公园休闲中心等五个主要业务群。他们充分利用范围经济带来的好处，成为“协同效应”的范例。到 2003 年，迪士尼在世界 500 强企业中排名第 165 位，公司的资产规模达 500 亿美元，收入超过 250 亿美元，利润达 12.3 亿美元，员工数量 11.2 万人。收入构成中，有线网络、广播、消费者产品、影音娱乐和公园休闲中心分别占据公司总收入的 20%、20%、9%、27%和 24%。根据迪士尼公布的 2013 年财务报表，迪士尼经营收入为 450.41 亿美元，比 2012 财年的 422.78 亿美元增长 74%；净利润为 61.36 亿美元，比 2012 年同期的 56.82 亿美元增长了 8%。

【案例点评】

迪士尼在商业模式上的创新可以说贯穿了全产业链的每一个环节，除了通常意义上的开发推出新产品，如创造新的电影角色和新的电影外，还包括建设迪士尼乐园。而迪士尼乐园同时具备商品化、主题化、混合消费和表演性劳动四种特征。

学者艾伦·布里曼指出，商品化、主题化、混合消费和表演性劳动是现代商业社会的发展模式和趋势，迪士尼是一个典型。她对这四个方面特征进行了细致分析：

第一，商品化。指借助知名形象来推广和销售商品的行为。商品化的核心原理很简单，就是从一种已经受人们欢迎的形象上攫取更多利益。对商品供应者来说，仅拿出一部热门电影、一套电视节目、一本杂志或书籍远远不够，因为在很多情况下，这些产品本身不能带来利润。一个热点必须变成一种经销权，并在此过程中变成丰富多彩的各种产品的扩散轴心。电影、电视连续剧、主题公园等都是重要的商品化领域。

第二，主题化。就是用特定的主题包装一个对象，借此赋予它某种有吸引力的特殊意义和氛围。我们对这一类场景并不陌生。事实上，主题化的对象可能是某个商业场所，也可能是一个地区，还可能是某种物体、事件或系统。主题的类型更是五花八门，地区、时代、体育、音乐、时尚潮流，甚至道德观念都有可能成为主题的类型。主题化要抓住两个核心点：一是将常见的商品或服务放在一种有趣且意义超出商品和服务本身的环境中，二是区别化。

第三，混合消费。基本原理是“多留一会儿”。也就是说，一个消费场所混合了多种消费形式，是为了提供尽可能多的消费机会，让顾客在这个场所逗留尽可能长的时间。因为逗留时间越长，他们进行消费的可能性也就越大。这样一来，不同消费形式之间形成一种相互支持。

第四，表演性劳动。作为消费者，我们已经习惯了服务业职员的友好和热情，但并非每个人都意识到这可能是一种表演。表演性劳动就是管理者和雇员们将工作变成一种表演，将工作场所变成一个表演舞台。情感劳动（Emotional Labor）是表演性劳动的最基本要素之一，指在工作中通过肢体运作、表情和语言等信息向顾客传达一种积极的情感，不管它是否发自内心。显然，这种劳动离不开表演。有些工作对任职者的外表和声音等特征也有要求，要求“美感劳动”。某些行业，情感劳动和美感劳动是结合的。

第六节　表演艺术业

表演艺术业是人类情感与心智高度迸发的结果，其生产的组织程度与过程复杂程度，远在其他社会生产形态之上。我国加入 WTO 后，表演艺术业的生产、分配、交换和消费等各个环节都已融入到市场经济的大循环中。

目前，中国表演艺术业挑战与机遇并存。一方面，大量的国外演出公司和表演艺术团体开始关注中国这一广阔而具有巨大潜力的艺术市场，同时许多民营企业也纷纷进入表演艺术市场。另一方面，由于国有专业表演艺术团体体制改革滞后，生产体制依然停留在计划体制层面，造成了艺术生产与市场经营脱节，生产的计划性与产品的市场性之间的矛盾比较突出。我们必须加大资源整合的步伐，大胆地进行产业化的运作。

一、表演艺术业商业模式界定

表演艺术业，即把歌剧、戏剧、舞蹈、小品、相声、杂技等艺术形式，通过专业的场地与观众互动进行的表演，并可以通过电视直播、转播、录音、录像等传播方式，利用高科技、现代工业化的生产方式，大批量生产各种形式的音乐和影视产品。表演艺术成为文化产业的一部分已经成为共识。

目前我国表演艺术有以下几种常见的商业模式：(一)演艺酒吧。在当前一线城市和娱乐业发达的二级城市流行，可以一边喝酒一边看节目，节目内容和形式非常丰富，有小品、二人转、歌舞等，具体组织除了有歌手、乐队之外，还有主持人、顾客参与体验等环节，极大增强了演艺活动的互动性和体验性。(二)实景演出。实景演出是一种创新性的文化旅游产品，主要特点在于宏大的规模和演出背景的实体化。演出需要大的制作团队、演员阵容和观众数量，演员一般是几百人到上千人。实景演出需要真实的山水作为舞台背景，这与在剧场里面看到的舞台布景差别很大。实景演出可以延长旅游产品的生命周期和旅游产业链，即通过吸引和延长游客停留时间甚至吸引游客过夜来实现规模化消费。(三)杂技和魔术类演出。作为传统的产品形态，杂技和魔术在现代声光电和高科技的推动下焕发了新的生机和活力，总体发展趋势良好。当然，杂技需要进一步拓展高空、马戏、滑稽等门类魔术则要发展大型魔术等门类，从单一的产品向品牌化的独立演出方向发展。例如，吴桥杂技节借鉴国际杂技节通行的由小丑贯穿全场的做法，特邀国内外滑稽艺术家在主会场内外参与演出，让观众一到现场就能感受到轻松、欢乐的艺术氛围。(四)品牌化项目演出。许多大型演艺活动可以有效地策划与营销，成长为品牌化的演艺产品。例如，2001 年 6 月成立的女子十二乐坊是一个以流行音乐形式来演奏中国民族音乐的乐团，特别的表演形式给予观众视听新鲜感，经过成功包装一举成为日本、欧美等地区家喻户晓的明星乐坊，成为一大品牌。(五)大牌明星的分季演出。岁末年初或者各大节日，北京、上海、广州等大都市都会迎来明星演出季。大牌明星轮番举办演出活动，成为广大追星族群体的盛大节日。

表演艺术业的运营有两种基本模式，一是项目化运营，二是产业化运营。在激烈的市场竞争中，项目化运营存在各种弊端，如宗旨不清、决策随意、管理涣散、风险太多、无连续性、难成品牌等。而产业化运营的艺术演出企业多是以专业场所为依托，在剧院、歌舞厅、夜总会等地开展定点表演的娱乐性演出和旅游演出，虽然这类演出品牌培养有一定困难，但一旦形成品牌，就会给企业带来稳定的日常收入和提升周边多元化收入的空间。按照产业化方式进行运作，这是符合国际规则、市场运行规律和艺术生产规律的。产业化要求企业具备大规模、可复制和清晰的商业模式三个基本要素，文化产业亦如此，但是文化产品生产和消费的特殊性又严重制约了文化产业的产业化进程。这种特殊性主要体现在文化产业性质和文化背景的差异性方面，难以做到标准化和流程化是其产业化过程中面临的最大的挑战。娱乐业比较成功的产业化范例是卡拉 OK 行业的钱柜和麦乐迪等连锁经营企业，它们基本解决了规范管理、标准服务的问题，也使得产业化成为可能。目前，杭州金海岸、宋城集团、《印象・刘三姐》系列旅游演出等一批娱乐演出企业的实践，基本上使得这一行业的产业化发展方向变得清晰，大体可以归纳为以下六点：

一是企业管理模板化。借鉴大型服务性连锁企业的管理经验，形成建设性的管理模板。经营者可以将这些管理经验用于培训、管理人才，还可以结合自身实践进行周期性总结，再不断完善管理模板。模板化不是呆板化，坚持模板化，才会保证企业的控制力和特色化。

二是提供本土化产品。文化消费要考虑当地的文化背景和消费人群的特点，如南方观众可能就不像北京观众那么喜欢看原汁原味的二人转，北方观众也未必能领会南方戏曲的魅力。演出必须因地制宜，不能将同一台标准化演出使用在各个场所（不同于短期巡演）。要抓住地方特色和观众口味设计产品，部分优秀节目可以定期在不同场所轮流演出，既解决了节目的特色问题，又解决了更新问题。

三是形象设计品牌化。对于表演艺术企业或团体来说，每一处场所都是品牌的强化和宣传点。统一设计、统一 Logo 是企业获得边际经济效益的有效途径。统一管理、统一形象是产业化企业的基本要求。

四是连锁经营规模化。这是形成产业化经营的有效途径，对各地经营困难的娱乐演出企业或没有得到有效利用的闲置文化场所资源进行整合和重组，当连锁场所达到几十家，就具备了产业概念和投资价值。

五是增值业务扩大化。观看艺术演出的观众是最好的潜在消费客户，因为有了连锁的渠道积累，无论是广告价值还是现场消费价值都有显著提高，增值服务空间得以扩大，集约成本会最大限度被降低。

六是经营资本社会化。我国文化企业普遍存在资金短缺问题，需要社会资本支持才能做大做强。企业具备了一定规模并拥有上述概念后，社会资本和风险投资就成为可能，一些企业已经成功获得风险投资和社会资本注入，如能成功上市，将打造出真正有实力的演出娱乐市场主体。

市场经济的日益成熟，科技、互联网对文化产业的辅助，必然催生艺术演出企业向更高层次发展，项目演出公司一定会存在，但行业洗牌的速度会越来越快；产业化运营必将成为娱乐演出企业的发展趋势，产业化运营的企业才会成为文化市场的最终赢家。

二、表演艺术业商业模式创新

从2002年我国演艺产业演出市场开放以来，就开始快速增长，演艺市场的竞争体现了较好的市场成熟度。不过，演艺市场中还存在着不少亟待解决的问题：其一，专业经纪人的匮乏，特别是家庭成员代理经纪的现象很突出。其二，许多文艺表演团体受困于事业机制，不了解市场营销，历史包袱很重。其三，严重的盗版的困扰，版权收入很低。其四，原创性比较弱，较少有黄金节目可持续数年盈利。其五，特色表演没有创新并形成规模。例如，我国的杂技表演一直重视力量与技巧，忽视了与时俱进，缺乏娱乐化、体验性、互动性的交流。其六，表演团体规模小。2003年全国共有2000多个表演院团，但全年的收入还抵不上日本一个大型院团的年收入。因此，可以说总体规模和收入都有可提升的空间。

针对以上问题，需要在经营模式和商业模式方面进行改进和创新。

第一，拓展思路，向国际同行学习和借鉴最新的市场运作模式，结合大众的最新艺术审美需求和国内国际市场需求，重新思考和设计各种演艺活动。其中，借助国际演艺协会、国际文化企业等平台，通过网络、年会等内部交流机制，建立评估、分析、挑选、推介为一体的工作流程，迅速提升演艺产业整体水平和国际形象。

第二，优势互补，合作开发演艺产品。例如，中国对外文化集团曾成功运作了上海“时空之旅”等多个演艺项目，在演艺项目运作方面具有很强的操作能力。在此基础上，中国对外文化集团公司又与美国倪德伦环球娱乐公司签署战略合作协议，双方将构建全球战略合作伙伴关系，发挥各自优势，联手打造现代气息浓郁的剧院场馆和演艺节目，加快国内市场与国际市场的接轨，推动中国文化产品走向世界。

第三，改变场馆的单一演出功能，降低闲置率。拥有场馆的院团可以将场馆进行改造，使其成为一个综合娱乐中心。可以借鉴北京海棠剧院的运营模式，在原有剧场的基础上建立新的影院加演出剧院，同时多层的办公楼还可以产生良好的经济效益。

第四，拓展演艺选秀活动，形成以演艺为核心的各产业合作的集聚效益。自湖南卫视 2005 年举办“超级女声”以来，这种以青少年观众为主、由商业公司投资的大众演艺娱乐活动，势头不减，带来丰厚的市场回报。

第五，规范演艺经纪。考虑到演艺经纪人的整体素质与演艺事业的格局和推广，需要对市场准入、税收等政策进行调整，拓展相关业务范围，创新经营模式，提供周边服务，增加新的利润增长点，鼓励国内其他产业或外国投资者进入演艺经纪领域，鼓励演艺经纪机构重组与并购扩大规模，提高核心竞争力。

第六，实现品牌化连锁经营。演艺产品、剧场、业务以及票务等都可以实现连锁经营模式。目前，演出市场的商业模式正在发生变化，比如新兴的加盟连锁经营的商业模式，以及结合旅游、娱乐的综合化的拓展形态。连锁经营可以通过发展文艺演出院线、建立通畅的资源配置渠道来打破演艺业务条块分割的格局。拥有了渠道才能在市场占得先机，利用文艺演出院线制推动演艺产品、城市演出场所及相关业务的连锁经营，可以迅速拓展演艺市场，推进跨地区的资源整合。例如，目前保利剧院院线已经扩展到华东、华北、长三角、珠三角等地区，以北京为龙头、以长三角和珠三角为剧院集群，迄今旗下已有近 20 家剧院加盟，一年演出多达 2000 余场。标准化体系建设是文艺演出连锁经营成败的关键。连锁经营向各地城市辐射院线，院线剧场联盟需要大量的面向市场、高质量、高品位的演艺节目，并开拓演艺产业发展的新形式、新领域。此外，要快速、高效地发展连锁，节目的采购、研发、编排、销售、后勤管理等环节也需要制定或采用一系列的工作标准、管理标准和技术标准，需要对业务流程进行有机整合，从而形成适宜连锁企业发展的标准化体系。

在连锁经营中，人力资源成为演艺产业竞争的核心。随着演出院线的推出，演艺企业需要充分利用和创造明星资源，实现剧院剧目创作与演员的无缝对接。同时，需要建立和完善一套富有创造性的艺术运营机制，形成包括作家、戏剧评论家、舞台美术家等在内的实力强大的艺术创作团队和包括制作人、宣传推广专家、演出营销专家等在内的经营管理团队。

第七，文艺院团的转企改制。如何转企改制取决于文艺院团的现状和产品内容。根据市场化的可行性将演出机构分为三类：一类文艺院团是可以转变为企业化经营的，尤其是以娱乐为主的文艺院团，如杂技或者歌舞院团；一类如京剧剧团等传统剧团因为缺乏市场需求难以顺利转化为企业经营的文艺院团；另外一类如河南豫剧剧团，总体上可以转企改制，但是由于原来的院团数量太多，远远超过市场需求的数量，因此部分团体应当解散，部分团体可以合并。

在转企改制过程中，要转变观念、机制和决策方法。做到以下几点：第一，产品必须面向市场，即根据消费需求来创作和制作演艺产品，避免主观性。第二，在管理和经营体制上，必须实现差别对待的激励机制，建立业绩考核体系和竞争性的分配机制。第三，主要经营责任人必须转变为企业家或者职业经理人，即使是艺术家，其主要的职责也应当转变为经营而不是艺术创作。第四，在产品开发的决策上，必须由企业家或者职业经理人负责最终决策，当然也可以通过董事会做出最终决策。

三、表演艺术业商业模式成功案例解读

《印象・刘三姐》——民族文化与自然资源的整合

“桂林山水甲天下，阳朔山水甲桂林。”在神秘的阳朔境内，除了自然山水，当地特有的民族风情对游客也有很强的吸引力。大型桂林山水实景演出《印象・刘三姐》就将阳朔的自然风光与当地的民族风情进行了很好的整合，满足了游客对桂林的向往。

《印象・刘三姐》由桂林广维文华旅游文化产业有限公司投资，张艺谋担任总导演，历时3年半制作而成。它将政府扶持与民营资本运作相结合，将民族艺术与著名艺术家品牌效应相结合，将建设专业艺术队伍与对桂、黔、滇等贫困地区的助学扶贫工作相结合，将开发山水景观与建设社会主义新农村、改善生态环境相结合，在文化艺术上获得巨大成功，在经济、社会、生态等多方面也产生明显的多边效益。

《印象・刘三姐》的演出剧场坐落在桂林阳朔县境内漓江与田家河交汇处，与大名鼎鼎的书童山隔水相望。方圆2千米的漓江水域，12座背景山峰，广袤无际的天穹，构成迄今世界上最大的天然山水剧场。放眼望去，漓江的水，桂林的山，化为中心的舞台，给人宽广的视野和超然的感受。投资建造了目前国内最大规模的环境艺术灯光及独特的烟雾效果工程，为《印象・刘三姐》创造出如诗如梦的震撼效果。

《印象・刘三姐》以闻名世界的桂林漓江山水为实景舞台，把广西两大旅游、文化资源——桂林山水和“刘三姐”的传说与广西的音乐资源、自然风光、民族风情进行巧妙嫁接和有机融合，让自然风光和人文景观交相辉映。演出以流传久远、家喻户晓的壮族刘三姐民歌为素材，把自然山水、漓江渔火、刘三姐经典山歌、民族风情、特色民族服饰等元素，运用大写意的手法、先进的声光电技术和现代歌乐舞理念加以创新组合，使各种元素巧妙地融为一体。山野炊烟、渡江浣衣、渔舟唱晚、樵夫放排、顽童牧归等人们“久违了”的景象交织出诱人的田园诗话，创造出天人合一的梦幻境界。整个演出时长约60分钟，由600多名经过专门训练的演员进行表演。演出服装多种多样，根据

不同的场景选用了壮族、瑶族、苗族等少数民族的服装。人们看演出的同时，也在看漓江人的生活。

《印象·刘三姐》自 2004 年 3 月正式演出以来，到场的中外观众已超过百万人次。2004—2012 年的 8 年间，共演出 2700 多场次，总票房超过 6 亿元人民币，深受中外游客、观众喜爱。

《印象·刘三姐》既强调艺术的表现也高度重视环境保护，实践“绿色艺术、环保先行”的理念，注重保护江岸和水面的原生状态。据建设单位介绍，整个工程没用一颗铁钉。现在，歌圩几乎全部被绿色覆盖，里面种植有茶树、凤尾竹等，加上所植草皮，绿化率超过了 90%。其中，灯光、音响系统均采用隐蔽式设计，与环境融为一体，水上舞台全部采用竹排搭建，不演出时可以全部拆散、隐蔽，对漓江水体及河床不造成影响。观众席依地而建，梯田造型，与环境协调，同时也考虑到了行洪的安全。两座厕所是最先进的生态环保厕所，厕所的污水并不直接排入漓江而是循环使用。另外，100 多亩建设用地上，鼓楼、风雨桥及贵宾观众席等建筑散发着浓郁的民族特色。

自《印象·刘三姐》在阳朔演出以来，阳朔旅游文化产业的发展变化有目共睹。据有关人士测算，《印象·刘三姐》的演出给阳朔旅游业带来了 20%以上的拉动效应。仅演出区域及周边土地就增值 5～10 倍。过去，阳朔基本上只能算游览漓江的中外游客的一个观光景点，在这里留宿的并不多。自《印象·刘三姐》推出后，越来越多的中外游客慕名而来，留宿的游客与日俱增，阳朔全年大部分时间处于旅游旺季，成为真正意义上的“旅游目的地”。

专门为项目创办的“张艺谋漓江艺术学校”，主要从广西、贵州、云南等地的少数民族地区和贫困山区招收具有演艺天赋的青少年加以培养，白天学习文化知识和专业技能，晚上参加《印象·刘三姐》演出，实行“教学、实践、就业”一条龙的办学模式。学生免收学杂费、食宿费，每月还有几百元的演出补贴。整个项目的基本演职员、后勤保障人员共 750 多人，其中雇请当地农民 400 人，这些农民因岗位不同，每人每月可接收 600～1000 元不等。村民现在种的粮食、蔬菜、水果等不用到市场上去卖，可以直接卖给游客和《印象·刘三姐》剧组。

【案例点评】

《印象·刘三姐》在商业上取得了巨大成功，让司空见惯的日常生活变成了艺术。当地农民和漓江艺术学校的演员“离土不离乡”，利用晚上空闲时演出赚钱得实惠的同时，也提高了素质、更新了观念、开阔了视野，更保持了民族与地方生活的原生态。这种商业模式集民族艺术、产业增长、社会效益于一体，以独特的创新，为我国民族文化艺术发展与保护、传承作出了探索与贡献。这种模式培养了一大批艺术人才，还为贫困地区青少年的助学作出了贡献。

第七节 休闲娱乐业

休闲娱乐业是为人民群众创造欢乐的美好行业，也是当前刺激消费、拉动经济增长的重要产业。文化休闲内容大体可以分为两类：一类是以文化为主题的，也是以文化为主体的休闲场所和休闲活动，比如影视博物馆、收藏市场等，这是在当今市场里体现得比较强烈、比较充分的文化产业形态；第二类是泛文化的概念，即各种各样的休闲活动里都有相应的文化内容，有相应的文化符号。以迪士尼为首的休闲娱乐业地位正稳步提升，成为人们生活中不可缺少的一部分。

总体来说，对休闲娱乐业的前景应当持谨慎乐观的态度。谨慎，是因为我们的娱乐产业投资者普遍创新能力较低，经常盲目投资，形成了资源的浪费和损失。另外，休闲娱乐业的行业理论和行业媒体没有形成。业内人士中深入探索休闲娱乐业客观规律的专业人士还不够多，造成了这个行业的浅层次发展水平。当然，所谓乐观，是因为中国的休闲娱乐业尚未发展成熟，博大的市场绝对值得投资者一试。所以，休闲娱乐业在世界范围，尤其在中国，将会是乐观、明朗的，同时，谨慎的、严谨的心态也是必不可少的。

一、休闲娱乐业商业模式界定

休闲是指人们在工作时间之外，通过一定的休闲活动使自身达到一种闲适的“精神状态”或获得更好的自我发展。休闲的一般意义有两个方面：一是消除身体的疲劳；二是获得精神的慰藉。休闲文化产业的兴起和发展是与人们的闲暇时间的增加和生活水平的改善密不可分的。当闲暇的时间增多并占据重要的位置的时候，人们已经不满足于待在家中看电视、打麻将，而是希望能够加强人与人之间的交往，享受旅游、茶馆、咖啡厅、康体中心等带来的个性体验，这也正是休闲娱乐行业迅速发展的重要原因之一。

当今，休闲娱乐在人们的业余生活中占据着重要的位置，休闲娱乐业具有很高的增长潜质。根据2010年6月16日《光明日报》发布的《文化产业分类一览表》显示，文化休闲娱乐业是文化产业的重要组成部分，主要包括两部分，即旅游文化服务和娱乐文化服务。我国的休闲文化产业起步较晚，但随着"短缺经济"的结束、"温饱工程"的开始以及"小康时代"的来临，我国休闲文化产业的发展后劲十足。

（一）休闲娱乐业基本模式

1. 文化旅游产业

文化是旅游业的灵魂。文化既是旅游业的物质资源基础，又是它的精神动力和支撑。拥有了丰富的文化资源，就掌握了旅游业发展的主动权。在今天，文化旅游产业已经成为以自然历史文物景点观光服务为核心，以享受人类文明成果、开发快乐精神资源和获取自然历史知识为动机，带动饮食、旅馆、交通、商业、娱乐等配套发展的大型文化产业群。

2. 游乐业

游乐业主要是指人们以愉悦身心为目的、经营者以通过满足人们的这一需要来获得利润的行业。广义的游乐业包括旅游、大型文化巡展、户外健身活动等；狭义的游乐业包括主题公园、嘉年华等。

(1)游乐业的主要类型

①主题公园

主题公园是一种集休闲、娱乐和旅游景点为一体的休闲娱乐产品，往往围绕一个或几个主题，创造一系列有特别环境和气氛的项目来吸引旅游者。世界上最早的主题公园产生于荷兰。1950年，投资商将荷兰的120多个名胜古迹及现代建筑按1∶25的比例缩建于海牙市郊，被称为"小人国"。这一全新的表达方式成为现代主题公园真正意义上的开端。1955年，美国电影动画师沃尔特·迪士尼在洛杉矶建成迪士尼乐园。他将以往制作动画电影所运用的一些手段、技巧与游乐园的特性相结合，用主题情节贯穿各个游乐项目，引起了极大的轰动。洛杉矶迪士尼乐园可以说是世界上第一个现代意义上的主题公园。此后，在世界各地兴起了一股主题公园的建设浪潮，主题公园也成为当代游乐业最为主要的产品类型。

②嘉年华

"嘉年华"是英文"Carnival"一词的音译，意为狂欢节、欢宴等。狂欢节在西方有着十分悠久的历史。

“嘉年华”有狭义与广义之分。狭义的嘉年华指环球嘉年华(World Carnival)。2001年,史蒂芬家族的第三代掌门人威廉·史蒂芬与香港金海岸有限公司合作成立了香港汇翔有限公司,注册商标“环球嘉年华”,专门经营巡回式游乐场,并将市场定位在经济较为发达的国际大中城市。目前已发展成为与迪士尼、环球影城并列的世界三大娱乐品牌之一。环球嘉年华经营模式的特点是:巡回性、多元性、自主性、互动性。从广义上来说,意指各种产品、活动的精彩纷呈,“汽车嘉年华”、“游戏嘉年华”、“在线嘉年华”、“津夜嘉年华”(天津卫视访谈类节目)等都是在广义的层面上使用“嘉年华”一词。

3. 其他休闲娱乐业

其他休闲娱乐类型主要有影剧院、歌舞厅、夜总会、高尔夫球场、健身房、游艺中心、茶楼、农家乐等。在这些场所,既可以休闲快乐、放松身心,又可以寻求刺激、释放情感和增长知识。

(二)休闲娱乐业发展方向

从全国范围来看,目前的休闲娱乐正在朝着多样化、全民化、新颖化、时尚化方向发展,主要表现在以下几个方面:

1. 多功能化的中央娱乐区

“中央娱乐区”是一个各种娱乐活动的聚集区,主要包括美食、休闲、购物、文化、娱乐等内容,各种娱乐功能齐全,是大众娱乐的好去处。而其中的国际娱乐区汇集了世界各地风情的酒吧、KTV、会所,形成了具有休闲风格的娱乐文化,融经典表演、健身、休闲设施为一体,汇聚国际最新娱乐方式和娱乐品牌,功能齐全、豪华气派,是精英人士休闲之处。

2. 中国本土化的“Lounge”

“Lounge”是近几年在欧洲、美洲和亚洲部分国家如日本和新加坡等地流行的休闲娱乐场所,而今在我国一些大都市也开始风靡起来:下午三四点或晚上八九点,没有固定的时间,人们可以随便“窝”在一家咖啡厅、西餐吧、酒吧的沙发上,懒洋洋地吃、懒洋洋地看或者听音乐、吃美食、品美酒与享受令人完全放松的空间,就是今天最流行的“Lounge”滋味。与普通的酒楼、酒吧不同,追求“Lounge”感觉的场所一般都有可以让人陷下去的大沙发、任何细节都不放过的精致装饰，还有各种各样的热带雨季植物的摆放等，营造出一种绝对懒散和让人放松的惬意氛围。

3.大众化的“时尚乐吧”

这里的“乐吧”主要包括酒吧、舞吧、聊吧、书吧、网吧、脚吧和画吧等，不同于传统的欧式酒吧，这类“乐吧”以追求快乐为宗旨，在装修上讲究明快简约，以大量的玻璃、金属营造出后工业时代的冷峻，显示一种快餐式的后现代破碎的“吧文化”特征，在取名上力求怪异，特立独行，如NO.1、芭比、“Face to Face”、黑森林等，野性因素十足，迎合了一批有反叛情绪的时尚青年的心理。

4.生态化的“农家乐”

农家乐休闲以农业、农村、农事作为载体，主要利用庭院、堰塘、果园、花圃、农场等农、林、牧、渔业的资源优势，保持和突出原汁原味的农家风味。农家乐大多设在城郊山清水秀之处，人们在此或野餐、或垂钓、或小憩，既可以品尝到乡村腊肉、农舍上鸡、竹筒蒸饭、家制米酒等美食，又可以参与磨豆腐、舂糍粑、摘鲜菜等农活，还可以下棋、品茗、聊天、唱山歌等。

5.会员化的休闲俱乐部

在北京、上海和广州等大都市，休闲俱乐部业绩不俗。这些俱乐部大多是随着旅游事业飞速发展组建起来的，主要有大型网球中心、新潮沙滩浴场、攀岩中心、Internet酒吧、棋艺扑克室等项目，对联合体成员实行计算机联网、在线查询和信息发布，充分利用地区资源，使各项目之间优势互补，协调经营，充满着时代浪漫气息。

二、休闲娱乐业商业模式创新

休闲娱乐业的前景是机遇与风险并存的，尤其在创业初期，对于休闲娱乐业来说，“酒香也怕巷子深”，很多创业者过于重视产品开发而忽视运营，这会对企业发展造成巨大影响。许多文化企业已经意识到这一点。那么，应当怎样发展中国的休闲娱乐业业呢？

我们认为，要加快文化旅游业的发展，应从以下几方面努力：

1.以发展的眼光挖掘文化资源

要善于以发展的眼光挖掘未被开发的尤其是被闲置的文化资源，以新观念利用文化资源开发文化旅游和休闲娱乐服务及产品。文化资源只有经过开发利用，才能充分发挥其功能和效益，才能全面体现其价值。文化资源的有效利用，有助于抢救和保护那些濒临灭绝的传统文化和民族文化；有利于各国、各地区间的科技文化交流和发展；有利于促进不同文化的融合。旅游者与目的地居民相聚、共处、沟通、交流，促使异地或异质文化的融合得以实现。

2.遵循多种效益原则

在文化资源的开发过程中要兼顾经济效益、社会效益和环境效益。经济效益主要是努力降低成本，提高收入，确保开发行为能带来旅游经济效益；社会效益就是尽可能减少对当地社会环境、文化传统、生活方式的负面影响；环境效益就是注重文化生态平衡、环境保护和文化氛围保护，实现可持续发展。前面我们探讨过的案例《印象·刘三姐》堪称这方面的典范。

3.保持独一无二的个性特色

个性原则是休闲娱乐生命之所在，休闲娱乐的个性主要取决于该地休闲娱乐资源的结构特征。如丽江旅游的个性就是纳西文化，硬要开发大型现代化主题公园那就是典型的败笔；又如泰国的人妖、悉尼的建筑、香港的购物均富有特色和个性。以本土受众为基础，深入研究本土消费者的文化心理、消费习惯，打造真正适合本土消费者的文化产品，是所有文化产品成功的不二法门，休闲娱乐产品也不例外。

4.市场细分原则

市场细分原则是指休闲娱乐资源开发要以市场为导向，针对市场需求特征，在产品功能设计上体现特色性与层次性的协调统一，充分利用各地休闲娱乐资源的地域优势，按照先环境后产品的思维模式，将各地独特的自然资源、人文环境融入各类娱乐项目中去，给客人以独一无二的快乐体验。在日渐激烈的游乐市场竞争中，必须以不同的受众群体为基础，强调市场细分，突出地域、产品的特色。我国的休闲娱乐业可分为三个层次：(1)大众化休闲娱乐。这类休闲娱乐首先必须在满足客人的快乐需求方面下工夫，积极创新开发娱乐性强、表现形式新颖的休闲娱乐项目。(2)个体性的身心健康。休闲娱乐应强化其产品的医疗保健功能，开发诸如体检、按摩、理疗等与健康相关的度假项目。(3)提升自我发展的休闲娱乐，即将娱乐休闲与学习新知识、新技能相结合，增强活动互动性，提升产品休闲的文化内涵。休闲娱乐业应该针对不同层次的休闲者，千方百计为他们提供贴近实际需要的休闲娱乐产品和服务。

5. 积极寻求可持续发展的运营模式

以国人的文化心理、休闲娱乐观为产品开发的前提是中国游乐业产品开发的基础，而积极探索健康的运营模式，实现休闲娱乐业运营的可持续发展则是中国休闲娱乐业发展的关键所在。相关产业带动不足、单纯依靠门票的初级运营模式，造成票价过高，而票价过高反过来又导致游客稀少、重游率低，进而形成恶性循环。资料显示，我国大多数主题公园的门票约在 120 元左右，这种高价位的经营策略使一些游客望而却步，而相当一部分游览过主题公园的游客也因门票价格过高而采取“一次游”形式。真正有品质、文化特色和内涵的游乐场所是具有旺盛生命力的。如果遵循休闲娱乐业的市场规律，在产品开发时注重消费者的需求，其开发前景就会十分广阔。另外，除了游园区产品的创意和经营之外，游乐企业也需要延长后续产业链，甚至形成相关产业集群。然而，就目前的整体情况来看，国内大多游乐企业在运营模式方面做得还远远不够。对于中国游乐市场开发而言，借鉴国外成功游乐企业的运营模式，积极寻求更为健康的、可持续发展的运营模式是必由之路。

三、休闲娱乐业商业模式案例解读

文化延伸，变废为宝

多伦多的迪斯特里佛（The Distillery）文化艺术园区是由旧酒厂改造而成的新型艺术展示区。它的前身是古德汉和沃兹（Gooderham & Worts）威士忌酒酿造厂，19 世纪末是酒厂的黄金时期，经历了一个世纪的风霜，于 1990 年正式停产。它所遗留的厂区是北美保存最完好的 19 世纪工业建筑群。加拿大的当地政府认识到该建筑群可以用来表现加拿大的社会历史，是多伦多最具开发潜力的地区，应当出台相应规划，合理利用这一工业遗址的剩余价值。

在 2001 年下半年，酒厂区被转卖给当地一家以改造并使用多伦多旧建筑为主要经营项目的公司——城市空间（Citycape），该公司的众多合作者保证了资金运作的支撑。城市空间的一系列招商引资的举措，使废弃已久的旧厂房重获新生。酒厂区不但保留了一个微型的酿酒厂，还以艺术家工作团体的创意因素构建起了画廊、舞厅、剧院，而餐馆、商店及娱乐休闲等基建设施也一应俱全。从全局看，艺术家群体是整个迪斯特里佛酿酒厂区向文化艺术集聚区开发和转型的中坚力量和驱动力。城市空间将工作室以明显低于市场价的租金长期租借给艺术家和艺术团体，并且酒厂区与一般购物中心相比所具有的优势是，艺术家们在那些风格独特的小商店里工作，然后直接把作品展示和卖给顾客，吸引了许多人，此结果显示了这一城市社区再造和文化产业聚集发展的战略和路径是成功的。

【案例分析】

国内外不少实践已经证明，产业化运作离不开对资源的开发和重组，以及对资源的垄断和竞争。迪斯特里佛（The Distillery）文化艺术园区就有力地证明了这样一个重要规律和操作路径：文化产业的集聚发展和集群建设，可以与社区的重建相互渗透与拉动，成为新型城市化的一个重要动力与活力表征。

（摘自：花建等著：《文化产业的集聚发展》，上海人民出版社，2011年版）

第八节　艺术品拍卖业

艺术品消费市场是一个特殊的消费市场，它遵循着市场价值规律，但也不同于普通消费市场。美国未来学家约翰·奈思比特在《2000年大趋势》一书中曾经预测，艺术品收藏将会是世界经济发展中的一个热门行业。

艺术品拍卖与收藏是一体两面，所以这也意味着艺术品拍卖行业大有前景。艺术品拍卖业是艺术品经营中商业模式发展最为成熟、产业化程度最高、吸引民间注意力和资本最多的行业。艺术品拍卖业提供的产品和服务主要是为艺术品的提供者和艺术品的需求者之间建立一座沟通的桥梁，又称艺术品展出竞买中介服务。

一、艺术品拍卖业商业模式界定

艺术品拍卖市场是一般意义上的拍卖市场的重要组成部分，其运作模式一方面与整体拍卖市场相类似，另一方面又具有一定的特殊性。譬如，在拍卖方式上，艺术品拍卖采取公开竞价。所谓公开竞价是指买卖活动公开进行，公民、法人和其他组织自愿参加，并根据拍卖师的叫价，决定是否应价，其他竞买人应价时，可以高于其他人的应价再次出价，直到某人的应价经拍卖师三次叫价再无人竞价时，拍卖师以落槌或以其他公开表示买定的方式确认拍卖成交。

艺术品拍卖市场有着相当悠久的传统，而以拍卖经营机构为主体所形成的艺术品拍卖市场，在当代艺术品市场中又被称为“二级市场”，并与以画廊经营、艺术交易市场等为主体所形成的“一级市场”相区别，形成了以稀缺性艺术资源和艺术资源再流通为目的的交易特点。

艺术品拍卖业商业模式有三个重要的构成元素，即人脉构建、艺术经纪人、宣传。

艺术品说到底是文化产品类奢侈品，其消费对象多为有收藏爱好的企业家、明星、投资者、艺术家等，所以，艺术品拍卖的经营主要依托于人脉，艺术品拍卖项目要发展，艺术品投资者和媒体人脉是基础。新兴的艺术品拍卖公司要成长必须有人脉的积攒阶段。艺术品投资者包括：艺术品投资机构、艺术基金、画家、画廊、艺术品私人收藏家、艺术经纪人、艺术品大众投资者六类。一般情况下，拍卖公司只需在一类艺术品投资者中具有深远的影响力，就能支撑起一个完整的运转程序。其中艺术品大众投资者人脉积攒最为容易，以歌德拍卖公司宣传征集方案为例，有效的宣传策划下，艺术品大众投资者蜂拥而至，歌德拍卖公司利用大众宣传策略在短期内积攒了大量的人脉，完整地支撑起 2011 年春季拍卖。但这一类人脉多而不精，依靠这个层次的人脉能征集到的艺术精品极为有限，要想继续发展，就需要更多的艺术品经纪人。

在艺术品拍卖商业模式中，还有一个重要元素，就是艺术经纪人，又称为艺术品中间人。人脉构建的局限性决定了艺术品经纪人总是专攻某一领域的现状，他们通常拥有自己固定的拍品获取渠道和销售渠道，在拍卖公司的人脉中起承上启下的重要作用，依附公司生存的艺术经纪人的多与寡直接决定拍卖公司的发展速度。通过艺术品经纪人可以直接聚拢画家和艺术品私人收藏家，一方卖一方买，拍卖公司只需做好其中的接待、沟通、宣传等工作即可。

宣传是艺术品拍卖必须进行的投资，而且要按一定步骤和计划进行。媒体按常规分为视觉媒体、纸质媒体和网络媒体三种，拍卖业宣传一般以网络媒体为主，纸质媒体为辅。拍卖公司应按发展构想和年度预算进行定向宣传策划，以求达到最好效果。尤其是对于新兴公司而言，假设一新兴公司想要发展艺术品拍卖项目，目标是在一至五年中达到二线公司规模，大致步骤应如下：

第一年：专题精品拍卖鉴赏会推广。

将精品专题拍卖鉴赏会作为公司产品进行推广，选择某一个市场热点，与艺术经纪人合作，定向征集拍品，拍品求精不求多，组织鉴赏拍卖会，初步获取艺术经纪人和收藏家资源，寻找相关的人脉资源。第一年专场举办数量拟在五场次左右。期间，必须寻找到固定有效的宣传平台，长期合作，不间断推广，增加社会认知度。

第二年：专题精品拍卖鉴赏会外包，组织一场大型综合拍卖会。

在第一年的专题精品拍卖鉴赏会推广获得一定成效、归拢一定的人脉、得到一定的藏家支持后，将该项目进行有条件地外包，外包场次拟在5至10场次左右。拍卖公司应集中力量来组织一场大型综合拍卖会，全面进行精品策略宣传，正式进入规模化拍卖市场。

第三年：运作精品拍卖鉴赏会，正式运行春、秋二拍。

正式运行春、秋二拍，将精品拍卖鉴赏会归拢为三个固定专场，拉动五场制度化、有序化的综合拍卖会。

在拥有整体性的发展战略和规模系统的运营制度的前提下，五年之后该公司可望初步迈入二线艺术品拍卖公司行列，具有一定的市场竞争力。

二、艺术品拍卖业商业模式创新

目前，中国艺术品市场参与者的构成正在进行新的造血，不仅有年轻财富类人群的大量涌入，更有国外藏家及资本的积极参与，这使中国艺术品拍卖市场进入了亿元时代。艺术品拍卖市场的火热可以看到艺术品的价值已在市场上得到了体现，但我国过热的艺术品拍卖市场也出现了一些值得注意的问题：

1.诚信危机

一些文化企业为获取利润，钻政策漏洞，在法规不健全、国家监管不严密、拍卖行规不完善的情况下，对赝品睁一眼、闭一眼，或者直接参与造假牟取暴利，使得拍卖行业的整体利益受损。这些做法甚至有蔓延的趋势。

2.严重的投机心理

收藏的价值在于时间和艺术品本身的文化价值，不能像其他商品一样进行恶性炒作。现在艺术品交易为了短期利益，也开始了投机性行为。在现在的拍卖会上，这种你争我抢的繁荣，其实是一种不规范、不成熟、不理性的表现。盲目投机行为还容易导致金融及投资领域的“博傻”现象传染和蔓延到艺术品交易领域，从而导致艺术品产生“虚火、虚热”。

3.拍卖公司太多，“僧多粥少”

现在具有文物艺术品拍卖资质的公司太多，全国有200多家，仅北京就有70多家。如此众多的拍卖公司，使得已经紧缺的文物艺术品货源，更加陷入“僧多粥少”的窘境，导致征集拍品难，征集到高价位的精品更难。

4. 国际化程度不高

从拍卖量来讲，中国已经是世界文物中心了，但是在影响力上还不够。我们很少召开世界性的博览会，中国的拍卖行还没有能力去纽约开拍卖会，我们依然是在自己的小圈子里“繁荣”，还没有达到国际化的发展阶段。

据相关研究，当一个国家的人均收入达到6000美元时，艺术品市场就会兴旺起来；当人均收入超过9000美元时，艺术品价格就会被迅速拉升。随着国内市场精神消费的兴起以及中国经济的快速发展，中国的艺术品市场将会有更大的发展。为了使中国艺术拍卖健康快速发展，我们应该从以下几个方面做好商业模式的创新，以便更好地与国际市场接轨。

(1)规范相关流程

对艺术产品建立国家专业机构承认的统一鉴定程序，并以法规的形式建立下来。可以考虑成立一些专家鉴定小组，这些专家一定不能是拍卖行的职员，不能拿拍卖行的薪酬。理想的小组有3位成员。拍卖行为了自己的声誉、品牌、前途，最好是聘请有资质的专家出任鉴定小组成员。

(2)建立投资与运作平台

建立更加公开透明的资本投资与运作平台，形成与艺术品拍卖市场竞争的态势。例如，在各地不断成立各种文化产权交易所及推出艺术品资产份额化交易，就是一个很有创意的做法，这预示着中国艺术品资本市场运作进入实际操作阶段。

(3)提升中国世界中心地位

中国艺术品拍卖市场的迅猛增长不断吸引着世界艺术品市场，它以此为契机，充分利用大中华圈的消费能力，迅速以香港与北京为中心来整合相应的资源，这不仅提升了中国艺术品市场在世界艺术品市场中的地位，更强化了中国艺术品价值判断及评价的话语权，最终为北京在世界艺术品市场中的中心地位的确立打下基础。

三、艺术品拍卖业商业模式案例解读

拍卖行业的两大巨擘——苏富比(Sotheby's)、佳士得(Christie's)

伴随着席卷全球的拍卖浪潮，苏富比和佳士得这两个名字也开始一遍一遍地冲击人们的耳膜。其中苏富比由萨缪尔·贝克(Samuel Baker)于1744年创立。1766年，另一个英国人詹姆士·佳士得(James Christie)成立了佳士得。此后的200多年,苏富比和佳士得一直相伴相随,在各种拍卖领域里,特别是在艺术品拍卖领域里,展开了激烈的角逐。

1983年9月,苏富比被一个叫阿尔佛雷德·陶布曼(Alfred Taubman)的美国房地产商购得,该房地产商于1984年6月将其总部从伦敦迁到纽约。现在,陶布曼家族拥有苏富比21%的股份和63%的投票权。而佳士得则在1998年5月找到了一个叫弗朗索·皮诺(Francois Pinault)的新东家。皮诺是一个法国商人,他为这笔交易花费了12亿美元。

早在20世纪60年代,苏富比就已将目光瞄准了英国以外的更广阔的市场,而佳士得却一度在实行扩张策略上犹豫不前,直至1977年才在美国设立了一家海外分公司。这一犹豫使得佳士得在以后的几十年里都只能紧跟在苏富比的后面。目前,佳士得在全球设有100多个分支机构,而苏富比的势力显然要远远超出这个数字。在中国香港和内地,它们也已经设立了分支机构。在世界范围内,它们支配着各种类型的拍卖活动,并一起控制了全球艺术品拍卖市场95%的份额。

在18世纪下半叶的英国,特别是伦敦,许多有钱人或贵族去世后,其家人都会将其生前的藏书卖掉。苏富比的创始人贝克正是从中发现了一个巨大的市场从而开始了拍卖书籍的业务。而佳士得则更妙,他看到世界各地有许多富人都以到伦敦旅行、收集古董为时尚,伦敦作为一个艺术品的买卖集散地的地位日益重要,于是走上了拍卖的道路。

岁月几经流变,苏富比和佳士得身上的英国绅士味也充斥着越来越深厚的商业气息,并且,它们之间的狂热竞争也毫无风度可言,它们把价格标签贴在艺术品和文物上的做法也损害了不少人的感情,但换个角度来看,也正是它们的这种狂热的竞争,在某种意义上促进了艺术品市场和文物市场的突飞猛进式发展。很多价值连城的稀世之宝,经过它们的拍卖,得以重见天日,比如梵高的《向日葵》,1987年在佳士得以近4000万美元的天价成交,以此为开端,世界名画的拍卖价格陡涨。

【案例点评】

苏富比和佳士得都是其创始人独到眼光的产物。这二者的成功一方面源于创始人敏锐的嗅觉与顺应时势的转变,另一方面得益于率先实施国际化策略和规范周到的运作、服务。这两家均起源于英国的拍卖公司无论是资历还是规模都远远超过了其同行,并称"世界拍卖行业的双雄"。它们是一对势均力敌的竞争对手，控制着全世界艺术品拍卖市场95%的份额。如果说拍卖现场是一个炫目耀眼的舞台，那么苏富比和佳士得就是这个舞台上最为闪亮的明星；如果说拍卖市场是一块大蛋糕，那么苏富比和佳士得之外其他拍卖商就只有捡蛋糕屑的份儿了，因为这两大世界拍卖巨头差不多将整个蛋糕都收入囊中了。

苏富比拍卖公司1860年在美国开设分公司，1964年合并了当时最大的竞争对手——派克巴奈物画廊，成为世界上第一家国际拍卖公司。20世纪70年代末以来，在世界各地（包括中国的香港和中国台湾在内）建立了100余家分公司和分支机构，2007年成立了北京办事处，目前还没有在中国内地开展拍卖业务。现在，苏富比和佳士得业务范围基本上大同小异，它们都拍卖从枪支到玩具、从家具到珠宝等各种各样的商品。但它们在全球最负盛名的是艺术品拍卖业务，它们每年拍卖的各种艺术品多达几十万件。而那些举世瞩目的重大艺术品的拍卖活动，几乎都是由这两大巨头一手把持的。现在，苏富比和佳士得已经成为奢华和财富的象征，它们的拍卖会以豪华盛会的形式存储在人们的记忆之中。

（摘自：李宇红、白庆祥编著，《文化创意经典案例教程》，中国经济出版社，2008年版）

第九节　会展业

会展产业是近年来备受瞩目的一个新兴产业，是人类经济文化交流发展到一定阶段的产物。当今世界随着文化产业的兴起，会展业作为其一部分也正在如火如荼地发展，在全球经济发展中占据相当重要的地位，在欧美发达国家已发展成为一个独立的、成熟的庞大产业。

会展活动包括会议（Meeting）、奖励旅游（Incentive）、研讨会（Convention）以及展览（Exhibition），故简称MICE。根据国际会议协会（International Congress & Convention Association，ICCA）的资料显示，全球每年约举办40万场会议及展览，总开销达2800亿美元，而国际展览产业协会（UFI）的资料也显示，会展产业年产值已高达11600亿美元，其中会议产值4000亿美元，展览产值7600亿美元，能为举办的国家与城市带来可观的经济效益。

据有关数据显示，会展业利润率在25%左右，属于高收入、高赢利、前景广阔的朝阳产业，被喻为“无烟产业”。会展业不仅能带来场地租金、摊位装潢等直接收入，而且还能带动数十个相关行业的发展，例如商业购物、餐饮、旅馆、娱乐、交通、通讯、广告、旅游、印刷、设计装潢等相关收入。因此，会展业的发展不仅可为厂商展示产品，吸引厂商及国外买主，更可带动相关产业发展，进而促进整体经济发展，提升国际知名度。所以，很多国家、地区和行业都非常重视发展会展业。

一、会展业商业模式界定

会展业是以服务为基础、以资源整合为手段、以带动卫星产业为目的所形成的一种产业形态。会展活动种类繁多，仅以展览会为例，按其性质就可划分为贸易展览会、消费性展览会、宣传性展览会；按展览内容可分为综合展览和专业展览；按展览规模可分为国际展、国家展、地区展、地方展以及单个公司的独家展；按展览时间可分为定期展览和不定期展览；按展览场地可分为室内展和室外展、巡回展、流动展；按展览环境虚实可分为现实会展和虚拟会展(网上展览会)等。

文化领域里的会展属于专业性会展。包括各种综合性文化或艺术博览会，美术、书法等造型艺术作品展、书展、文物展、人文景观展及各种专门的文化会议等。一个文化展览会的运作，即一个文化展览项目从始至终的运作过程，大致可分为展前、展期和展后三个阶段，在不同的阶段，展览会管理的内容也会不同。

(一)展前阶段

这个时期是展览会的准备阶段，也是非常关键的阶段。这个时期展览的组织和管理者大致要做如下几方面工作：

1.展览项目策划

展览项目策划，即提出展览设想。一个文化展览会的发起，事先都要对其内容、主题、时间、场地、合作伙伴以及目标客户等提前作出初步的构想和设计，然后对这个构想和设计进行研究讨论和市场调查。有时，也会先进行市场调查与分析，然后再根据市场需求提出展览设想，确定展览的内容、主题等因素。

展览项目策划的流程大致如下：

(1)研究市场需求

(2)设计展览项目

(3)目标市场分析

(4)写出项目策划文案

2. 展览立项

展览项目的策划方案完成之后,要对其进行可行性论证分析。对于文化展览活动而言,其技术可行性分析包括:展品的安全保卫技术、展品展示技术,以及当地相关技术发展的配套等;社会环境可行性论证是评估展览项目可能产生的生态影响及社会影响,如该展览是否与相关的政策法规有抵触,是否违背举办地的社会习俗,是否破坏当地的环境以及社会效益如何等;财务可行性分析是评估该项目的财务情况,如项目的支出组成与数额、项目的收入构成与数额、项目的资本结构、自身能够承担的财务能力和融资能力、项目的投资回报率等。文化展览项目的周期较短,可采用账面数额直接核算;组织机构可行性论证主要评估公司的组织机构、合作单位、政府委托变更的可能性等因素对项目成败的影响。这些论证分析通常由相关工程技术人员、专家、法律顾问及财务部门完成并出具意见书。

与此同时,展览的组织与管理者要积极寻求政府主管部门、权威协会或具有广泛影响力的行业媒体等单位的支持,寻找包括当地行业协会、主办单位的分支机构、行业权威机构甚至是海外的代理机构(国际展)等单位进行合作,以增强展览会的影响力和权威性,同时降低招展成本。

当这一切工作圆满完成之后,就可以将展览项目的最终策划方案报请有关部门批准,然后正式立项,进入运作实施阶段。

3. 展前运作实施

文化展览一经立项,就进入了具体的运作实施阶段。这个阶段,组织和管理者的主要工作包括:制订项目实施计划、成立筹备班底、落实展出场地、进行广告宣传、招展和招商、进行物流管理以及监督布展等。

(二)展出阶段

展出阶段,是文化展览会经过周密的准备之后正式对外展出的阶段。这个阶段,展览的组织与管理者需要举行开幕式,进行现场管理、安全管理、后勤服务,还要处理突发事件等。

1. 举行开幕式

举办开幕式的目的是制造热烈的气氛,以引起人们的重视,扩大社会影响。展览会的开幕式，往往是组织和管理者重点策划、实施的重头戏。开幕式的程序一般是由主持人宣布开幕仪式开始，主宾按顺序发言致辞、剪彩和参观展览。隆重的开幕式还有表演、燃放烟花等节目。

2.现场管理

开展之后，展览会的组织与管理者要对展出现场进行严密管理，如监督各方面人员是否按时到位，巡视各个展台的工作情况，检查展馆设备的运行情况，统计每天的交易情况，受理参展商及客户的各种咨询与投诉等，并将各种情况一一记录在案，以便随时进行分析总结，采取必要的工作调整。展览会组织与管理者的现场管理活动，是维持展览会正常工作秩序、保证展览会顺利进行的重要保障。

3.安全管理

文化展览会的安全管理，是指为保障展会中客人、员工的生命、财产安全而进行的一系列管理活动。安全管理也是保证展览会顺利进行的重要因素。安全管理者的最主要职责是要建立一整套严密、有效的展览防护系统及保卫措施。其中包括对展品的安全保障系统、对人员的安全检查系统，以及对展馆、设备的保护措施等。安全管理应本着预防为主的基本原则，健全制度，落实责任，群防群治，防患于未然。

4.后勤服务

为了保证展览会的顺利进行，组织与管理者还应采取各种管理措施，在维护展馆的交通秩序、提供餐饮场所、保持会场的环境卫生等方面，提高服务质量和服务效率，保证展览会具备完善、高效的后勤服务。

5.处理突出事件

文化展览会是人员众多、程序复杂的大型活动，很可能出现诸如火灾、展品被盗、人员拥堵等突发事件。虽然这些突发事件事先无法料知，但展览会的组织与管理者必须提前建立相应的预警机制和应急预案，以便在事件发生时，能够迅速作出反应，实施行动，从而将危机事件造成的后果降到最低。

(三)展后阶段

展后阶段，即展览会闭幕之后的那段时期。展览会闭幕虽然标志着展览会的结束，但并不意味着展览管理工作的结束。展览会的组织与管理者还有组织撤展、评估总结、展后跟踪等后续工作要做。

1.组织撤展

展览会结束后，各参展商都要进行展品、展具的撤展工作。这时，展览会的组织与管理者要安排、协助参展商完成展台的拆除、展品的回程运输等任务，为参展商提供一以贯之的周到服务。

2.评估总结

文化展览会结束之后，及时进行评估总结是非常必要的。因为这不仅是对刚刚结束的展会的回顾与审视，其积累的经验教训更是下一次展会的借鉴。因此，展览会的组织与管理者要认真分析展览的全过程和取得的成果，对成功之处进行细致总结，对不足予以重点研究，以便将来更好地开展管理工作，避免重蹈覆辙。

展览的组织与管理者或参展商如果觉得展出效果好，还可以举行记者招待会，发新闻通讯稿，介绍展出结果，报道展览盛况，进一步扩大展览影响。

3.展后跟踪

展览会上的交易成果需要在会后逐渐兑现，展会的社会效益也只有在会后才能渐渐地呈现出来。因此，展览组织者与管理者还需进行展后跟踪工作。这些工作包括：定期了解展览会交易成果的兑现进程，跟踪参展商参展后的产值与利润增长情况，关注展览会对相关产业的带动情况，观察展览会给当地文化发展带来的影响等。对这些情况的跟踪与搜集，有助于展览会的组织与管理者更好地举办新一届展览会。

在德国等发达的西方国家，会展早已经形成了成熟的服务运作模式，实现了服务流程的规范化、标准化。对此，我们应当认真学习，加以借鉴，并在借鉴的基础上，根据我国的实际状况进行创新，以探索出一套本土化的会展运作管理方法。

二、会展业商业模式创新

2013年11月18日至20日，全球精细化工行业三大展会之一的“中国国际精细化工及定制化学品展会”在上海举办，这也是在中国举办的唯一一次国际性精细化工展会。由于展出效果出色，参展企业反响良好，展览会规模快速扩大。同时，包括赢创德固赛、巨化集团、中国中化、中国石化、霍尼韦尔、雪佛龙菲利普斯、梯希爱等国内外知名企业纷纷参展，来自拜耳、罗地亚、英力士、汽巴精化、帝斯曼、朗盛、住友化学、中国石油、上海华谊、中化集团、中国化工集团等著名企业的优质买家前来展会洽谈商贸,海外观众分别来自 31 个国家和地区。在展会期间还举办了精细化工行业新产品新技术发布会,为参展企业和观众提供更多关于最新产品、技术及市场的资讯。与其他传统展会相比,中国国际精细化工展实行了会展业的"模式创新",推出"一次参展、全年参展"的理念,针对参加展会的参展商实行打包服务,把所有参展的企业录入光盘数据库保存,并在中国化工网和中国行业会展网上进行展示。

从上例中,我们看到了很好的会展业创新方式:一是打包;二是横向突破,即不局限于产业内部,而是尽量向外开拓,与其他产业和高科技相结合。如精细化工与电子商务的结合就是一个很有利的拓展方向。近年来,专业电子商务服务在高速发展的过程中,积累了大量的国内外客户资源,以及能得到最新的国际行业资讯、最新的产业技术。在行业专业性、企业号召力、资源整合力等方面具备诸多得天独厚的优势。会展结合电子商务,是对会展业的一个极大的补充,会展业也将翻开新的篇章。

会展业与电子商务存在着一种很微妙的"竞合关系",双方都是通过搭建一个平台,供企业在上面交流、交易。电子商务主要是在网络平台上完成,有着广泛的人脉资源和不受场地限制、不限人数和商品数量、不限时间等优点;会展则是通过在特定的时间,提供实际场地,让买家看到实物商品,使企业可以进行面对面的细谈,增加成功率。

专家指出,如果我们把电子商务注入会展业,就可以达到优势互补,电子商务提供会展最需要的人脉和资源,是对会展业的极大加强和补充,是真正实现线上线下相结合的最佳商业模式。

近年来,网盛生意宝、阿里巴巴等电子商务巨头纷纷涉足线下会展业,利用自身在行业、企业、资源的整合力等优势,为会展带来人脉和企业资源,帮助传统企业拓展新的发展空间,以线上"虚拟展会"加线下"面对面交易会"的虚实互补组合方式,实现了快速发展和渗透。

另据中国电子商务研究中心发布的《1997—2009:中国电子商务十二年调查报告》显示,目前 5 家 B2B 电子商务上市公司,在线上内外贸交易平台、线下展览或买家见面会和认证服务中均有提供,其中以线上线下互动办展办会的形式,提供贸易撮合、招商引资等服务,无疑成了我国近年来电子商务产业发展的一大趋势。

(资料来源:http://it.people.com.cn/GB/42891/42894/10482534.html)

三、会展业商业模式案例解读

1. 应用 RFID 助推会展行业发展

近年来政府积极提升会展产业的产值，将会议展览产业定为重要新兴发展服务业。展场智能化、智慧化与无纸化是未来国际型展场的发展趋势，有研究机构开发微小化 RFID 模组和开发会展系统，提供用于会展产业的 RFID 方案，展现中国科技在展览产业的创新应用。

2. 方便厂商快速获取客户资料的 RFID 会展系统

一个会展的生命周期一般分为会展前置期、会展期间以及展会结束三个阶段。传统会展流程中，存在以下问题：会展前置期无法精确掌握访客资料；到会展期间因为人力分配不均，无法及时掌握潜在顾客进行分众行销；会展结束后需耗费时间整理资料和分析客户群，无法将会展效益发挥到尽致。因此，RFID 会展系统是针对会展活动中的三个主要的参与者——参展厂商、参访客户以及主办单位提出的解决方案，如图 3 所示。

图 3　RFID 会展解决方案

传统会展模式中，参展厂商难以及时掌握潜在客户以及提供适当的接待 RFID 系统的目的在于如何让参展商可以在某种程度之下辨识出客户，并能够根据参访者的属性作出快速的反应。现行展场中辨识参访者的办法主要是读取二维条码，由于条码读取须要对准，这会打扰到参访者的活动，并不是一个好的辨识模式。RFID 系统以无

图 4　U－Port－微小化 RFID 读取器

线射频技术开发出来的微小化读取器（U－Port），可以在一定的距离之内读取佩戴在参访者身上识别证的 RFID 标签，因此若将此一设备部署于摊位处，待参访者经过且停留约一秒钟，系统即可即时的获知参访者所公开的资讯，供参展厂商进行洽谈之用。此外，U－Port 设备会将读取到的资料送至后端资料库，透过资料探勘技术对访客的路径进行分析，可以更精确的获得参访者的行为偏好，故可以更精准地给参访者提供适当的行销资料。

3.方便参访者备注信息的 U－View 系统

一般来说，新的展览馆占地广大，不易有效规划参展场馆，场地过大容易混乱、参访者容易与同伴分散，以及参展的厂家太多，产品名称也不容易记忆，针对这些问题，RFID 系统提供了会展导览设备称之为 U－View 的系统，U－View 具有使用者界面用来呈现展场的地图资讯以及会展相关的即时资讯，参访者可以透过触碰式荧幕与 U－View 系统的功能进行互动。由于参访者所探访的摊位资讯皆会被 U－Port 记录下来，按照时间排序即可获得参访者的足迹，系统允许参访者将其足迹开放给其同行的人员知晓，如此可解决同伴分散的问题。最后在参访者的参访记录方面，由于参访者的参访行程都会被 U－Port 记录下来，参访者可以到 U－View 设备上对其所参观过的要特别记住的摊位进行编辑，利用系统提供的自动参访记录功能，可以将资料寄到参访者的信箱，如此即可协助参访者解决记忆的问题。

另一方面，该系统满足了主办单位需求的程序。目前主办单位主要的需求在于如何管理参访者以及参展厂商的相关资讯的问题，例如展前的会展资讯、厂商摊位注册资讯管理以及报名系统、办展期间报到系统整合以及资讯利用最大化等问题。我们将展览活动分成三大阶段，分别为展览前置作业、展览期间与展览后延续活动这三个阶段，每个阶段都有适当的资讯管理系统导入确保会展活动的效益达到最佳，主要目标在于展览期间以及延伸展览的部分。在展览期间，透过 U－View 系统协助参访者获取活动相关讯息，并进行精准的分众行销。在展览后延续则是透过虚拟展馆系统来延续整个展览的活动，让参展厂商参与会展的效益达到最大化。

总之，RFID 的技术在会展业的应用，给参展厂商、参访者、主办方都提供了实惠，创造了一种多赢的模式。它不但协助参访者提供更好的历程，及时撷取会场大量参观者的相关资料，提供参展厂商资料分析，变更行销模式，还可以在会展结束后缩短资料汇编时间和分析客户群时间，改善过去耗费人力及时间的统计工作，大幅提升会议展览产业的服务品质，进而提升效率，带来显著的经济效益。

思考题

1. 图书出版业商业模式创新的方向是什么？
2. 我国广电业的商业模式上存在哪些问题？
3. 新媒体商业模式有什么特点？
4. 从迪士尼的商业模式中我们可以借鉴什么？
5. 艺术品拍卖业应如何进行宣传？

主要参考文献

德鲁克:《创新与企业家精神》,机械工业出版社 2007 年版

陈少峰、张立波:《文化产业商业模式》,北京大学出版社 2011 年版

周庆山:《传播学概论》,北京大学出版社 2004 年版

迈克尔·波特:《竞争优势》,陈小悦译,华夏出版社 2005 年版

李宇红、白庆祥:《文化创意经典案例教程》,中国经济出版社 2008 年版

宋培义:《文化产业经营管理成功案例解读》,中国广播电视出版社 2008 年版

乔为国:《商业模式创新》,上海远东出版社 2009 年版

约瑟夫·H·博耶特、杰米·T·博耶特:《经典营销思想》,机械工业出版社 2004 年版

陈亚民、吕天品:《文化产业的商业属性及商业模式》,山东经济学院文学院

吴向宏:《商业模式专利在美国的状况》,《科技与法律季刊》2001(2)

毛心宇:《什么是商业模式》,《译言·商业/经济/营销》2007 年 12 月 6 日

佚名:《商业模式决定企业成败》,《中国商业评论》"慧聪网"2006 年 4 月 5 日

吴敏:《新业态:让广东文化再领先》,《南方日报》

于帆:《谈电视剧〈武林外传〉引发的全产业链商业模式》,《中国文化报》

郭全中:《媒体商业模式巨变》,人民网一传媒频道

张婷:《中国动漫产业现状及发展对策》,《中国传媒报告》2007 年第 4 期

金元浦:《〈中关村〉走向新业态 高新技术力促文化产业升级》

罗国书、赵致纬、张立光:《微小化 RFID Reader 在会展产业的创新应用》

张松林:《落实政策措施推进动画产业全面繁荣》,崔保国主编:《2004—2005 年:中国传媒产业发展报告》,第 392 页,社会科学文献出版社 2005 年版